O Poder
dos Projetos

P742   O poder dos projetos: novas estratégias e soluções para a educação
       infantil / organizado por Judy Harris Helm e Sallee Beneke; tradução
       Vinícius Figueira. – Porto Alegre: Artmed, 2005.
       176 p. : il. ; 23 cm.

       ISBN 978-85-363-0513-4

       1. Educação – Projetos – Educação infantil. I. Helm, Judy Harris.
       II. Beneke, Sallee. III. Título.

       CDU 371.32:372.3

Catalogação da publicação: Mônica Ballejo Canto – CRB 10/1023

O Poder dos Projetos

Novas estratégias e soluções para a educação infantil

Judy Harris Helm
Sallee Beneke
e colaboradores

Tradução:
VINÍCIUS FIGUEIRA

Consultoria, supervisão e revisão técnica desta edição:
MARIA DA GRAÇA SOUZA HORN
Pedagoga. Doutora em Educação pela Universidade Federal do Rio Grande do Sul

Reimpressão 2012

artmed®

2005

Obra originalmente publicada sob o título:
*The power of projects – meeting contemporary challenges
in early childhood classrooms: strategies & solutions*

© 2003 by Teachers College, Columbia University

Capa:
Ângela Fayet – Programação Visual

Preparação de original:
Cecilia Luiza Aued Kemel

Leitura final:
Rubia Minozzo

Supervisão editorial:
Mônica Ballejo Canto

Editoração eletrônica:
AGE – Assessoria Gráfica e Editorial Ltda.

Reservados todos os direitos de publicação, em língua portuguesa, à
ARTMED EDITORA LTDA., uma empresa do GRUPO A EDUCAÇÃO S.A.
Av. Jerônimo de Ornelas, 670 - Santana
90040-340 Porto Alegre RS
Fone (51) 3027-7000 Fax (51) 3027-7070

É proibida a duplicação ou reprodução deste volume, no todo ou em parte, sob
quaisquer formas ou por quaisquer meios (eletrônico, mecânico, gravação,
fotocópia, distribuição na Web e outros), sem permissão expressa da Editora.

SÃO PAULO
Av. Embaixador Macedo Soares, 10.735 - Pavilhão 5 - Cond. Espace Center
Vila Anastácio 05095-035 São Paulo SP
Fone (11) 3665-1100 Fax (11) 3667-1333

SAC 0800 703-3444

IMPRESSO NO BRASIL
PRINTED IN BRAZIL
Impresso sob demanda na Meta Brasil a pedido de Grupo A Educação.

Autores

Judy Harris Helm (org), Doutora em Educação, tem sua própria empresa de consultoria e treinamento, *Best Practices*, Inc. Começou sua carreira lecionando para a 1ª série. Depois, lecionou, dirigiu e projetou programas de ensino para a primeira infância e para o ensino fundamental. Treinou professores da comunidade universitária em cursos de graduação e pós-graduação. Trabalhou na força-tarefa que projetou o Valeska Hinton Early Childhood Education Center, uma escola urbana de primeira linha para crianças de 3 anos até a 1ª série, em Peoria, Illinois, da qual se tornou Coordenadora do Desenvolvimento Profissional. É ex-presidente da Illinois Association of the Young Children. É coautora das obras *Windows on Learning: Documenting Children's Work* e *Young Investigators: The Project Approach in the Early Years*, ambas publicadas pela Teachers College Press. É também editora do *The Project Catalog I, II e III*, publicado pela ERIC Clearinghouse on Elementary & Early Childhood Education.

Sallee Beneke (org), Mestre em Educação, atua há mais de 25 anos na educação da primeira infância, como diretora de escola, treinadora de professores, professora de crianças da educação infantil em situação de risco e professora-chefe em muitas creches. É membro da Early Childhood Education Faculty da Illinois Valley Community College, em Oglesby, Illinois, onde é também diretora do Early Childhood Center, citado nesta publicação. É autora da obra *Rearview Mirror: Reflections on a Preschool Car Project* e coautora de *Windows on Learning: Documenting Children's Work* e *Teacher Materials for Documenting Young Children's Work*. Graduada pela Cornell College, Mt. Vernon, Iowa, completou seu trabalho de pós-graduação em Currículo e Ensino na Universidade de Illinois.

Amanda Helm, Mestre (área de humanidades), é doutoranda em *marketing* pela Universidade de Missouri, Columbia. É instrutora em *marketing* e comunicação e repórter de jornal. Oferece consultoria em *marketing* e treinamento em comunicação estratégica, especificamente no que diz respeito ao compartilhamento de documentação com os pais e outros membros da comunidade.

Cathy Wiggers, Mestre (área de ciências), é diretora do Valeska Hinton Early Childhood Edcuation Center. Trabalhou como professora do curso fundamental por 2 anos e como administradora de cursos infantis por 12. É professora adjunta da Bradley University, onde ministra cursos sobre educação infantil, prestando também serviços de consultoria e treinamento para outros programas voltados a crianças que vivem em situação de risco.

Char Ward, Ph. D., é Coordenadora da StarNet Regions I e III, um projeto de treinamento para assistência técnica à primeira infância fundado pela Secretaria de Educação do Estado de Illinois e implementado pela Western Illinois University (WIU). Ela também atua como moderadora e produtora executiva do programa de televisão *APPLES*, apresentado pela Rede de Televisão da WIU. A doutora Ward lecionou em cursos de graduação e pós-graduação da Universidade, apresentou conferências sobre assuntos relacionados à primeira infância e participou de vários comitês estaduais voltados à educação infantil.

Dianne Rothenberg, Mestre (área de ciências), é diretora do Illinois Learning Project e cofundadora da National Parent Information Network. Também é codiretora do ERIC Clearinghouse on Elementary and Early Childhood Education. Rothenberg é autora de vários artigos científicos, capítulos de livro e textos para conferências sobre assuntos relacionados a seu interesse de pesquisa: textos informativos *on-line*, serviços de informação para os pais, tecnologia da informação na área de educação e educação para a primeira infância. Ela foi editora de duas publicações nacionais e está envolvida com a rede de ensino *on-line* desde o início da década de 1980.

Jean Lang, Mestre em Educação, ensina alunos de 3 a 5 anos no Fairview Early Childhood Center of Rockford Public Schools. Lang tem uma experiência de 18 anos como professora em vários ambientes de ensino fundamental e da primeira infância. Seu diploma de graduação é em Educação em nível fundamental, tendo mestrado em Deficiências da Aprendizagem, ao qual está agregado o título de especialista em primeira infância e em educação especial. Ela recebeu uma concessão para a introdução do processo de documentação em sua escola, compartilhando seu trabalho com projetos em várias conferências.

Jean O'Mara-Thieman, Mestre em Educação, leciona em turmas multietárias de pré-escola e da primeira série no Valeska Hinton Early Childhood Education Center, em Peoria, Illinois. Trabalhou com turmas que vão da educação infantil até a 6ª série por mais de 20 anos e em diferentes locais. Thieman é mestre pela Eastern Michigan University, com licença da Indiana University para atuar junto à primeira infância.

Lilian G. Katz, Ph.D., é Professora Emérita em Educação da primeira infância da University of Illinois em Urbana-Champaign, onde é também codiretora do ERIC Clearinghouse on Elementary & Early Childhood Education. É autora de mais de cem artigos, capítulos e livros sobre educação da primeira infância, instrução de professores, desenvolvimento infantil e cuidados necessários por parte dos pais. É editora fundadora do *Early Childhood Research Quarterly* e trabalhou como redatora-chefe durante os primeiros seis anos de sua publicação. Atualmente, é presidente do conselho editorial do *International Journal of the Early Years*, publicado no Reino Unido. Em 1989, escreveu *Engaging Children's Mind: The Project Approach*, com S. C. Chard, que serviu de modelo à utilização dos projetos como abordagem de ensino. Mais recentemente, participou como coautora da obra *Young Investigators: The Project Approach in the Early Years*.

Marilyn Worsley, Bacharel (área de humanidades), professora e assistente de direção no Illinois Valley Community College (IVCC) Early Childhood Education Center em Oglesby, Illinois. Trabalha com educação infantil há cinco anos. Seu diploma foi obtido no IVCC, onde continua a estudar. Worsley tem compartilhado seu conhecimento e experiências relativas à implementação de projetos de muitas formas, incluindo o *Project Approach Catalog 3*.

Mary Ann Gottlieb, Mestre (área de ciências), trabalhou com crianças pequenas durante toda a sua carreira de professora. Recentemente, após oito anos de ensino a crianças de idades variadas, de educação infantil à 1ª série do ensino fundamental, deixou o Valeska Hinton Early Childhood Education Center, em Peoria, Illinois. Atualmente, leciona no Curiosity Corner, um programa para crianças entre 1 e 3 anos de idade, influenciado pela Reggio, no Northminster Learning Center, em Peoria. Seu interesse pela alfabetização e pelos projetos resultou em apresentações nacionais, regionais e em conferências em todo o Estado. Ela ministrou também cursos locais relacionados à alfabetização e continua a trabalhar como consultora.

Maxine Wortham, Ph.D., é diretora executiva do Early Childhood Programs for Peoria Public Schools, em Peoria, Illinois, onde esteve envolvida com o desenvolvimento do Valeska Hinton Early Childhood Education Center. A doutora Wortham trabalhou como professora do ensino fundamental durante 10 anos e como administradora durante 24 anos. É também professora adjunta da Bradley University, onde ministra cursos sobre educação fundamental.

Pam Scranton, Bacharel (área de ciências), trabalha como educadora infantil há 17 anos. É bacharel em Educação Infantil pela Bradley University e lecionou em turmas de educação infantil no Valeska Hinton Early Childhood Education Center, em Peoria, Illinois e no programa Bright Beginnings da Woodford County Special Education Association. Atualmente, ensina uma turma que segue a linha Reggio, no Northminster Learning Center's Discovery Preschool, em Peoria, Illinois. O Projeto Caminhão de Bombeiros, de sua autoria, aparece no livro *Young Investigators: The Project Approach in the Early Years* e também no vídeo *A Children's Journey: The Fire Truck Project*. Presta serviços de consultoria e treinamento relativos à utilização de projetos e a estratégias de alfabetização.

Rebecca A. Wilson, Bacharel (área de ciências), é professora bilíngue em uma turma de pré-escola em West Liberty, Iowa. Recebeu uma concessão para integrar os projetos à abordagem bilíngue. Wilson também possui experiência no cuidado de crianças e oferece treinamento e consultoria para várias creches locais e para o programa governamental Head Start, além de também auxiliar programas de ensino bilíngue e de primeira infância. É autora do texto "The Combine Project: An Experience in a Dual Language Classroom", publicado na revista científica *on-line Early Childhood Research and Practice*.

Sharon Doubet, Mestre em Educação, há mais de 7 anos é especialista em pesquisa sobre a primeira infância da Illinois StarNet Regions I and III, a qual é dirigida pelo Western Illinois University's Center for Best Practices for Early Childhood Education, uma concessão da Secretaria de Educação de Illinois. Possui os títulos de bacharel e mestre em Educação com ênfase na primeira infância. Sua experiência em sala de aula inclui o cuidado de crianças e programas de escolas públicas. Doubet já atuou em várias áreas, em seus 27 anos, no campo da educação da primeira infância: diretora de programas de ensino, professora, escritora (com bolsa), facilitadora de desenvolvimento profissional, educadora especial, educadora de pais e alunos em suas próprias casas.

Agradecimentos

Os autores gostariam de agradecer à equipe das escolas e aos pais que participaram dos assuntos abordados neste livro por terem gentilmente compartilhado o trabalho de seus alunos/filhos. A lista inclui Bright Beginnings, Woodford County Special Education Association, Eureka, Illinois; Discovery Preschool, Northminster Presbyterian Church, Peoria, Illinois; Illinois Valley Community College Child Care Program, Oglesby, Illinois; Rockford Early Childhood Program, Rockford, Illinois; West Liberty Dual Language Program, West Liberty, Iowa; and Valeska Hinton Early childhood Education Center, Peoria, Illinois. Dianne Rothenberg e Lilian Katz, do ERIC Clearinghouse on Elementary and Early Childhood Education, e Char Ward, do Starnet Regions I e III na Western Illinois University, apoiaram e colaboraram com o trabalho e o treinamento relacionados a este livro. Vários leitores revisaram nossos primeiros esboços, propiciando-nos excelentes conselhos. Tais leitores foram: Beatrice Colon, consultora para educação infantil em educação bilíngue do Illinois State Board of Education; Carol Copple, da National Association for the Education of Young Children; Lila Goldston, do Center for Early Childhood Leadership, National-Louis University, para questões culturais; e Joan Gore Krupa, diretora da Heartland Community Health Clinic, para questões pais/comunidade. Recebemos, de Amanda Helm, supervisão para assuntos editoriais. Os autores são profundamente agradecidos pelo apoio e pelo aconselhamento de Susan Liddicoat, editora da Teachers College Press. Este livro foi complexo, sendo produzido em um período curto por vários autores. Sem a sua orientação, estímulo e paciência, o livro jamais seria escrito. Os autores também agradecem o apoio que receberam não só de seus cônjuges e filhos, mas das famílias de todos os colaboradores. A participação em uma "comunidade prática" dedicada a fazer o melhor para as crianças e suas famílias é algo que demanda tempo e compromisso. Temos a felicidade de possuir familiares que acreditam no trabalho de nossa comunidade, dando-lhe sustentação.

Sumário

1. Os desafios contemporâneos na educação infantil 13
Judy Harris Helm

2. A construção de sólidos fundamentos para as crianças 27
Lilian G. Katz

3. A superação dos efeitos nocivos da pobreza 39
   A definição do desafio 39
   Judy Harris Helm

   Estratégias práticas 40
   Judy Harris Helm e Jean Lang

   O Projeto Avião 47
   Jean Lang

4. A passagem das crianças à alfabetização 59
   A definição do desafio 59
   Judy Harris Helm

   Estratégias práticas 60
   Mary Ann Gottlieb

   O Projeto Água para o Rio 70
   Jean O'Mara-Thieman

5. A resposta às necessidades especiais das crianças 81
   A definição do desafio 81
   Judy Harris Helm e Sallee Beneke

   Estratégias práticas 83
   Pam Scranton e Sharon Doubet

   O Projeto Pássaro 91
   Pam Scranton

6. O apoio aos aprendizes de uma segunda língua 101
A definição do desafio 101
Judy Harris Helm e Rebecca A. Wilson

Estratégias práticas 102
Rebecca A. Wilson

O Projeto Restaurante Mexicano 111
Rebecca A. Wilson

7. A resposta eficaz aos padrões de ensino 121
A definição do desafio 121
Judy Harris Helm e Sallee Beneke

Estratégias práticas 123
Sallee Beneke

O Projeto Pizza 131
Marilyn Worsley

8. A importância da documentação 143
Judy Harris Helm

9. Desafios futuros: Conclusão 151
Judy Harris Helm

APÊNDICE A:
Questões mais frequentes e conselhos práticos 155

APÊNDICE B:
Recursos recomendados 169

Índice 173

Os desafios contemporâneos na educação infantil

Judy Harris Helm

A professora da escola infantil fez um comentário sobre as mudanças que ocorriam na paisagem à medida que o furgão se dirigia para o norte, pelas montanhas do Kentucky. O interesse na mudança da topografia foi, contudo, breve, pois a discussão dentro do veículo esquentava. Os professores, administradores e educadores vinham da conferência anual da National Association for the Education of Young Children (NAEYC) em Atlanta e retornavam para Illinois. Os participantes estavam entusiasmados com as novas ideias e planos para testar novas abordagens de ensino. Os livros comprados no saguão da conferência passavam de mão em mão e eram discutidos. Todo integrante do grupo havia participado de uma noite em que se compartilhavam ideias, na qual projetos executados pelas crianças do pré até a 2ª série eram apresentados e discutidos. Esses profissionais do ensino infantil relatavam as preocupações que os professores haviam apresentado e examinavam suas próprias atitudes em prol da inovação.

"Uma professora estava muito preocupada com o que estava acontecendo no Estado em que ela lecionava. Parecia convencida de que os padrões de ensino estabelecidos significariam o fim das estratégias de ensino envolventes, como os projetos."

"Conversei com vários professores sobre como alcançar os objetivos do currículo por meio de projetos."

"Não conversei com os professores sobre os padrões utilizados, mas conversei muito sobre as crianças com necessidades especiais. Vários professores tiveram a impressão de que os projetos são maneiras inadequadas para ajudar as crianças com necessidades especiais a alcançar seus objetivos. Uma professora me disse que não podia realizar nenhum projeto em sua turma porque uma das crianças era autista. Ela quase caiu para trás quando eu lhe disse que tinha duas crianças com autismo em minha turma durante a realização do Projeto Mini-Mercado. Passamos muito tempo observando os trabalhos das crianças autistas, e eu lhe apontei as evidências do quanto o trabalho servira para que elas atingissem seus objetivos por meio de projetos. Acho que ela vai tentar fazer algo parecido."

"Um professor me disse que estava surpreso em ver o projeto que havíamos realizado na minha turma bilíngue. Conversamos muito, e ele me mostrou como algumas das atividades que fazíamos em nosso projeto eram de fato estratégias recomendáveis para as crianças que aprendiam o inglês como uma segunda língua."

"Você já notou como nós, professores, às vezes ficamos presos nos 'sim, mas'? 'Os projetos são bons, MAS eu trabalho com crianças com necessidades especiais'. 'Sim, MAS as crianças com que trabalho estão aprendendo uma segunda língua.' 'Sim, MAS tenho de cumprir alguns padrões já estabelecidos.' 'Sim, MAS, na 1ª série, tenho de ensinar as crianças a ler.' Eu faço isso a todo momento em que aprendo uma nova maneira de fazer as coisas."

"O que eu mais tento evitar é o 'Sim, MAS as crianças já têm tantos desafios em suas vidas. Eu realmente preciso investir bastante tempo na repetição de exercícios e na prática, no básico, de forma que elas consigam ir em frente'. Realmente me assusta quando eu penso assim, porque significa que estou correndo o risco de não propiciar a essas crianças a oportunidade de fazer outras coisas, especialmente pensar mais profundamente, como acontece no trabalho investigativo."

"Se não instigarmos as crianças a pensar, tal fato poderá concretizar-se. Se as crianças não receberem a chance de se tornarem curiosas e de descobrir respostas para suas perguntas, elas não se verão como aprendizes de sucesso, ou não considerarão a escola um lugar em que podem aprender algo interessante ou relevante. Ao final do processo, sua curiosidade intelectual morrerá."

"Os professores estão sobrecarregados. Estamos todos sobrecarregados com os desafios que encontramos no ensino hoje. Eu fico com medo, às vezes, de pensar sobre o quanto as decisões que tomamos em sala de aula – aquilo que fazemos com nossos alunos – podem influenciar suas vidas."

"Eu realmente acredito que os projetos *ampliam* o ensino e *nos preparam* para enfrentar os desafios com que nos deparamos".

A IDENTIFICAÇÃO DOS MAIORES DESAFIOS

Durante o ano que se seguiu à conferência da NAEYC, os professores, consultores, administradores e educadores continuaram a discutir os desafios que enfrentam na educação infantil e o papel que os projetos têm nesse enfrentamento. Todos esses educadores deparam-se, certamente, com os mesmos desafios enfrentados por outras pessoas que trabalham nas escolas norte-americanas voltadas à primeira infância e aos primeiros anos do ensino fundamental. Elas não trabalham em escolas ideais de comunidades muito ricas, onde as crianças têm um amplo histórico de experiências relacionadas à tradição. As comunidades em que esses educadores trabalham e nas quais as crianças crescem têm justificadas preocupações com a alfabetização – aprender a ler tornou-se uma luta para muitos alunos. Esses educadores, como muitos outros professores e administradores, preocupam-se com o não saber ler e com o fato de isso levar as crianças a se sentirem alienadas na escola, chegando a abandoná-la. Eles estão também tentando encontrar estratégias que ajudem tanto as crianças que têm dificuldades em aprender uma segunda língua como o número cada vez maior de crianças com necessidades especiais. As crianças e as famílias com quem esses educadores mais trabalham também enfrentam os problemas associados à pobreza. Além disso e do fato de estarem interessados em oferecer a melhor experiência educacional possível aos alunos, esses professores enfrentam uma ênfase cada vez maior que é dada ao cumprimento dos padrões de ensino e à avaliação. Durante as discussões, que se estenderam por um ano, os professores e os administradores identificaram cinco grandes desafios, que são apresentados a seguir.

A superação dos efeitos nocivos da pobreza

Os Estados Unidos são uma nação muito rica; contudo, nem todas as crianças levam uma vida de fartura. O índice de pobreza das crianças nos Estados Unidos é substancialmente maior – às vezes, duas ou três vezes – que o da maior parte das crianças de outras grandes nações industrializadas do Ocidente (*Child Poverty Fact Sheet*, 2001). Em 2000, 12,4 milhões de crianças – mais do que uma em cada seis (17,5%) – viviam abaixo da linha da pobreza no país (*Censo norte-americano de 2000, pesquisa suplementar*). A taxa de pobreza foi maior entre as crianças pequenas: uma em cada cinco (19,7%) crianças de cinco anos eram pobres, de acordo com o Censo de 2000.

As crianças pobres não estão espalhadas uniformemente nas escolas do país. Alguns professores têm um número significativo de crianças pobres em suas salas de aula, enquanto outros têm apenas uma ou duas. Pelo fato de as famílias pobres residirem em determinadas áreas das cidades, muitas das escolas atendem principalmente crianças que vivem em condição de pobreza. Assim, um professor talvez tenha em sua sala de aula crianças sem cuidados de saúde, crianças que sentem fome, crianças cujos pais não tiveram experiências favoráveis na escola, crianças que entram na escola com algum atraso na linguagem oral e/ou que tenderão a ter maiores dificuldades acadêmicas.

A passagem das crianças à alfabetização

Ajudar as crianças a ler é uma das tarefas mais importantes que os professores do país enfrentam. Hoje, ao contrário do passado ou de outras sociedades, queremos e esperamos que todas as crianças leiam bem.

> O sucesso acadêmico, se tomarmos como medida a finalização do ensino médio, pode ser avaliado com razoável precisão se soubermos qual foi a capacidade de leitura do aluno ao final da 3ª série do ensino fundamental... Uma pessoa que não seja pelo menos um leitor modestamente aparelhado ao final da 3ª série muito provavelmente não terminará o ensino médio. (Snow, Burns e Griffin, 1998, p. 21)

Um grande número de crianças em idade escolar, sem exclusão de classe social, tem dificuldades significativas em aprender a ler. A incapacidade de aprender a ler adequadamente para continuar com razoável sucesso na escola é muito maior entre as crianças pobres, não brancas e que não falam o inglês como primeira língua (Snow et al., 1998). De acordo com o National Report Card 2000, embora a média nacional tenha se mantido relativamente estável para a capacidade de leitura, mudanças significativas ocorreram na extremidade mais baixa da distribuição de desempenho (Donahue et al., 2000). Os índices relativos ao 10º percentil em 2000 são significativamente mais baixos do que em 1992. Trinta e sete por cento dos alunos da 4ª série não conseguiram sequer atingir o nível básico (atingir o nível básico significa que, quando leem um texto adequado à 4ª série, os alunos são capazes de entender o sentido geral do que leram, fazendo conexões relativamente óbvias entre o texto e as suas próprias experiências e ampliando as ideias do texto por meio de inferências simples). O National Assessment Governing Board (órgão governamental voltado à avaliação das escolas) estabeleceu uma meta de que todos os alunos cheguem ao nível de proficiência na leitura.

A resposta às necessidades especiais das crianças

Cada vez mais, as crianças com necessidades especiais estão sendo incluídas nos programas voltados às crianças da pré-escola e de creches em geral. Setenta e cinco por cento dos mais de 5,5 milhões de pessoas com alguma deficiência e com idade entre 6 e 21 anos atendidas pelo IDEA (Individual with Disabilities Education Act) em 1997-1998 foram educadas em escolas regulares, juntamente com os colegas sem nenhuma espécie de deficiência (Department of Education, 2000).

Quando as crianças com necessidades especiais são integradas aos programas gerais de educação, todas podem beneficiar-se. Algumas crianças com deficiências, contudo, requerem um ajuste no currículo ou no ambiente de sala de aula para que tenham sucesso. A fim de propiciar as mudanças necessárias, os professores precisam atualizar as informações sobre as necessidades especiais específicas de cada criança e sobre como atender tais necessidades.

Além disso, as crianças com necessidades especiais requerem, em geral, um suporte e um serviço especiais, e os professores preocupam-se com o modo pelo qual esses serviços serão oferecidos àquelas que frequentam suas salas de aula. Cada criança tem necessidades singulares que exigem um compromisso, por parte de quem as educa, em oferecer os diferentes suportes necessários à aprendizagem (Villa et al., 1995). Em um ambiente de educação infantil, muitos serviços especiais são levados à sala de aula. Em alguns casos, uma equipe acompanha o professor diariamente, o que requer a capacidade de trabalhar colaborativamente e com flexibilidade. Em outras situações, há a necessidade de terapia ou de um professor particular, sendo necessário que o professor abra espaço para tais atividades.

O apoio aos aprendizes de uma segunda língua

O número de crianças que aprendem uma segunda língua cresceu significativamente durante a última década nos Estados Unidos. De acordo com o censo de 2000, 17,6% da população com mais de 5 anos falam outra língua em casa, tanto na zona rural como na urbana. Na pequena cidade rural de West Liberty, Iowa, por exemplo, 52% dos alunos do ensino fundamental são aprendizes de uma segunda língua, por serem falantes de um idioma que não é o inglês. Por todos os Estados do país, uma variedade de serviços educacionais é oferecida a esses alunos, incluindo a educação bilíngue, na qual o conteúdo é apresentado tanto em inglês quanto na língua do aluno enquanto este desenvolve sua proficiência em inglês; o inglês como segunda língua (ESL), na qual o ensino é oferecido apenas em inglês; e os programas duais, que oferecem ensino em duas línguas para todas as crianças. Não é incomum que haja crianças na sala de aula que falem várias línguas que o professor não entende.

A resposta eficaz aos padrões de ensino

O quinto e último desafio difere dos demais porque focaliza não as necessidades das crianças e das famílias, mas o processo educacional. A partir da constatação de que o nosso sistema educacional não está preparando adequadamente as crianças, as pessoas estão cada vez mais interessadas em monitorar o que acontece nas escolas por meio de padrões de ensino e de avaliações. Há uma preocupação coletiva em relação ao fato de que nosso sistema educacional não esteja sendo satisfatório para as crianças e para as famílias – algumas crianças não estariam aprendendo o que precisam aprender para se tornarem adultos produtivos, importantes e bem-sucedidos. Trazer a educação para o primeiro plano da conscientização nacional é adequado e necessário. Uma nação não poderá continuar a ter sucesso se suas crianças não possuírem o conhecimento e as habilidades necessárias para serem cidadãos produtivos. As escolas e os pais precisam dar atenção ao ensino e à aprendizagem. Mas a questão é: como fazê-lo? O conhecimento, as habilidades e aptidões que desejamos que as crianças desenvolvam podem ser válidos e justos se forem cultural e geograficamente inclusivos. O próximo passo – Como determinar se as crianças estão desenvolvendo esse conhecimento, habilidades e aptidões? – é mais complexo. Para ser mais eficaz, o desenvolvimento deve ser monitorado na sala de aula como parte das responsabilidades do professor.

Em resumo, os professores que trabalham com crianças pequenas identificaram as seguintes tarefas – desafios – como sendo as que mais consomem seu tempo:

1. Suplantar os efeitos nocivos da pobreza.
2. Levar as crianças a se alfabetizarem.
3. Responder às necessidades especiais das crianças.
4. Ajudar as crianças a aprender uma segunda língua.
5. Atender de maneira eficaz os padrões de ensino.

Como os professores disseram na conversa que abriu este capítulo, a abordagem voltada ao uso de projetos forneceu-lhes um modelo para que o currículo ajude a dar conta desses desafios.

PREOCUPAÇÕES ADICIONAIS

Os cinco desafios discutidos acima, contudo, não são as únicas fontes de preocupação para os educadores que trabalham com a infância. Vários educadores presentes na conferência da NAYEC também discutiram dois assuntos adicionais que afetam o crescimento e o desenvolvimento das crianças, interferindo em sua habilidade de responder às experiências educacionais.

A televisão

Os educadores têm expressado preocupação com o papel desempenhado pela televisão nas vidas das crianças. Assistir à televisão moderada e monitoradamente não parece causar impacto ao desenvolvimento das crianças, mas muitas delas assistem a uma média de quatro horas diárias (nos Estados Unidos), de acordo com a American Academy of Pediatrics (2001). Assistir à televisão por muito tempo afeta negativamente o desenvolvimento das crianças, o que inclui uma queda no desempenho escolar e um aumento do comportamento agressivo. É bastante preocupante o fato de uma criança pequena passar muito tempo em frente à televisão.

Cuidar, com qualidade, da criança

A ampla variação da qualidade do cuidado dispensado à criança antes de ela entrar na escola e depois da escola é também fonte de preocupação para os educadores. Deixar as crianças em creches é algo que vem aumentando, pois a taxa de emprego das mães também aumentou durante a última década. Nos Estados Unidos, 61% das crianças de 5 a 7 anos, de 0 a 3 anos e das que estão em idade pré-escolar (abaixo de 6 anos) frequentam alguma espécie de creche (NAYEC, 1999); 45% das crianças com idade inferior a 1 ano o fazem regularmente. De acordo com a NAYEC (1999), tanto os programas educacionais como os destinados a cuidar das crianças podem ser inadequados.

> Pesquisas recentes indicam que, na maior parte dos casos, tanto a educação como o cuidado são apenas medíocres, e muitos fatores contribuem para a ausência de programas de alta qualidade. A ausência de uma remuneração adequada, especialmente para a compensação mais equânime dos profissionais da infância, é um grande problema.

Os programas de qualidade que oferecem tanto educação como *cuidado* podem ser encontrados em todos os tipos de ambiente. As crianças que participam desses programas chegam à escola infantil com experiências muito ricas e estimulantes – falam, interagem com os adultos, leem livros, resolvem problemas e começam a conhecer seu mundo. As experiências de pré-escola das outras crianças, contudo, podem ser apenas fruto do acaso, inconsistentes, entediantes e, portanto, obstruem o caminho para o sucesso escolar.

DESAFIOS, NÃO DÉFICITS

Este livro tem como objetivo os desafios com que os professores se deparam hoje. A definição de desafio é, de certa forma, "um teste da capacidade ou dos recursos de que alguém dispõe em uma situação em que há exigência mas também estímulo" (*American Heritage Dictionary of the English Language*, 2000, p. 308). Embora alguns professores sintam-se sobrecarregados pelas mudanças no ambiente de ensino, alguns também acham seu trabalho interessante, agradável e estimulante, já que são desafiados a atender as necessidades de uma população escolar cada vez mais diversificada. Na verdade, alguns desafios que eram o foco dos comentários do tipo "sim, mas..." dos professores durante aquela viagem mencionada no início do livro trouxeram benefícios às suas turmas e fizeram do ensino uma experiência mais gratificante. O desafio representado pelos alunos que aprendem por meio de uma segunda língua e a maior diversidade linguística, se incorporados, resultam em crianças e professores que aprendem mais sobre outras línguas e culturas. Os professores, com frequência, fascinam-se com o fato de as crianças brincarem entre si mesmas quando não falam a mesma língua; as amizades se desenvolvem, e com frequência a segunda língua começa também a se desenvolver. Os professores dizem que se sentem privilegiados em testemunhar o surgimento de uma criança bilíngue, objetivo que a maior parte deles nunca alcançou.

Observamos o mesmo tipo de reação quando há a inclusão de uma criança com necessidades especiais. As crianças aprendem novas habilidades sociais e desenvolvem a empatia à medida que trabalham e brincam diariamente com colegas que tenham tais necessidades. Alguns dos professores, neste livro, também relatam que a incorporação de padrões de ensino em seus programas trouxe maior clareza ao modo como ensinavam.

É fácil ser colocado de lado por rótulos e por categorizações, especialmente quando uma instituição os exige para a obtenção de fundos e de apoio. É importante, porém, que entendamos os desafios com que nos deparamos. Em *Star Teachers of Children in Poverty*, Martin Haberman (1995, p. 53) argumenta sobre como os educadores deveriam pensar quando o assunto são as crianças que vivem em condição de pobreza:

> A maneira como abordamos uma criança em situação de risco é um ponto crítico para diferenciarmos professores de pretensos professores e para prever o sucesso no ensino de crianças pobres. Aqueles professores que desistem ou que falham justificam sua falta de eficácia pelo detalhamento das inadequações das crianças. Eles parecem querer saber tudo o que puderem sobre as crianças para ter como provar a si próprios que ensiná-las é impossível. Os bons professores, por outro lado, sabem da vida das crianças por motivos totalmente diferentes. Eles buscam tornar-se sensíveis ao histórico delas porque realmente se preocupam com elas... A distinção fundamental é que uns fazem da informação uma maneira de "provar" que não se pode ensinar a essas crianças, e outros, um modo de tornar o ensino mais relevante.

Neste livro, daremos atenção aos desafios, com o objetivo de levar os professores a se afastarem de uma visão deficitária das crianças e de suas famílias. Como professores, temos nos empenhado em apoiar o desenvolvimento de cada criança, independentemente de seu histórico, e em atender suas necessidades individuais. Todas crianças são nossas crianças, sem exceção.

A IMPORTÂNCIA DA RESILIÊNCIA

Uma das maneiras de ajudar as crianças a enfrentar as dificuldades de suas vidas é proporcionar experiências que incentivem habilidades e atitudes essenciais para o desenvolvimento e a manutenção da resiliência, isto é, da capacidade de se recuperar de reveses, mantendo a alegria de viver. Alguns indivíduos são derrotados pelas dificuldades, ao passo que outros, ao enfrentar problemas semelhantes, podem suplantá-las, tornando-se até mais fortes e mais motivados do que antes. Pelo fato de os desafios e preocupações identificados neste livro continuarem mesmo depois que a aula termina, os professores poderão contribuir para o sucesso das crianças se aprenderem sobre a resiliência e a ensinarem.

Estudos realizados com crianças que demonstram ter resiliência são úteis para determinar as habilidades e atitudes que contribuem para uma personalidade que agrega tais características. Garmezy (1983) identificou características comuns aos alunos de sucesso em áreas de grande pobreza: bom relacionamento social, interações positivas com os colegas, um alto grau de resposta e sensibilidade sociais, inteligência, empatia, um certo senso de humor e grande capacidade de solucionar problemas. Os educadores podem ajudar as crianças a desenvolver tais habilidades e atitudes – as quais lhes serão muito úteis em situações difíceis – por meio de interações entre o professor e o aluno e pelo modo como o ambiente estiver estruturado.

De acordo com Grotberg (1995), os adultos podem apoiar a capacidade de recuperação (resiliência) das crianças se oferecerem oportunidades para que desenvolvam a confiança, a autonomia, a iniciativa, a criatividade e a identidade. Esses cinco itens, fundamentais para a capacidade de recuperação, contribuem para a capacidade de enfrentar, de suplantar, de se sentir mais fortalecido ou até transformado pelas situações adversas (Grotberg, 1995).

Outra maneira de pensar sobre a capacidade de recuperação é concentrar-se no desenvolvimento da autoestima e da autoeficácia. Winfield (1999) enfatiza a importância de estabelecer e de manter a autoestima e a autoeficácia como um modo de estimular a resiliência. Essas habilidades são aprendidas por meio da interação com os colegas e com os adultos e do sucesso na realização de atividades. "A resiliência não se aprende de maneira descontextualizada. Não é aprendida pela realização de uma série de lições em programas disponíveis comercialmente" (Winfield, 1999, p. 42). A autoeficácia desenvolve-se quando os alunos aprendem que têm algum controle sobre determinadas coisas no ambiente em que vivem e que não estão desamparados. Em seus primeiros anos de vida, as crianças tendem a desenvolver a autoeficácia quando recebem a oportunidade de resolver problemas e de atingir objetivos e desenvolvem a autoestima quando veem evidências de que estão aprendendo, bem como quando recebem reações positivas dos adultos.

O trabalho realizado por meio de projetos oferece oportunidades para a construção de habilidades e de atitudes inerentes à resiliência. Quando as crianças investigam assuntos de seu interesse, aprendem o que é satisfazer a própria curiosidade. Elas aprendem como fazer perguntas, como identificar adultos que podem lhes dar informações e como usar os recursos disponíveis. Quando elas representam o que aprendem, pela criação de uma brincadeira em, digamos, um hospital, minimercado ou festa, elas resolvem problemas e aprendem a trabalhar com os outros para encontrar soluções. O mais importante para a resiliência é, contudo, o desenvolvimento da confiança em si próprio.

O PAPEL DO CURRÍCULO AO LIDAR COM DESAFIOS

Os especialistas sugerem uma variedade de soluções para os desafios enfrentados hoje pelos educadores, incluindo programas mais completos para a infância, com educação para os pais e componentes de saúde, esforços comunitários para reduzir a pobreza e a violência, e a colaboração para o desenvolvimento de programas bilíngues. Os programas de alta qualidade para as crianças que vivem em condição de pobreza demonstraram resultar em efeitos positivos de longo prazo (Barnett e Boocock, 1998a, 1998b; Ramey e Campbell, 1991; Weikart, Bond, e McNeil, 1978). O forte apoio administrativo aos professores e os programas de desenvolvimento profissional centrados no aluno demonstraram ajudar em muitos dos outros desafios, mencionados anteriormente, tais como atender as necessidades especiais de uma criança. Para dar conta de qualquer um dos cinco desafios, é necessária a colaboração de professores, de pais, de administradores e de membros da comunidade, além de um grande comprometimento de recursos.

Seria ingênuo pensar que há uma única solução. Para, de fato, suplantar os efeitos nocivos da pobreza, nossa sociedade precisa reduzir o número de crianças que vivem sob tal situação, e não apenas criar maneiras de lidar com os resultados. Quando a pobreza cria um problema como o dos sem-teto e o da violência, o impacto para as crianças e para o seu desempenho escolar não pode ser "resolvido" pelo modo como o professor organiza sua sala de aula.

Contribuição do currículo

Contudo, o que as crianças fazem todo dia nas salas de aula com seus professores e colegas pode caracterizar-se em uma contribuição significativa para o seu desenvolvimento na escola. As crianças podem envolver-se em atividades desafiadoras que possuem significado e que constroem o conhecimento e as habilidades, ou podem passar seu tempo realizando atividades sem sentido e que destroem seu interesse por aquilo que aprendem.

Lilian Katz conta a seguinte história (Helm, 2000): ela observava as crianças da pré-escola colarem chumaços de algodão em recortes que representavam cordeiros. Tal atividade havia sido apresentada pela professora para o mês de março, com base no ditado "Março chega como um leão e se vai como um cordeiro". Quando Katz perguntou às crianças por que estavam colando aqueles chumaços de algodão nos cordeirinhos, a maior parte delas não tinha ideia. Ao final, um garotinho disse: "Eu sei! É porque as ovelhas gostam de marchar*!". Essa observação revela que a atividade tinha pouco significado para as crianças.

Faça uma comparação entre essa experiência de aprendizagem e a explanação de um projeto sobre uma máquina colheitadeira, realizado por Rebecca Wilson (2001) em sua turma bilíngue:

> Ao gerar suas próprias questões, as crianças sentiram-se responsáveis pelo projeto da máquina colheitadeira. Ao longo do projeto, nossa turma constantemente fazia perguntas. O Sr. Danner dedicou parte de seu tempo para responder às perguntas das crianças. Christian ficou curioso em saber quantas peças havia na parte frontal da máquina. Para achar a resposta, ele contou os dentes de metal e escreveu os números. McKayla perguntou: "Onde você faz a roda do trator?". Ela fez, por conta própria, a pergunta a um empregado da H. D. Cline, e eu anotei a resposta: "vem de uma loja, e nós a trazemos até aqui para colocar no trator". McKayla estava muito curiosa em obter a resposta para anotá-la.

As decisões relativas ao currículo tomadas pelos professores determinam as experiências diárias das crianças. O currículo pode ser definido como *uma moldura organizada que delineia as habilidades e o conteúdo que as crianças terão de aprender*. O currículo inclui os processos pelos quais as metas são alcançadas, o que se espera que os professores façam para ajudar as crianças a atingi-las e o contexto no qual o ensino e a aprendizagem ocorrem (Bredekamp

---

* N. de T.: Em inglês, March (março) e march (marchar) são palavras idênticas.

e Rosegrant, 1995). Por meio de decisões sobre o currículo, os professores podem contribuir ao atendimento dos desafios. Haberman (1995, p.52-53) explica a importância de o foco estar voltado ao currículo.

> Essencialmente os bons professores dizem: "olha, eu tenho o máximo controle sobre o que eu ensino e sobre como ensino. Devo ser capaz de encontrar um jeito de envolver as crianças na aprendizagem, independentemente de como é a vida delas fora da escola. Esse é o meu trabalho, e é nisso que eu vou trabalhar até que ache atividades e projetos que funcionem – e que funcionem para a aprendizagem".

Os desafios que estivemos discutindo podem ser todos abordados por meio das decisões curriculares. Embora identifiquemos quais sejam esses desafios, recomendamos que se tome bastante cuidado para não tomar nosso trabalho como um incentivo à elaboração de um currículo separado para as crianças que estejam vivendo sob uma situação de pobreza, aprendendo uma segunda língua, etc. Quando fazemos recomendações curriculares neste livro, não estamos, e não estaremos, "prescrevendo" estratégias específicas para diferentes tipos de crianças.

Diretrizes curriculares

As diretrizes curriculares que oferecemos para os professores que estejam se deparando com grandes desafios podem também ser utilizadas pelos educadores que não tenham lidado com os desafios aqui identificados. As diretrizes listadas abaixo são uma composição de recomendações para a prática adequada, a partir de vários pesquisadores, teóricos e professores da área (Bowman, Donovan e Burns, 2000; Bredekamp e Copple, 1997; DeVries, Reese-Learned e Morgan, 1991; Katz, 1999; Katz e Chard, 1989; Neuman, Copple e Bredekamp, 2000).

1. O currículo deve ser envolvente e interessante e contribuir para o desenvolvimento intelectual da criança (as crianças, pensando, aprendem a pensar).
2. O currículo deve incorporar tanto a aprendizagem formal, por meio do ensino direto, organizado e consistente do professor, como a aprendizagem informal, em que as crianças aprendem pelas interações com os materiais, com o professor, com outras crianças e com adultos (quanto mais jovem a criança, mais tempo será necessário para as atividades informais. É importante que as crianças de 5 e 6 anos, contudo, recebam ensinamentos sistemáticos em atividades como leitura, escrita e matemática).
3. O currículo deve concentrar-se em tópicos de estudo que valorizem o tempo neles empregados, que sejam relevantes para as culturas das crianças e que estejam relacionados aos objetivos gerais de sua educação.
4. O currículo deve oferecer oportunidades para as crianças integrarem o conteúdo e as habilidades (as experiências informais propiciam um contexto para praticar e aperfeiçoar as habilidades apresentadas no currículo mais formal).
5. O currículo deve oferecer oportunidades para as crianças controlarem sua aprendizagem, tomarem a iniciativa e descobrirem que são alunos competentes.
6. O currículo deve propiciar oportunidades para as crianças experimentarem e, se errarem, para desenvolverem a persistência de buscar soluções. Isso dará sustentação ao desenvolvimento da resiliência.
7. O currículo deve estar de acordo com a faixa etária da criança. Para as crianças mais jovens, isso significa que as experiências devem ser predominantemente concretas, práticas e sensoriais. As crianças devem também ter a oportunidade de observar os adultos demonstrarem e modelarem os processos e as habilidades.
8. O currículo deve ser rico em linguagem e em potencial de alfabetização, incluin-

do muitas oportunidades relevantes para que falem, escutem e façam perguntas; os alunos devem ler e ouvir o que é lido para eles, além de usar os livros para pesquisas; devem também escrever.

9. O currículo deve instigar o pensamento e incorporar muitas oportunidades para as crianças desenvolverem o pensamento matemático e científico, usando números e contando para resolver problemas, observando os seres vivos e os processos científicos, conduzindo experiências simples e coletando dados.
10. O currículo deve ocorrer em uma comunidade que dá aos estudantes um sentido de segurança física e emocional e de propriedade, que promove a cooperação e celebra o sucesso.
11. O currículo deve propiciar oportunidades para que os pais participem e fortaleçam os laços com as crianças, para que considerem a escola um local relevante e a criança um aluno competente.
12. Deve haver um currículo e um sistema de avaliação com metas claramente delineadas, bem como um sistema de observação e de coleta dos trabalhos das crianças que propiciem ao professor diferentes possibilidades para a tomada de decisões.

O PROJETO COMO ABORDAGEM

Uma das maneiras, mas não certamente a única, de oferecer essa espécie de currículo descrita acima é a utilização de projetos na educação da criança. Embora a palavra *projeto* tenha muitos significados, neste livro utilizamos a definição de Lilian Katz (1994, p.1):

> O projeto é uma investigação em profundidade de um assunto sobre o qual valha a pena aprender. A investigação é em geral realizada por um pequeno grupo de crianças de uma sala de aula, às vezes pela turma inteira e, ocasionalmente, por uma criança apenas. A principal característica de um projeto é que ele é um esforço de pesquisa deliberadamente centrado em encontrar respostas para as questões levantadas pelas crianças, pelo seu professor, ou pelo professor que estiver trabalhando com as crianças.

O uso de projetos no currículo infantil é explicado mais profundamente no livro *Young Investigators: The Project Approach in the Early Years* (Helm e Katz, 2001). Neste livro, vamos além de uma explicação do que seja utilizar o projeto como abordagem, a fim de explorar o modo pelo qual os profissionais que trabalham com crianças podem usar os projetos para atender os desafios que encontram em suas salas de aula.

Não estamos sugerindo que os projetos devam constituir 100% do currículo da educação infantil. Os projetos são apenas um tipo de experiência de aprendizagem de que as crianças precisam. Os professores que usam os projetos também fazem uso de conceitos mais simples, bem como de unidades, de temas e de inquirição direta; o ensino direto é utilizado quando o assunto são as habilidades acadêmicas, tais como contar ou escrever uma carta. Também podem organizar experiências sobre um tema, um conceito mais amplo, um assunto como "estações do ano" ou "animais" (Helm e Katz, 2001). Quando utilizam um tema, os professores reúnem livros, fotografias e outros materiais a ele relacionados. Os projetos, nos quais as crianças decidem o que vão pesquisar e o que querem fazer, com frequência desenvolvem-se a partir das experiências elaboradas pelos professores.

Muitos professores das instituições de educação infantil também organizam experiências de aprendizagem em diferentes locais da sala de aula ou da escola. Os materiais e equipamentos para cada área são selecionados para ensinar conceitos e propiciar a prática em habilidades que o professor gostaria de desenvolver. Esses locais, tais como uma estação para o ensino de ciências, por exemplo, propiciam um conhecimento básico para as crianças, permitindo-lhes aprender o que lhes interessa e familiarizar-se com um assunto para que possam pensar em questões significativas.

Os temas, as unidades, as estações de aprendizagem e o ensino direto ocupam todos um espaço importante no currículo da educação infantil. Algumas das diretrizes do currículo listadas acima são, porém, mais facilmente incorporadas quando as crianças fazem suas próprias perguntas, conduzem suas próprias pesquisas e tomam decisões sobre suas atividades. Os projetos abrem espaço nos quais a curiosidade das crianças pode ser comunicada com maior espontaneidade, capacitando-as a experimentar a alegria da aprendizagem independente. Os projetos bem-desenvolvidos levam a criança a usar sua mente e suas emoções, tornando-se aventuras em que tanto alunos como professores embarcam com satisfação.

O uso de projetos nos Estados Unidos foi estimulado pela informação sobre projetos desenvolvidos nas escolas infantis de Reggio Emilia, Itália. Aprendemos muito lendo sobre o assunto e visitando a região, onde estudamos a documentação dos projetos. Descobrimos que os desafios enfrentados pelas escolas dos Estados Unidos, contudo, são muito diferentes daqueles da Itália, onde há pouca pobreza e os padrões acadêmicos e de avaliação para a pré-escola não são especificados. Acreditamos que os projetos participativos, segundo a definição de tal abordagem (Helm e Katz, 2001; Katz e Chard, 1989) são especialmente significativos para as crianças que crescem na pobreza, que aprendem uma segunda língua e que têm necessidades especiais. Também acreditamos que os projetos são um excelente veículo para a alfabetização das crianças e para a realização de resultados específicos, como aqueles listados na maior parte dos padrões da educação infantil.

ORGANIZAÇÃO DO LIVRO

As implicações do uso de projetos nas salas de aula serão abordadas por Lilian Katz no Capítulo 2. A autora explora as contribuições que os projetos podem dar para os primeiros anos do desenvolvimento intelectual e para um maior rendimento nas séries posteriores, além de como as experiências de aprendizagem podem ajudar crianças em situação de risco.

Os Capítulos 3-7 estão centrados em um dos cinco desafios identificados anteriormente. Os capítulos são organizados em três partes, e a primeira delas oferece informações sobre a natureza e a extensão do desafio abordado. Na segunda parte, os profissionais da educação da primeira infância que utilizam projetos em sala de aula compartilham suas estratégias práticas para dar conta do desafio. As estratégias por eles apontadas são então destacadas e ilustradas na terceira parte, na qual os autores-professores explicam como um projeto em suas salas de aula os ajudou a dar conta dos desafios.

As escolas representadas nos Capítulos 3-7 incluem:

- uma sala de aula da pré-escola de uma escola de ensino fundamental urbana em situação de risco;
- um programa de ensino abrangente para a educação infantil, com crianças de seis semanas de vida até a 1ª série, sustentado pelo programa Head Start do governo federal, pelo distrito escolar e por um programa estadual para crianças em idade pré-escolar que estejam em situação de risco;
- um programa da pré-escola patrocinado por uma agência para a educação especial;
- uma sala de aula da pré-escola bilíngue;
- uma creche em que as crianças são atendidas de acordo com as necessidades apontadas pelos pais.

Em três dos programas, a maior parte das crianças faz parte de minorias raciais ou étnicas. Nenhum dos programas tem menos de 30% das crianças em situação de pobreza; em dois deles, mais do que 75% das crianças vivem em situação de pobreza. As crianças que participam dos projetos descritos nos Capítulos 3-7 têm de 3 anos de idade até a idade de estar na 1ª série.

A questão da responsabilidade final é abordada no Capítulo 8 por meio de uma discussão sobre o papel da prática reflexiva do professor e da documentação, que são apresentadas nos capítulos precedentes. O Capítulo 9 volta-se para o futuro. No Apêndice A, os professores, administradores e consultores educacionais discutem algumas questões frequentemente encontradas quando os professores começam a usar os projetos para dar conta dos desafios. O Apêndice B apresenta uma lista comentada dos recursos recomendados para a utilização de projetos.

Este livro compartilha o trabalho de professores que estão usando projetos em sala de aula como uma forma de atender os desafios com que se deparam. Não se trata de um livro escrito somente para compartilhar, mas também para explorar o uso do projeto como abordagem. Se tal abordagem é um bom método para superar os desafios, estaremos tirando o maior benefício possível dela? À medida que tentamos enfrentar os desafios, precisamos testar novos métodos e modificar aqueles que já conhecemos para atender as necessidades, em constante mutação, de nossas crianças. Convidamos os professores a testar as estratégias práticas discutidas aqui não só nos projetos, mas também em outras experiências de aprendizagem. Também pedimos aos professores para pensarem nas próprias estratégias práticas que maximizem a utilização dos projetos, a fim de compartilhá-los com os outros.

REFERÊNCIAS

American Academy of pediatrics. (2001). *Policy statement: Children, adolescents, and television*. Elk Grove, IL: American Academy of Pediatrics.

American heritage dictionary of the English Language (4th ed.). (2000). Boston: Houghton Mifflin.

Barnett, W. S., e Boocock, S. S. (Eds.). (1988a). *Early care and education for children in poverty: Promises, programs, and long-term results*. Albany: State University of New York Press.

Barnett, W. S. e Boocock, S. S. (Eds.). (1988b). *Long-term effects on cognitive development and school success*. Albany: State University of New York Press.

Bowman, B. T., Donovan, M. S. e Burns, M. S. (Eds.). (2000). *Eager to learn*. Washington, DC: National Academy press.

Bredekamp, S. e Copple, C. (Eds.). (1997). *Developmentally appropriate practice in early childhood programs* (Rev. ed.). Washington Dc: National Association for the Education of Young Children.

Bredekamp, S. e Rosegrant, T. (1995). *Reaching potentials: Transforming early childhood curriculum and assessment* (Vol. 2). Washington, DC: National Association for the Education of young Children.

Census 2000 supplementary survey. Washington DC: U. S. Census Bureau.

Child poverty fact sheet. (2001, June). New York: National Center for Children in Poverty, Columbia University.

Department of Education, U. S. (2000). *Twenty-second annual report to Congress on the implementation of the Individuals with Disabilities Education Act*. Washington, DC: U.S. Department OF Education.

DeVries, R., Reese-Learned, H. e Morgan, P. (1991). Sociomoral development in direct-instruction, eclectic and constructivist kindergartens: A study of children's enacted interpersonal understandings. *Early Childhood Research & Practice*, 6(4), 473-517.

Donahue, P. L., Finnegan, R. J., Lutkus, A. D., Allen, N. L. e Campbell, J. R. (2000). *The nation's report card: Fourth grade reading 2000* (Nces 2001499). Washington DC: National Center for Education Statistics.

Garmezy, N. (1983). Stressors of childhood. In N. Garmezy e M. Rutter (Eds.), *Stress, coping and development in children* (p. 43-84). New York: Mc-Graw-Hill.

Grotberg, E. H. (1995). *A guide to promoting resilience in children: Strengthening the human spirit*. The Hague, The Netherlands: Bernard Van Leer Foundation.

Haberman, M. (1995). *Star teachers of children in poverty*. West Lafayette, IN: Kappa Delta Pi.

Helm, J. H. (2000). *Gifts from Lilian Katz: Stories, anecdotes and profound thoughts*. Springfield, IL: Illinois Association for the Education of Young Children.

Helm, J. H. e Katz, L. G. (2001). *Young Investigators: The Project Approach in the Early Years*. New York: Teachers College Press.

Katz, L. G. (1994). *The project approach*. Champaign, IL: ERIC Clearinghouse on Elementary and Early Childhood Education.

Katz, L. G. (1999, November 18) *Current perspectives on education in the early years: Challenges for the new millennium*. Paper presented at the Ninth Annual Rudolph Goodridge Memorial Lecture, Barbados, West Indies.

Katz, L. G. e Chard, S. C. (1989). *Engaging children's minds: The project approach*. Greenwich, CT: Ablex Publishing Corporation.

National Association for the Education of young Children (NAEYC). (1999). *The care and education of young children in the United States* [Website]. Retrieved 2001 from www.naeyc.org.

Neuman, S. B., Copple, C. e Bredekamp, S. (2000). *Learning to read and write: Developmentally appropriate practices for young children*. Washington, DC: National Association for the Education of Young Children.

Ramey, C. T. e Campbell, F. A. (1991). Poverty, early-childhood education, and academic competence: The Abcedarian Experiment. In A. Huston (Ed.), *Children reared in poverty* (p. 190-221). New York: Cambridge University Press.

Snow, C. E., Burns, M. S. e Griffin, P. (Eds.). (1998). *Preventing reading difficulties in young children*. Washington, DC: National Academy Press.

Villa, R. A., Klift, E. V. D., Udis, J., Thousand, J. S., Nevin, A. I., Kunc, N. e Chapple, J. W. (1995). Questions, concerns, beliefs, and practical advice about inclusive environments. In R. A. Villa e J. S. Thousand (Eds.), *Creating an inclusive school* (p. 136-61). Alexandria, VA: Association for Supervision and Curriculum Development.

Weikart, D. P., Bond, J. T. e McNeil, J. T. (1978). *The Ypsilanti Perry Preschool project: Preschool years and longitudinal results through fourth grade*. Ypsilanti, MI: High/Scope Press.

Wilson, R. (2001). The combine project: An experience in a dual language classroom [Electronic version]. *Early Childhood Research & Practice, 3*(1).

Winfield, L. F. (1999). Developing resilience in urban youth. In B. Cessarone (Ed.), *Resilience guide: A collection of resources on resilience in children and families*. Champaign, IL: ERIC Clearinghouse on Elementary and Early Childhood Education.

A construção de sólidos fundamentos para as crianças

Lilian G. Katz

No capítulo anterior, Judy Harris Helm definiu os cinco grandes desafios com que os educadores infantis se deparam. Alguns professores têm de enfrentar esses cinco desafios simultaneamente; outros talvez tenham de se preocupar mais com um deles do que com os demais. Qualquer que seja o caso, incorporando bons projetos ao currículo escolar da primeira infância, os professores poderão responder aos desafios e ao mesmo tempo ajudar a estabelecer os fundamentos para o futuro das crianças.

Quando se pensa sobre um planejamento da educação infantil que fornecerá bases sólidas para o futuro, pode ser proveitoso compará-lo ao modo como arquitetos, engenheiros e construtores elaboram um projeto para as fundações de um prédio. No início, devem ser empregados três princípios básicos ao projeto das fundações da construção. O primeiro princípio é *ajustar o projeto de acordo com as informações disponíveis sobre a natureza do solo* em que se erguerá a construção; a estrutura para um solo arenoso será diferente da estrutura para um solo cuja base seja, por exemplo, a pedra. Toda informação disponível sobre o solo é cuidadosamente considerada durante a elaboração do projeto. Da mesma forma, o professor deve colher tanta informação quanto possível sobre os tipos de experiências pelas quais cada criança passou, bem como sobre o que aprendeu ou deixou de aprender. O professor usará essa informação para determinar as experiências que devem ser oferecidas às crianças. Para fazer isso de maneira eficaz, dedicará seu tempo e esforço não só a conhecer as informações sobre a criança mas também a *conhecer* a própria criança.

O segundo princípio da elaboração das fundações é *focalizar as características da estrutura* que se está construindo. Levam-se em conta as informações sobre o prédio, tais como altura, peso, área, extensão horizontal, etc. Da mesma forma, os professores e as pessoas que elaboram os currículos planejam as experiências para as crianças com base em seus objetivos mais amplos e também em seus objetivos mais imediatos e específicos. Uma boa base nos primeiros anos, então, leva em consideração todos os domínios do desenvolvimento – aspectos sociais, emocionais, cognitivos, físicos, estéticos, culturais e outros aspectos fundamentais para o crescimento, para o desenvolvimento e para a aprendizagem; uma educação sólida para a criança não está simplesmente limitada à aprendizagem de algumas letras do alfabeto e de algumas poucas tarefas. Ao contrário, as experiências a que os educadores expõem os seus alunos baseiam-se no papel que elas podem desempenhar na aprendizagem futura das crianças e no melhor conhecimento de que se dispõe sobre as relações entre a experiência infantil e a maturidade da criança. Uma característica fundamental de um bom projeto é o fornecimento às crianças de um contexto no qual elas sejam motivadas a pedir ajuda quando usarem suas habilidades básicas (por exemplo, escrever legendas para desenhos ou gráficos) para representar as descobertas de suas investigações.

Finalmente, o terceiro princípio básico da elaboração das fundações de um edifício é *antever todas os possíveis pontos de pressão* a que a estrutura poderá estar sujeita no futuro; tais pontos podem ser furacões, tufões, neve, enchentes, terremotos, etc. Da mesma forma, quem desenvolve os currículos deve elaborar fundações que estejam voltadas a objetivos de longo prazo, como é o caso do objetivo fundamental de toda educação: desenvolver e sustentar uma forte aptidão a continuar a aprender durante uma vida inteira, em vez de apenas focalizar atividades de curto prazo aferidas em verificações anuais.

Os educadores devem também ter em mente aquilo que os construtores sabem muito bem: se a fundação de um prédio não for bem assentada já no início, será difícil ajustá-la no futuro; na verdade, alguns tipos de erros iniciais podem causar sérios danos no futuro.

Os arquitetos possuem muitos dados, obtidos pela experiência e pela pesquisa, sobre a relação entre as fundações e a resistência à pressão. Uma das questões mais intrincadas no campo da educação infantil e do desenvolvimento das crianças, contudo, é a da dificuldade imposta pela conexão existente entre a experiência infantil e o gerenciamento de longo prazo da pressão. Donaldson (1978, p. 13) indicou há muito tempo que, durante os primeiros anos da escola, a maioria das crianças "parece ávida, animada [e] feliz... o problema é entender como algo que começa tão bem pode terminar, com frequência, tão mal". Há muitas razões possíveis para o gradual e amplo descontentamento com a escola nos Estados Unidos (Osborn, 1997). Em outras palavras, determinar qual a melhor fundação para as complexas estruturas que se constrói é muito mais difícil para os educadores do que para os construtores. Contudo, nossas experiências de trabalho com os professores que adotaram a utilização de projetos, como será explicado nos capítulos seguintes, sugerem que a inclusão de um *bom* projeto nos primeiros anos – e também ao longo do ensino fundamental – pode dar conta dos três princípios para a construção de uma boa base ou fundação.

PRINCÍPIO UM: COLETAR INFORMAÇÕES

Um projeto se define como uma situação em que as crianças realizam uma investigação em profundidade acerca de eventos ou de fenômenos interessantes que se encontram em seu ambiente. Como já foi discutido antes, o primeiro princípio para a construção das fundações é elaborá-las com base nas amplas informações coletadas sobre o "solo" em que se trabalha. Quando um projeto é elaborado, o professor focaliza cada uma das crianças em particular, bem como as experiências, o conhecimento, as habilidades e os interesses que cada uma delas traz ao assunto a ser abordado. O professor considera a variedade de interesses do grupo, o valor potencial que aprender sobre determinado assunto contém para os indivíduos e para o grupo como um todo, os recursos locais prontamente disponíveis e como o tópico poderia encaixar-se nos padrões locais. Com essas informações, o professor é o principal responsável pela seleção do assunto a ser investigado em um projeto (Katz e Chard, 1998).

Qualquer grupo de crianças da pré-escola ou de uma creche terá, com certeza, passado por diversas experiências, adquirido uma variedade de conhecimento e de habilidades, além de ter interesses variados. Muitas das crianças cujas famílias são de baixa condição socioeconômica não terão tido quase nenhum contato com livros, ou sequer terão ouvido alguém ler histórias para elas. Também terão tido pouca oportunidade de escrever palavras, de ler ou de realizar outras atividades escolares. Todas as crianças, porém, já passaram por uma variedade de experiências comuns ao seu ambiente. Por exemplo, conhecem várias comidas e locais onde se pode comer, tipos de transporte, lojas, tipos de residências e bairros e, talvez, um ônibus escolar (Harkema, 1999). Todas essas variações são facilmente abordadas ao longo de um bom projeto.

Os projetos são geralmente organizados em três fases sequenciais (Figura 2.1). Durante a primeira fase, o professor ajuda as crianças a esclarecer o foco do projeto e as questões a que suas investigações tentarão responder. As crianças compartilham, de várias maneiras, seu conhecimento prévio e as experiências relacionadas ao assunto. Assim, o professor aprofunda o conhecimento que tem de cada uma das crianças, observando as maneiras como poderá sustentar e fortalecer o progresso delas em todas as áreas de aprendizagem à medida que o projeto se realiza.

Durante a segunda fase do projeto, as crianças, geralmente trabalhando em pequenos grupos ou assuntos secundários relacionados ao assunto principal que se investiga, tomam a iniciativa e responsabilizam-se pela coleta de dados. Dependendo da idade das crianças e da natureza do assunto, essa fase implicará que façam uma pesquisa de campo e entrevistem algumas pessoas que possam responder a suas perguntas. As crianças, então, registram e compartilham as ideias e as informações que emergem de suas observações.

Na terceira fase, com a orientação do professor, as crianças planejam e realizam uma atividade de culminância, em que a história da investigação e suas descobertas são resumidas e compartilhadas. Ao longo desse processo, o professor tem muitas oportunidades para observar o progresso de cada criança e para estimular e apoiar a aprendizagem futura com base em tais observações.

PRINCÍPIO DOIS: CONSIDERAR OS EFEITOS DE LONGO PRAZO QUE AS EXPERIÊNCIAS REALIZADAS TERÃO NA EDUCAÇÃO DAS CRIANÇAS

O segundo princípio para a elaboração dos fundamentos utilizados é certificar-se de sua viabilidade a longo prazo, considerando as características do "prédio" que sobre eles será erguido. Ao planejar as experiências para as crianças, os professores devem focalizar as metas e propósitos mais amplos da educação e também os objetivos mais específicos. No nosso ponto de vista, uma das metas de longo prazo da educação infantil é fortalecer e sustentar as tendências inatas das crianças à curiosidade e ao profundo envolvimento em obter a maior compreensão possível do que vivenciam. Uma das características importantes de um bom projeto é que, ao longo de uma investigação, as crianças, por meio do estímulo a que tomem iniciativas e sejam responsáveis pelo que é realizado, possam expressar sua curiosidade e envolver-se. O papel das crianças é tanto interativo como ativo não só na busca da informação mas também na representação e no compartilhamento da informação. Além disso, o professor incentiva as crianças a inspecionar o seu próprio trabalho e a juntar forças para verificar se os resultados correspondem às intenções e se o trabalho realizado pode ser melhorado ou, até mesmo, mudado.

Ao contrário, durante a educação acadêmica formal, o papel da criança é mais passivo, reativo e receptivo. Embora o papel passivo possa ser apropriado para algumas das experiências das crianças, o currículo deve ser equilibrado de maneira que oportunidades diárias frequentes para tomar decisões e fazer escolhas sustentem e fortaleçam as aptidões intelectuais e minimizem o grau de impaciência ou tédio por parte das crianças durante o período em que estiverem em sala de aula. Mais cedo ou mais tarde, a novidade de, por exemplo, colorir desenhos torna-se cansativa; a poderosa aptidão inata para aprender, para explorar e para compreender pode ser enfraquecida ou prejudicada depois de alguns anos de experiências de ensino passivas e receptivas.

Existem hoje impressionantes evidências de que o ensino formal e didático, se comparado às abordagens curriculares que oferecem mais oportunidades para as crianças tomarem a iniciativa (como se explica

Fase 1

- O possível assunto surge
  - Iniciado pelo professor **ou** a partir do interesse da criança
- Crie hipóteses (em forma de rede* antecipatória) sobre
  - possíveis questões
  - oportunidades relativas ao currículo

  Explore recursos e locais disponíveis
- Ofereça atividades focadas e experiências comuns ao grupo ou turma
- Decida se o assunto é apropriado e prático
  - **NÃO:** baixo interesse, não está de acordo com as metas, não é prático
  - **SIM:** alto interesse, está de acordo com as metas, é prático
- O professor cria com as crianças uma rede sobre os conceitos abordados e a compreensão dos mesmos
- rede ou lista de perguntas para investigação: O que queremos descobrir?

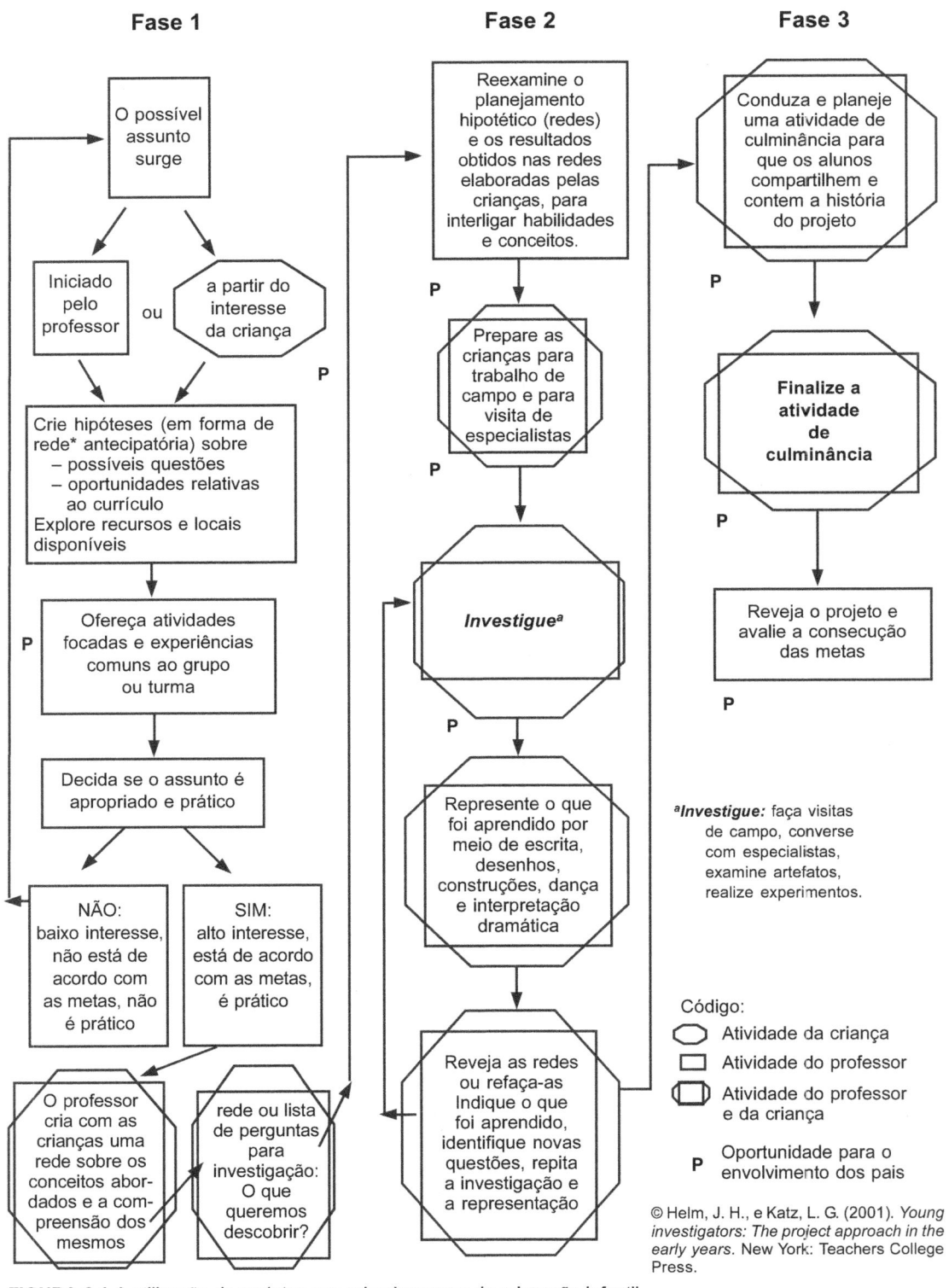

Fase 2

- Reexamine o planejamento hipotético (redes) e os resultados obtidos nas redes elaboradas pelas crianças, para interligar habilidades e conceitos.
- Prepare as crianças para trabalho de campo e para visita de especialistas
- *Investigue*ᵃ
- Represente o que foi aprendido por meio de escrita, desenhos, construções, dança e interpretação dramática
- Reveja as redes ou refaça-as Indique o que foi aprendido, identifique novas questões, repita a investigação e a representação

Fase 3

- Conduza e planeje uma atividade de culminância para que os alunos compartilhem e contem a história do projeto
- **Finalize a atividade de culminância**
- Reveja o projeto e avalie a consecução das metas

ᵃ*Investigue:* faça visitas de campo, converse com especialistas, examine artefatos, realize experimentos.

Código:
- ◯ Atividade da criança
- ☐ Atividade do professor
- ⬡ Atividade do professor e da criança
- P Oportunidade para o envolvimento dos pais

© Helm, J. H., e Katz, L. G. (2001). *Young investigators: The project approach in the early years.* New York: Teachers College Press.

FIGURA 2.1 A utilização de projetos nos primeiros anos da educação infantil.

---

* N. de RT. *Rede* significa a articulação e a relação entre conteúdos e conceitos em torno de um tema, envolvidos em um projeto de trabalho, também denominado teia.

nos Capítulos 3-7), *pode* oferecer mais resultados positivos nas aferições padronizadas *apenas no curto prazo, mas não em longo prazo* (por exemplo, Golbeck, 2001; Marcon, 1995, 2000). A diferença entre esses efeitos de curto e longo prazo é difícil de interpretar. A explicação mais plausível é que, depois que um período de ensino formal se torna entediante para as crianças, elas talvez estejam presentes fisicamente, mas não psicologicamente.

Há também dados que indicam que o excesso de ensino formal acadêmico provoca, a longo prazo, mais efeitos nocivos para os meninos do que para as meninas (Marcon, 1992, 1995, 2000; Miller e Bizzell, 1983). Marcon (2000, p.359), ao apresentar seus dados de longo prazo, nos quais comparava os efeitos dos currículos tradicionais acadêmicos aos que são iniciados pela criança, afirmou que:

> Em geral, os meninos não se ajustam tão bem como as meninas às abordagens didáticas da educação infantil. Eles demonstram maior estresse nas escolas infantis em que a prática de desenvolvimento é inadequada. Isso é mais acentuado ainda para os meninos negros de classes sociais mais baixas. O desenvolvimento desses meninos é estimulado pelas instituições de educação infantil que enfatizam o crescimento emocional em detrimento do ensino acadêmico e é retardado pelo ensino excessivamente acadêmico e didático.

Esse efeito de gênero é de difícil interpretação. Um fator que contribui para isso são, muito provavelmente, as diferenças bem conhecidas do desenvolvimento neurológico e linguístico, que coloca as meninas à frente dos meninos durante os primeiros anos (Maccoby, 1998). Um fator ainda mais poderoso talvez seja o de que os meninos tenham mais dificuldade de adaptação ao papel passivo-receptivo imposto pelo ensino acadêmico formal. Com base em um extenso trabalho de pesquisa, Maccoby (1998, p. 57) aponta que os meninos, mais do que as meninas, envolvem-se em "exibições egóticas", pelas quais buscam maior *status*, adotando, a fim de se tornarem dominantes, um comportamento de maior risco. Os meninos tentam ser agentes ativos, mais do que as meninas, que aceitam um papel passivo ou submisso com maior facilidade. Além disso, a resistência e o desconforto dos meninos para com um papel passivo podem ser maiores em algumas culturas ou subculturas; por exemplo, os meninos provenientes de culturas em que os homens devem ser dominantes têm dificuldade em aceitar o que se lhes apresenta na escola. Essas preferências relacionadas ao gênero podem ser ainda mais diferenciadas pelo *status* socioeconômico, o que cria um desafio a mais para os professores que trabalham com famílias de baixa renda.

Com a realização de bons projetos, os meninos e as meninas, trabalhando em pequenos grupos, são estimulados a tomar decisões sobre como proceder na coleta de dados e sobre como dividir responsabilidades. São também incentivados a discutirem e a trabalharem juntos para chegar à melhor solução possível para suas diferenças. O professor reúne-se com pequenos grupos tantas vezes quantas forem necessárias, a fim de lhes oferecer apoio e sugestões, demonstrar-lhes a expectativa de que prossigam com seu trabalho e observar o seu progresso individual em todas as áreas.

Alfabetização

Pesquisas extensas sobre questões relacionadas ao desenvolvimento da alfabetização indicam que há menor interação verbal nas famílias de baixa renda; assim, o vocabulário dessas crianças é muito mais limitado do que o das crianças de renda mais alta. Além disso, o tamanho do vocabulário influencia o desenvolvimento da capacidade de se alfabetizar.

A ênfase no ensino acadêmico formal em programas da pré-escola para crianças de baixa renda é frequentemente justificada com base na necessidade que elas têm de alcançar seus colegas mais privilegiados. Alguns observadores das diferenças encontradas nas crianças de renda mais baixa afirmam que elas não têm tempo a perder com brincadeiras e atividades similares. Como foi indicado pelo relato da National Academy of Sciences, chamado *Eager to Learn* (Ávido por aprender), contudo, o potencial que as pré-escolas têm de oferecer oportunidades para as crianças de baixa renda desenvolverem habilidades que não poderiam adquirir em outra situação será realizado apenas se essas escolas oferecerem a mesma qualidade que se encontra nos programas que atendem as crianças de renda mais alta (Bowman, Donovan e Burns, 2001).

As crianças de famílias de renda alta em geral não começam a ser alfabetizadas pela prática repetitiva de letras do alfabeto ou por fonemas praticados fora de contexto. Há, normalmente, alguém que lê para elas e que as estimula a tentar criar palavras e signos e a desenvolver um vocabulário comparativamente mais rico ao longo das conversas que têm com os adultos sobre fatos e fenômenos contextualizados. Além disso, as crianças de renda mais alta percebem que os adultos ao seu redor leem mais. Nosso trabalho demonstrou que ajudamos mais as crianças de baixa renda quando as estimulamos a se envolver em pesquisas que digam respeito a fenômenos que são significativos para elas. Com isso, fica claro para elas que suas próprias experiências e *insights* são respeitados e que suas sugestões sobre como proceder com as investigações são solicitadas e adotadas. Ter a expectativa de que submeter as crianças de baixa renda a longos períodos de ensino passivo sobre informações isoladas – cujos propósitos seriam, na melhor das hipóteses, obscuros para elas mesmas – as leva a "alcançarem" seus colegas mais privilegiados, dá a impressão de sucesso no curto prazo. Contudo, a adequação desse fundamento no longo prazo não é sustentada pelas pesquisas atuais.

Isso não quer dizer, contudo, que todo ensino da leitura deva ocorrer apenas no contexto de um currículo mais informal, como o dos projetos. Quando as crianças atingem a idade na qual o domínio da leitura é razoável – por volta dos 6 anos – o ensino mais formal da leitura será útil. Para as crianças de baixa renda, esse ensino será melhor quando ocorrer de maneira regular juntamente com experiências interativas e ativas, tais como os projetos.

Outra consideração que se deve fazer ao construir fundamentos sólidos para a alfabetização a longo prazo é a importância de as boas experiências linguísticas e comunicativas ocorrerem desde cedo na educação infantil. Os projetos podem ajudar a oferecer tais experiências por meio de oportunidades para a conversação entre as crianças quando elas trocam ideias, fazem perguntas, questionam especialistas que venham à sala de aula e discutem sobre vários aspectos do trabalho que realizam. Ao enfatizar o papel da competência comunicativa na aquisição da habilidade de ler e escrever, os educadores levam em consideração o fato de que as crianças e os adultos que trabalham com eles *devem ter algo de interessante a comunicar* – alguma coisa que lhes seja importante e significativa. A ampla experiência no trabalho com os professores que lidam com crianças quando implementam os projetos indica que, mesmo no nível da pré-escola, as crianças pedem, espontaneamente, ajuda sobre como escrever. Em muitos países, as crianças não aprendem a ler, mas a escrever (por exemplo, na Suécia e na Itália) – um processo mais ativo do que passivo. Sua motivação para se comunicarem de várias maneiras é reforçada porque o significado e o propósito disso estão claros para elas (Beneke, 1998). Os adultos em geral subestimam o quão profundo e sério pode ser o envolvimento das crianças com as investigações das coisas que estão ao seu redor: elas não precisam divertir-se com o trabalho, mas precisam de fato atingir uma certa satisfação pelo fato de terem sido persistentes, resolvido problemas, verificado hipóteses e comunicado seus pontos de vista aos colegas. Nos projetos, as crianças não estão sob pressão alguma para competir com os colegas pela nota mais alta. Sua motivação é a comunicação genuína com os outros sobre o que descobriram e sobre como podem sintetizar, resumir e compartilhar a informação. Como indicam Stipek e Greene (2001, p. 82):

> Os estudos dos ambientes de sala de aula sugerem que o ensino didático e voltado ao desempenho, no qual a informação sobre o desempenho relativo é saliente, combinado com os baixos níveis de ensino e de resposta às crianças, pode reduzir a motivação dos alunos da pré-escola.

Durante a segunda e parte da terceira fase dos projetos, os pequenos grupos que estudaram determinados subtópicos devem elaborar um relato de suas descobertas para a turma inteira. O professor deve estar disponível para consultas se assim houver necessidade. Quando o professor não estiver disponível para ajudar, poderá sugerir que as perguntas sejam feitas aos colegas mais experientes. A preparação e a apresentação desses relatos constituem-se em um esforço e uma motivação significativos para a comunicação eficaz com os outros. Se todas as crianças de uma turma estudarem os mesmos detalhes e assuntos ao mesmo tempo, não terão uma razão genuína para apresentar o que aprenderam aos colegas. Nesse aspecto, e em muitos outros, os projetos podem ser profundamente envolventes e significativos. As crianças são motivadas a abordar as questões que elas mesmas criaram, em vez de tentar satisfazer a demanda do professor por uma resposta correta.

Dividindo a responsabilidade

É claro que nem todos os assuntos são igualmente interessantes para todas as crianças do grupo. Para aquelas que poderiam estar mais interessadas em um assunto diferente, o professor poderá reconhecer o fato e dizer: "Entendo que vocês não se interessem muito pelo projeto tal. Espero que o próximo projeto seja mais interessante para vocês. Enquanto isso, façam o que puderem para ajudar os demais colegas do grupo". Dessa forma, o professor expressa compreensão e respeito genuínos pela criança, tornando clara a importância de trabalhar e de ajudar os demais, mesmo quando não se está interessado em uma determinada atividade. As crianças pequenas não precisam gostar de tudo que se lhes pede na escola, mas é importante que se entenda o seu desinteresse, mesmo quando não se pode fazer muita coisa a respeito. Assim, a aptidão para participar, para contribuir e para compartilhar a responsabilidade pelo trabalho do grupo e da comunidade – mesmo quando o esforço não é muito interessante – pode ser aperfeiçoada e fortalecida, servindo como fundamento da participação eficaz e duradoura de nossas crianças em uma democracia.

A aptidão para a reflexão

Durante a fase final de um projeto, o professor e as crianças conversam sobre os planos para sua conclusão. Essas conversas incluem alguma espécie de prestação de contas sobre o que se aprendeu e não se aprendeu a respeito do assunto estudado; pode-se também examinar como a informação coletada se compara com os prognósticos que as crianças fizeram na primeira fase do projeto. Por exemplo, durante a primeira fase de um projeto pré-escolar sobre bicicletas, o professor pode ajudar as crianças a elaborar um quadro, como o Quadro 2.1.

As crianças buscarão respostas para as perguntas listadas no quadro durante a segunda fase. À medida que o professor orienta as crianças na criação de um quadro, poderá fazer perguntas como "Por que vocês pensam que os pneus podem ser consertados com *band-aids*?". A pergunta é feita de forma a estimular as crianças a desenvolver a aptidão para a reflexão com base em suas próprias ideias, estabelecen-

QUADRO 2.1 Quadro de prognósticos desenvolvidos durante a primeira fase de um projeto sobre uma loja de bicicletas

Pergunta	Prognósticos	Descobertas
Como você conserta um pneu furado?	Use *band-aids* Coloque um remendo no buraco Encha o pneu novamente	
Como os raios não caem da roda?	Utiliza-se uma cola especial	
Quanto custa uma bicicleta de corrida?	Dez dólares Mil dólares	

do assim o fundamento para um hábito metacognitivo que pode durar a vida inteira. Durante a fase final do projeto, as crianças discutem e resumem suas descobertas, aprofundando a compreensão do quanto há a aprender, mesmo sobre as coisas simples que estão à sua volta.

Ao mesmo tempo em que o grupo elabora seus planos para variadas atividades de culminância, tais como uma reunião para os pais ou relatos e apresentações de seus trabalhos para outras turmas, o professor estimula as crianças a pensar sobre quais aspectos de suas experiências e descobertas podem ser de maior interesse para a audiência, devendo, portanto, ser incluídos na apresentação. Provocar as crianças a antever como os outros reagirão a suas apresentações e o que acharão de interessante nelas acaba por estabelecer um fundamento para o desenvolvimento de habilidades cognitivas sociais, que serão utilizadas ao longo da vida.

Algumas crianças podem prever situações ou fazer sugestões com que os outros não concordarão. O professor as estimula a compartilhar seus raciocínios e as conduz a ceder e a resolver questões conflituosas. Talvez apenas três ou quatro crianças do grupo se envolvam em discussões mais intensas sobre o que deveriam planejar, mas as que observam o desenrolar da discussão e seu desfecho também estão usando habilidades cognitivas, linguísticas e sociais que poderão ser aplicadas em situações futuras. Essa espécie de provocação estabelece o fundamento para a sustentação e o fortalecimento de capacidades cognitivas, que serão muito úteis às crianças no futuro.

PRINCÍPIO TRÊS: ANTEVER POSSÍVEIS FONTES DE PRESSÃO

O terceiro princípio básico para a elaboração das fundações é *antever todas as possíveis fontes de pressão* a que a construção estará sujeita e, então, criar algo que seja capaz de resistir a essa pressão. Da mesma forma, quando planejamos experiências para as crianças, o foco está nas metas que durarão uma vida inteira para cada um dos indivíduos, e não na mera aferição oferecida pelas notas dos testes ou nos objetivos a serem atingidos na escola.

Quando planejam ajudar as crianças a lidar com as pressões e demandas que elas provavelmente encontrarão no futuro, os professores devem ter em mente estas duas importantes distinções:

1. A distinção entre ter habilidades e conhecimento e a aptidão para usá-las.
2. A distinção entre metas acadêmicas e intelectuais.

No que diz respeito à primeira distinção, é possível, por exemplo, que as crianças pequenas dominem algumas habilidades básicas da alfabetização (como a fonética) e passem bem em testes sobre o assunto. Mas pelo fato de os processos envolvidos no domínio da fonética da língua inglesa talvez serem difíceis para muitas delas nos primeiros anos, elas poderão não adquirir a aptidão para se tornarem leitoras. Em outras palavras, as crianças têm habilidades de leitura – e de fato podem dar-se muito bem em testes para os quais tenham sido preparadas –, contudo, os processos envolvidos na aprendizagem dessas habilidades não estimulam a aptidão para que se tornem leitoras. Uma criança com uma forte aptidão para a leitura continuará a ler e, assim, continuará a desenvolver e a melhorar a sua capacidade de leitura. Dessa forma, uma criança de uma escola mediana pode tornar-se uma boa leitora e passar a entender textos mais complexos. A apreciação que uma criança tem da leitura servirá para suprir muitas exigências impostas pela vida no futuro. Além disso, o propósito fundamental da leitura é a compreensão, que não melhora por meio de exercícios repetitivos, mas pela leitura que busca o conhecimento e o entendimento. Quando as crianças têm uma ampla experiência de ler visando a um propósito claro – como no caso de coletar dados para um projeto –, sua aptidão para a leitura é fortalecida.

A ciência oferece outro exemplo da distinção entre as habilidades e as aptidões de aplicá-las, como aponta o relato do Committee on Developments in the Learning of Science (Bransford, Brown e Cocking, 1999, p. 100):

> As crianças tanto resolvem problemas como os criam: tentam resolver problemas apresentados a elas e também buscam novos desafios. Elas refinam e melhoram suas estratégias de resolução de problemas não somente diante do fracasso, mas também com base em sucessos anteriores. Elas persistem porque o sucesso e a compreensão são elementos por si sós motivadores.

A segunda distinção apontada acima – entre as metas acadêmicas e intelectuais – é especialmente importante durante os primeiros anos. As crianças pequenas chegam à sua primeira experiência escolar com fortes aptidões intelectuais inatas – entender os fatos ocorridos, aprender, analisar, teorizar, criar hipóteses, prever, etc. Essas tendências são mais fortes em algumas crianças do que em outras. Enquanto as metas intelectuais estão voltadas ao fortalecimento dessas aptidões inatas, as metas acadêmicas referem-se a importantes habilidades e a um conhecimento a que as crianças só têm acesso pelo auxílio de um adulto. As metas acadêmicas lidam com elementos relativamente pequenos e isolados, tais como fonética, convenções ortográficas, pontuação, etc. Embora esses elementos sejam dominados mais cedo ou mais tarde, o serão mais facilmente nos primeiros anos quando seu uso e suas funções são evidentes para as crianças, tal como ocorre na realização de projetos.

A ênfase no fortalecimento das aptidões intelectuais é também recomendada porque a quantidade de conhecimento e de informação disponíveis e que está sendo desenvolvida no século XXI é tão avassaladora que a aptidão para continuar aprendendo ao longo da vida parece ter adquirido maior importância. A questão tem sido assim apresentada (Bransford, Brown e Cocking, 1999, p. 5):

> A magnitude do conhecimento humano torna impossível que a educação dê conta dele; em vez disso, a meta da educação será mais bem concebida como uma forma de ajudar os alunos a desenvolver as ferramentas intelectuais e estratégias de aprendizagem necessárias a adquirir o conhecimento que permita pensar de modo fértil sobre história, ciência e tecnologia, fenômenos sociais, matemática e arte. O entendimento sobre tais assuntos, incluindo o modo de relacioná-los e a produção de perguntas significativas sobre eles, (...) pode ajudar os alunos a se tornarem pessoas aptas a aprender por toda a vida.

A atenção explícita e deliberada ao fortalecimento das aptidões nos primeiros anos da escola é bastante recomendada, em parte porque as atitudes de resistência em relação à aprendizagem podem tornar-se mais difíceis de mudar mais tarde. Ao mesmo tempo, aptidões desejáveis – tais como as intelectuais – tipicamente presentes no nascimento (por exemplo, as aptidões da criança à curiosidade e ao apego com quem dela cuida) podem ser seriamente enfraquecidas e mesmo perdidas se não forem devidamente fortalecidas, e serão muito difíceis de recuperar quando a criança estiver mais velha. Fundamentos fracos podem tornar as crianças vulneráveis a informações falsas, a atitudes negativas em relação à aprendizagem e a futuras situações de pressão. Um fundamento será de muito maior utilidade quando as crianças passarem frequentemente por experiências em que as habilidades acadêmicas são utilizadas a serviço de suas aptidões intelectuais. Precisamente dessa forma, um bom projeto disponibiliza contextos, textos e pretextos para as crianças experimentarem de forma direta os propósitos e os usos das habilidades acadêmicas, tais como as convenções da escrita e as maneiras de representar suas observações por meio de processos matemáticos variados.

É improvável, contudo, que os sentimentos positivos em relação à leitura e à educação possam ser aprendidos por meio do ensino, do estímulo ou do doutrinamento. Além das importantes aptidões que se presume estarem presentes no nascimento (como a curiosidade e o desejo de aprender), outras serão aprendidas pelo fato de a criança conviver com pessoas que as possuem e em cujo comportamento podem ser facilmente observadas. O fato de um pai ler com frequência é bastante visível para a criança, podendo tornar-se um modelo a ser imitado.

Além disso, para fortalecer as aptidões, elas precisam ser manifestadas ou praticadas com alguma frequência. Devem também ser experimentadas como algo satisfatório e eficaz, em vez de algo que se rejeita e critica. Assim, quando uma criança pedir um esclarecimento ao professor acerca de algo recém-explicado e obtiver como resposta "Você deveria estar prestando atenção" – como às vezes acontece – provavelmente não fortalecerá sua aptidão para fazer questionamentos ou para buscar um entendimento mais profundo. Um currículo adequado e métodos de ensino adequados disponibilizam contextos e oportunidades para as crianças manifestarem aptidões desejáveis, tais como investigar, criar hipóteses e fazer previsões, cooperar e colaborar com os outros, resolver conflitos cognitivos e testar suas hipóteses e previsões. Essas experiências são todas parte de um bom projeto.

A INTEGRAÇÃO DOS PRINCÍPIOS VISANDO A UMA MELHOR FUNDAMENTAÇÃO

Quando considerados em conjunto, os princípios descritos antes implicam outra maneira importante de responder aos desafios e de estabelecer a melhor fundamentação possível para a aprendizagem futura. Os educadores devem buscar garantir que os três elementos mais importantes do currículo sejam igualmente enfatizados em termos de sua qualidade: os *processos*, os *produtos* e o *conteúdo* dos trabalhos das crianças.

Como já foi indicado, há muitos processos importantes em um projeto. Por exemplo, para sustentar o desenvolvimento intelectual das crianças, os projetos as envolvem em investigações, previsões e verificação de respostas; em discussões com os colegas sobre teorias e predições, além da criação de hipóteses de causa e efeito. Para sustentar o desenvolvimento social das crianças, os projetos as envolvem na cooperação e na assistência aos colegas, no compartilhamento de responsabilidades pelo que se realiza e em outras atividades similares. Esses processos são muito importantes nos primeiros anos, e os projetos podem também estimular as crianças a desenvolver seus próprios critérios para a avaliação do que produzem, especialmente quando se preparam para compartilhar suas descobertas. As crianças podem, por exemplo, ser estimuladas a examinar como representaram suas descobertas em murais, em estruturas, em gráficos, em fotografias e, à medida que ficam mais velhas, a verificar se escreveram seus pensamentos e ideias de maneira completa e precisa, a fim de que os outros tenham tido a oportunidade de apreciá-los.

Embora os processos e produtos envolvidos nos projetos apresentem oportunidades múltiplas para se aprender uma ampla variedade de importantes habilidades, a natureza do conteúdo estudado é igualmente importante. Não é suficiente que as crianças estejam envolvidas em bons processos que possam, ou não, gerar bons produtos; elas provavelmente experimentarão uma aprendizagem muito mais completa se estes dois elementos do currículo estiverem focalizados no exame de assuntos que valham a pena – tópicos que aprofundam o entendimento das crianças sobre os eventos significativos e os fenômenos que ocorrem ao seu redor, isto é, de onde as coisas vêm, como são feitas, o que acontece por trás dos bastidores que já lhes são familiares (ver Figura 2.2). As crianças também aprenderão a apreciar como os outros contribuem para o seu bem-estar.

Este capítulo começou com uma discussão sobre os três princípios básicos para a elaboração das fundações de estruturas fortes. Com a condução dos adultos, os complexos processos que fazem parte de um bom projeto serão uma sólida fundação para o futuro da aprendizagem das crianças.

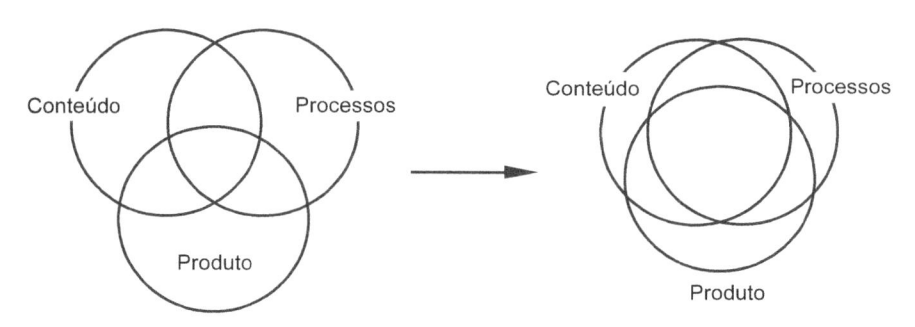

FIGURA 2.2 A meta de aumentar a superposição da qualidade dos processos, dos produtos e do conteúdo na realização de projetos.

REFERÊNCIAS

Beneke, S. (1998). *Rearview mirror: Reflections on a preschool car project* (ED 424 977). Champaign, IL: ERIC Clearinghouse on Elementary and Early Childhood Education.

Bowman, B. T., Donovan, M. S. e Burns, M. S. (Eds.). (2001). *Eager to learn: Educating our preschoolers.* Washington, DC: National Academy Press.

Bransford, J. D., Brown, A. L. e Cocking, R. R. (Eds.). (1999). *How people learn: Brain, mind, experience, and school.* Washington, DC: National Academy Press.

Donaldson, M. (1978). *Children's minds.* Glasgow: Fontana.

Golbeck, S. L. (2001). Instructional models for early childhood: In search of a child-regulated / teacher-guided pedagogy. In S. Golbeck (Ed.), *Psychological perspectives on early childhood education: Reframing dilemmas in research and practice* (p. 153-80). Mahwah, NJ: Erlbaum.

Harkema, R. (1999). The school bus project. *Early Childhood Research and Practice, 1*(2). Retrieved September 2002 from http://ecrp.uiuc.edu/v1n2/harkema.html

Katz, L. G. e Chard, S. C. (1998). *Issues in selecting topics for projects* (edo-pps. 98-8). Champaign, IL: ERIC Clearinghouse on Elementary & Early Childhood Education.

Maccoby, E. (1998). *Growing up apart: Coming together.* Boston: Harvard University Press.

Marcon, R. A. (1992). Differential effects of three preschool models on inner-city 4-years-olds. *Early Childhood Research Quarterly, 7*(4), 517-30.

Marcon, R. (1995, May). Fourth-grade slump: The cause and cure. *Principal,* 17-20.

Marcon, R. (2000, April 16). *Impact of preschool models on educational transitions from early childhood to middle-childhood and into early adolescence.* Poster session at the Conference on Human Development, Memphis, TN.

Miller, L. e Bizzell, J. (1983). Long-term effects of four pre-school programs. *Child Development, 54,* 727-41.

Osborn, J. W. (1997). Race and academic disidentification. *Journal of Educational Psychology, 89*(4), 728-35.

Stipek, D. J. e Greene, J. K. (2001). Achievement motivation in early childhood: Cause for conern or celebration? In S. Golbeck (ed.), *Psychological perspectives on early childhood edcuation: Reframing dilemmas in research and practice* (p. 64-91). Mahwah, NJ: Erlbaum.

A superação dos efeitos nocivos da pobreza

Judy Harris Helm e Jean Lang

A DEFINIÇÃO DO DESAFIO
Judy Harris Helm

O impacto da pobreza pode estar em todo lugar. Em 1999, de acordo com o U.S. Census Bureau, uma criança seria considerada pobre se os rendimentos anuais da família estivessem abaixo de U$ 13.290,00 para uma família de três pessoas ou U$ 16.400,00 para uma família de quatro pessoas. Quando os rendimentos são assim, baixos, há maior risco de mortalidade infantil e de problemas de saúde que afetam o crescimento e o desenvolvimento escolar das crianças. O cuidado dispensado pelos pais pode estar prejudicado, pois a preocupação maior está em obter comida, vestuário e abrigo, o que limita a energia disponível para a interação com os filhos.

A pobreza não afeta todas as crianças da mesma forma; elas estão em maior situação de risco quando a pobreza ocorre nos primeiros anos de vida. A pobreza extrema durante os cinco primeiros anos de vida tem efeitos especialmente nocivos para o futuro de uma criança se comparada à pobreza que ocorre em um período posterior da infância. Se uma família viver em situação de pobreza por um período limitado, os efeitos no desenvolvimento da criança e no desempenho escolar provavelmente não serão de longo prazo, como ocorre com as crianças que experimentam a pobreza ao longo da infância. Uma criança que vive em um ambiente menos favorecido durante os primeiros anos de sua vida correrá o risco de não terminar o ensino médio e de não obter um emprego razoável. O nível de pobreza também reflete o grau do risco. Hoje, 7% de todas as crianças norte-americanas e 8% das crianças com menos de 6 anos vivem sob extrema pobreza, isto é, fazem parte de famílias cujos rendimentos anuais estão 50% abaixo da linha de pobreza (*Child Poverty Fact Sheet*, 2001).

Os efeitos da pobreza no desenvolvimento da criança e na sua educação incluem a menor capacidade de expressão e desenvolvimento verbais (Duncan e Brooks-Gunn, 1997). As crianças de famílias de baixa renda estão mais sujeitas a dificuldades de leitura e a um baixo desempenho acadêmico do que as que pertençam a famílias de renda mais alta (Snow, Burns e Griffin, 1998). Os padrões de interação, especialmente a interação verbal, entre as crianças e os pais são significativamente diferentes em famílias de baixa renda (Hart e Risley, 1995). Hart e Risley (1995) realizaram um estudo sobre os padrões de crescimento na linguagem e na interação de 42 crianças, do nascimento aos 3 anos, e constataram que as crianças de renda mais baixa não só aprendiam menos palavras como também tinham menos oportunidades de utilizar tais palavras na interação. No prefácio do livro de Hart e Risley (1995), Lois Bloom resume as constatações deles sobre a relação entre a renda e o desenvolvimento da criança:

Por que as crianças diferem tanto na trajetória que fazem para aprender suas palavras? Parece que *o que importa é a frequência*. A grande lição a ser aprendida (...) é que, muito embora tenham *os mesmos* tipos de experiência com a linguagem e com as interações em casa, as crianças cujas famílias têm menores recursos econômicos vivem essas mesmas experiências menos vezes. A consequência é que elas aprendem menos palavras e adquirem seu vocabulário mais lentamente. (p. xi)

Essa diferença é significativa? A pesquisa de Hart e Risley indicou que, quando a criança tinha cerca de 3 anos, *os pais* de famílias de baixa renda, se comparados *às crianças* de famílias cuja renda era maior, tinham um número menor de palavras em seu vocabulário cumulativo mensal. As crianças vivendo sob condição de pobreza chegam aos programas de ensino para crianças e às escolas fundamentais com uma bagagem linguística significativamente diferente. Embora usem a linguagem de maneira eficiente em casa com a família, elas enfrentam problemas nas escolas, onde o vocabulário e a estrutura linguística correspondem mais ao padrão de uma criança economicamente favorecida.

Os pais das crianças que vivem em condição de pobreza também estão mais propensos a ter um nível de educação formal mais baixo. O nível educacional está relacionado com o modo como os pais falam, brincam e leem para seus filhos (Bradley et al., 1989). As crianças dessas famílias também estão mais propensas a se tornarem sem-teto e a viver em bairros violentos.

É importante lembrar, contudo, que, apesar dessas estatísticas e preocupações, os educadores não devem presumir que uma criança oriunda de um ambiente economicamente desfavorecido terá obrigatoriamente dificuldades na escola. Estar "em condição de risco" indica a probabilidade de haver algo com que se preocupar, mas não uma causa obrigatória de insucesso. Muitas crianças desfavorecidas não têm nenhuma dificuldade em ler (Snow et al., 1998). Da mesma forma, muitos pais que vivem em condição de pobreza, enfrentando muitas dificuldades e sob grande comprometimento financeiro, não deixam de oferecer um ambiente positivo de aprendizagem e uma base segura a seus filhos.

ESTRATÉGIAS PRÁTICAS
Judy Harris Helm e Jean Lang

Ao longo de todos estes anos em que trabalhamos com crianças, percebemos que as portas ao mundo da escola estavam abertas para muitas crianças pobres durante o processo de realização de um projeto. Uma das grandes vantagens dos projetos para as crianças pobres é a motivação para a aprendizagem de habilidades acadêmicas e a oportunidade que recebem para praticá-las e para aperfeiçoá-las. Quando buscam avidamente nos livros as respostas para suas perguntas, classificam seus desenhos, brincam com o material de alfabetização e se esforçam por escrever suas perguntas e pensamentos, essas crianças descobrem que saber ler é uma ferramenta valiosa. Já vimos algo semelhante ocorrer com a aprendizagem da matemática. As crianças aprendem que contar, medir e resolver problemas utilizando a matemática é algo muito útil. Os projetos são o meio mais fácil para as crianças aproximarem-se do mundo do trabalho, e é, em geral, durante a realização de um projeto que a criança, pela primeira vez, percebe a relevância, para os empregos dos adultos, da aprendizagem de tais habilidades. Isso é especialmente importante para as crianças que não vivem em ambientes muito favoráveis.

A autoimagem das crianças muda durante a realização dos projetos. Elas começam a se ver como pessoas que aprendem e que resolvem problemas, desenvolvem a autoconfiança quando buscam respostas para suas próprias questões e aprendem que os adultos podem ser fontes de informação e de ajuda. Essas experiências aumentam sua capacidade de lidar com os problemas que enfrentam em casa e de encontrar soluções para eles.

Temos observado que os projetos se tornam um veículo para o desenvolvimento de relacionamentos fortes entre os professores e as famílias dos alunos. Um projeto pode propiciar um objetivo comum para pais, crianças, funcionários das escolas e mesmo para os membros da comunidade. Todas essas pessoas se unem para ajudar as crianças em suas investigações, sustentando o crescimento do conhecimento delas, de suas habilidades e aptidões ao aprendizado. Elas também ampliam a consciência das famílias acerca dos recursos disponíveis na comunidade.

Nem todo projeto oferecerá esses benefícios às crianças que vivem em condição de pobreza. Em nosso trabalho de sala de aula e com os professores, percebemos que há oito estratégias práticas que os professores podem usar para maximizar a eficácia dos projetos para as crianças de famílias de baixa renda e que descrevemos a seguir.

Estratégia prática 1:
Maximizar as oportunidades para a aprendizagem independente

A aprendizagem independente ocorre quando as crianças escolhem e utilizam materiais e objetos, selecionam atividades e criam estruturas ou ambientes onde atuam. As crianças podem aprender a agir independentemente e a resolver problemas com interferência mínima dos adultos. Grotberg (1995) identifica essas habilidades como sendo fatores importantes para a resiliência. Pela maximização das oportunidades para a aprendizagem independente que ocorre nos projetos, os professores dão oportunidades para que as crianças desenvolvam sua autoconfiança e sua autoestima.

Um modo pelo qual os professores podem maximizar a iniciativa das crianças é considerar os interesses delas quando forem selecionar o assunto de um projeto. Depois de escolhê-lo, os professores podem também envolver as crianças na determinação do que elas querem saber sobre o assunto e sobre o que querem investigar no projeto. Por exemplo, a aprendizagem independente terá ocorrido quando o estudo de um autor tenha-se transformado em um projeto de um museu. A professora apresentou às crianças os livros de Eric Carle e mostrou-lhes como os quadros dele eram diferentes dos que se encontravam em outros livros. As crianças, então, interessaram-se pelas colagens, e a professora leu para elas alguns livros sobre arte, incluindo um que falava sobre um museu de arte. A maior parte delas jamais havia visitado um museu e fez muitas perguntas sobre o museu mencionado no livro. Com isso, a professora resolveu levá-las a um museu de arte. Esse projeto estendeu-se por algum tempo, incluindo o estudo de vários meios artísticos, visitas, visitas guiadas e visitas a galerias. Os alunos fizeram um museu na própria sala de aula, com exposições de esculturas, pinturas, colagens e desenhos, ficando responsáveis pelas visitas guiadas a ele, realizadas ao final do projeto.

Os professores poderão maximizar a aprendizagem independente nos projetos se dedicarem tempo suficiente a essa tarefa. A turma que participou do Projeto Avião (explicado a seguir), por exemplo, concentrou-se no assunto durante 10 semanas, muito embora tenha havido duas interrupções no horário escolar. Observamos que a atenção das crianças é maior na realização de projetos do que em outras atividades de sala de aula. O alto envolvimento com os projetos propicia a elaboração de questões mais complexas para investigação. O caráter extensivo dos estudos estimula as crianças a prosseguir pensando sobre os projetos quando saem da escola, conversando com os pais e tomando atitudes independentes quando trazem materiais relevantes para a sala de aula.

Maximizar a independência nos projetos não requer que os assuntos sejam totalmente sugeridos pelas crianças. Os professores podem dar início aos assuntos a serem estudados. Ao trabalhar com crianças que tenham tido poucas experiências fora da casa ou do quarteirão em que vivem, descobrimos que é importante apresentar a elas alguns assuntos. O professor, em geral, inicia um assunto e depois observa o interesse delas para, então, tomar uma decisão sobre o que fazer com o projeto (Helm e Katz, 2001; Katz e Chard, 1989). Um exemplo disso foi o Projeto Ovelha, que foi iniciado pela professora. Era primavera, e as crianças estavam conversando com os professores sobre uma visita a um zoológico de animais de estimação, localizado em um *shopping* da cidade. A professora achou que a proposta era um modo muito limitado de conhecer os animais e, como alternativa, conseguiu, com a ajuda do fazendeiro que emprestava os animais ao zoo, que uma ovelha fosse levada à escola e lá ficasse por um dia. As crianças puderam observar, tocar e, depois, na sala de aula, desenhar a ovelha. Com a informação adquirida, formularam muitas perguntas. Foi a iniciativa da professora que permitiu às crianças desenvolverem o conhecimento necessário para, em uma segunda etapa, controlarem a investigação.

Estratégia prática 2:
Valorizar o envolvimento emocional das crianças com a aprendizagem

Os professores podem ajudar as crianças a desenvolver sua resiliência se oferecerem a elas oportunidades para que identifiquem seus sentimentos e falem sobre eles (Grotberg, 1995). Durante os projetos, os professores podem maximizar o envolvimento emocional pelo estímulo e pela realização de discussões sobre o que as crianças sentem em relação ao que estão fazendo. Já observamos muitas situações em que as crianças compartilham sua empolgação com o fato de estarem aprendendo algo novo. Em uma determinada turma, a professora disse aos alunos que eles visitariam uma floricultura. A reação das crianças foi positiva, mas não houve muito entusiasmo até que uma delas disse "uma visita em que fazemos perguntas e levamos nossos blocos para desenho? Legal!". Imediatamente as crianças empolgaram-se. Essa história ilustra a diferença que existe entre o envolvimento emocional gerado pelas atividades típicas de sala de aula, tais como uma mera saída, e uma atividade em que haja um projeto envolvido, como a visita à floricultura.

A documentação que ocorre durante um projeto também propicia uma oportunidade para as crianças falarem sobre os fatos que nele ocorrem. Mesmo as crianças mais novas são capazes de ver as diferenças entre a primeira, a segunda e a terceira tentativas que fazem de desenhar, de pintar ou de escrever. Elas, com frequência, mostram-se orgulhosas de seu trabalho ou falam em trabalhar duro, em ficar frustradas ou em dominar determinada habilidade. Como uma criança certa vez comentou com a professora depois de ter resolvido um problema bastante desafiador: "Eu devo ser um gênio por ter pensado nisso!" (Helm, Beneke e Steinheimer, 1998, p. 102). Considerar o que foi documentado nos momentos de culminância das atividades, como em uma festa ou exposição, é uma ótima forma de comemorar as realizações do projeto e de focalizar a interação entre pais e filhos sobre o desenvolvimento do conhecimento, das habilidades e das aptidões da criança.

Estratégia prática 3:
Focalizar o ambiente e a cultura da criança

Em salas de aula com crianças que não passam por muitas experiências fora de suas casas, é especialmente importante apresentar tópicos que se baseiem no ambiente da criança. Os projetos que focalizam o bairro e a comunidade as levarão a se interessarem mais por eles, levando a uma investigação em profundidade, além de estimular o interesse e o envolvimento dos pais, o que é benéfico para as crianças que vivem em situação de pobreza. Os projetos podem ser oportunidades para o conhecimento de lojas, de negócios e do próprio bairro onde elas moram, ou mesmo do bairro em que esteja sua escola. Quando um projeto se relaciona ao ambiente das crianças, elas, em geral, demonstram maior curiosidade e elaboram perguntas. O professor, novamente, não deve esperar que o interesse delas apareça. Constatamos que as que não tiveram muitas oportunidades para aprender de maneira independente provavelmente não farão perguntas de maneira espontânea e nem demonstrarão curiosidade intensa. O interesse e a curiosidade surgirão, contudo, se o professor apresentar uma introdução ao assunto. O professor, em geral, pesquisa o bairro em que está a escola caminhando por ele com as crianças. O conhecimento que as crianças têm de lugares e de coisas que consideram interessantes, mas com as quais não tiveram muito contato, pode ser ampliado. É útil anotar qualquer indicativo de interesse ou os comentários das crianças durante a caminhada. Elas talvez se interessem por alguma construção, pela confeitaria da esquina ou por um caminhão de bombeiros. Se expressarem interesse, pode-se desenvolver um projeto. Se não, pelo menos o professor lhes terá apresentado novos elementos da comunidade e ampliado o conhecimento delas.

Apresentar as crianças a assuntos que estejam em sua própria comunidade ou na área da escola faz as experiências serem mais relevantes culturalmente para elas e para suas famílias. Uma quitanda em que as famílias comprem terá, provavelmente, as comidas que são parte da vida da criança, bem como conterá materiais para sua alfabetização, tais como rótulos, placas e símbolos cuja linguagem é aquela utilizada pelas famílias do aluno. Um restaurante do bairro pode ser o local em que as crianças almoçam com seus pais ou em que seus pais trabalham. Uma parada de ônibus ou uma estação de metrô pode ser um local importante para a vida da família.

Os assuntos que surgem a partir do conhecimento da comunidade e do bairro relacionam-se facilmente às metas curriculares. Um projeto sobre, por exemplo, os bombeiros do bairro tende a incluir a aprendizagem sobre como as pessoas ajudam às outras por meio de seu trabalho – um assunto para o ensino de questões sociais. Os projetos sobre os pássaros do bairro ou sobre o tempo relacionam-se ao ensino de ciências. Focalizar o projeto nesses assuntos ajudará a construir um conhecimento que será utilizado no ensino fundamental. Em lares com maiores recursos econômicos, tais questões são, em geral, assunto corrente entre pais e filhos.

Estratégia prática 4:
Estimular o fortalecimento das aptidões intelectuais

É importante que as crianças de famílias de renda mais baixa desenvolvam suas aptidões para a utilização de habilidades acadêmicas, tais como ler, escrever, e pensar criticamente. Durante a realização de projetos com as crianças, é importante que o professor dê amplas oportunidades para que elas:

- entendam o que estão fazendo;
- teorizem, analisem, criem hipóteses e sintetizem;
- façam previsões e as verifiquem;
- encontrem informações por conta própria;
- busquem a precisão;
- sejam práticas;
- entendam as consequências de suas ações;
- não desistam de encontrar soluções para os problemas;
- especulem sobre relações de causa e efeito;
- prevejam os desejos e sentimentos dos outros (Helm e Katz, 2001).

As crianças de famílias de renda média e alta são, com frequência, estimuladas a discutir suas ideias, a responder perguntas e a explicar o que pensam. Por exemplo, uma das perguntas que as crianças fizeram durante o Projeto Avião foi "Que botão faz o avião subir?", o que criou muitos debates. Quando pensaram sobre esse botão, elas elaboraram suas próprias hipóteses, sendo, depois, capazes de determinar a precisão de suas ideias durante a visita ao aeroporto. Durante o Projeto Ovelha, uma das questões foi "Como se tira a lã da ovelha?", para a qual as crianças deram possíveis soluções. Uma criança pensou que se utilizava uma faca ou serra. "Não, eles usam tesouras", disse outra. Durante a visita, a criança perguntou a Frank, que tosava as ovelhas, o que ele usava para fazê-lo. Frank mostrou-lhe, então, sua tesoura elétrica.

As crianças criaram outras hipóteses durante o Projeto Ovelha, como, por exemplo, quando falavam sobre o que as ovelhas comiam:

"Elas comem terra."
"Não, não comem."
"Elas comem capim."

Durante a visita, as crianças testaram suas hipóteses e observaram que as ovelhas comem feno, milho e tomam leite. As crianças também pensaram sobre a origem das ovelhas:

"Elas nascem dos ovos?"
"Não!"

A resposta para a pergunta foi obtida quando as crianças puderam sentir as ovelhinhas se movendo na barriga da ovelha-mãe.

Estratégia prática 5:
Estimular as crianças a resolver seus próprios problemas e a praticar sua sociabilidade

Nos projetos, as crianças têm muitas oportunidades para aprender com os outros. A pesquisa sugere que há uma relação entre os papéis que as crianças têm na determinação de suas próprias experiências de aprendizagem e no desenvolvimento de sua sociabilidade. Um estudo realizado com turmas da pré-escola em que foram utilizadas três abordagens de ensino (ensino direto, abordagem construtivista com base em atividades iniciadas pelas crianças e abordagem eclética) constatou que as crianças da turma construtivista interagiam mais. Elas apresentavam um maior número e uma variedade maior de estratégias de negociação e compartilhavam mais experiências (DeVries, Reese-Learned e Morgan, 1991). Quando os alunos responsabilizam-se por seu trabalho, autorregulamentam-se, definem suas metas e avaliam suas realizações, eles estão como que energizados por seu trabalho; suas aptidões para resolver problemas e para buscar uma compreensão maior podem ser desenvolvidas e fortalecidas (Jones et al., 1994).

Os professores podem também engendrar o desenvolvimento social à medida que as crianças aprendem a compartilhar o trabalho executado em um projeto. As crianças são estimuladas a participar de diversos trabalhos, de acordo com seus interesses e dúvidas, atuando em equipe e aprendendo a contar com os outros para obter as informações de que necessitam. Por exemplo, na visita ao aeroporto, durante o Projeto Avião, as crianças tiveram de colocar seu nome em uma lista para projetar uma parte do avião. A mesma subdivisão do trabalho foi utilizada na construção do avião, e as crianças usaram seus desenhos como um esquema para a construção. As crianças menores participaram pintando o avião. Lexie, Nick e Adrianna quiseram trabalhar juntando a parte traseira do avião à cabine. Adam, Olivia e Joey decidiram construir as asas. Raymond, Brittany e David quiseram trabalhar as portas e as janelas. As crianças faziam sugestões sobre o processo da construção. "Marque alguns buracos para as janelas", propunha Olívia. "Podemos cortar as asas com tesouras", sugeria David. "Podemos pintá-lo ou colori-lo", diziam Raquel e Joey. A turma da tarde optou por se dedicar à parte interna do avião. Colocaram filas de cadeiras e as numeraram. Mikey, Caleb, Nick e Zachary brincaram dentro do avião; usaram uma cadeira alta de bonecas para representar o lavabo. Todas essas crianças deram a sua contribuição para o projeto.

Os projetos também proporcionam um contexto para que a liderança surja. Os professores podem aumentar o valor dos projetos se derem um passo para trás, deixando que as crianças desenvolvam sua própria habilidade para liderar. As crianças mais experientes tendem a liderar as discussões, a formular questões e a servir como modelos para as crianças mais jovens, que aprendem pela observação. No ano seguinte, essas crianças mais jovens tornam-se as líderes. As crianças também ensinam umas às outras. Já observamos que elas parecem prestar mais atenção às teorias e conclusões de seus colegas do que aos adultos que simplesmente lhes dizem qual é a resposta certa.

Um dos grandes desafios e benefícios que as crianças encontram nos projetos é o de aprender como trabalhar em conjunto para resolver problemas. Usar as habilidades de comunicação e de solução de problemas para a resolução de problemas interpessoais ou para saber quando e como buscar ajuda de adultos está relacionado à resiliência, e é algo que vai além da própria sala de aula. Estimular as crianças a trabalhar seus próprios problemas e discordâncias enquanto participam de um projeto é importante. No Projeto Avião, Joey, Adam e Wesley tentaram usar uma pequena caixa como cabine. Depois, perceberam que a caixa era pequena demais e decidiram, em grupo, que seria necessário usar uma caixa maior. Às vezes, discordâncias podem ajudar as crianças a reverem seus planos. Essas mudanças exigem que saibam ceder, negociar e solucionar problemas.

Estratégia prática 6:
Maximizar as oportunidades para o envolvimento dos pais

Os pais se interessam muito e se envolvem nos projetos, que se tornam algo sobre o que conversam com os filhos em casa. Os pais atuam como especialistas que visitam a escola e respondem às perguntas das crianças; ajudam no ensino de habilidades relevantes, tais como fazer um objeto de madeira; tornam-se coaprendizes à medida que estudam determinado assunto com seus filhos. Os projetos também propiciam oportunidades para os pais observarem a interação dos professores com as crianças. Um pai que acompanhar, por exemplo, uma aula poderá perceber como o professor chama a atenção das crianças para um objeto ou processo. As expectativas que o pai tem em relação a seu filho podem, assim, aumentar. Já observamos que os pais, com frequência, se surpreendem com o desempenho de seus filhos nas habilidades de desenhar, de contar, de escrever e de fotografar.

Estratégia prática 7:
Enfatizar o papel da alfabetização

Aprender a ler pode ser um desafio para muitas crianças que vivem sob condição de pobreza; há uma relação entre o nível de renda e o desenvolvimento da linguagem (Smith, Brooks-Gunn e Klebanov, 1977). O desenvolvimento de um bom vocabulário nos primeiros anos é importante para o surgimento da capacidade de ler. As crianças podem aprender muitas palavras sobre o assunto abordado no projeto, utilizando-as em suas conversas e nas brincadeiras de interpretação de um papel. O vocabulário novo pode ser apresentado durante o projeto, e as definições podem ser melhoradas. Por exemplo, no começo do Projeto Ovelha, as crianças chamavam a lã de "pele". Ao final do projeto, já tinham um entendimento muito claro da palavra *lã* e de muitas outras palavras relacionadas ao projeto. Quando os assuntos do projeto se relacionam ao currículo, as crianças desenvolvem uma familiaridade com as palavras que lerão e que estudarão no ensino fundamental. Em um projeto sobre jardinagem, por exemplo, elas podem aprender sobre bulbos, sementes e o processo de plantação.

Os professores podem usar os projetos para reforçar a motivação das crianças no que diz respeito ao domínio de uma ampla variedade de habilidades acadêmicas, especialmente a leitura e a escrita. Em um estudo realizado com alunos da 1ª série que trabalhavam tanto com projetos como com o ensino formal, os alunos envolveram-se mais com a leitura e a pesquisa referentes ao projeto do que com a leitura e a pesquisa referentes às unidades tradicionais dirigidas pelo professor (Bryson, 1994). Com frequência, observamos as crianças tentarem ler sinais, panfletos e livros para encontrar as respostas às questões que surgem na primeira fase do projeto. Durante o Projeto Avião, os professores leram e comentaram livros sobre aviões e viagens. Trouxeram muitos livros, quadros e revistas que ajudaram as crianças a ampliar seu conhecimento sobre os aviões. As crianças aprenderam que os livros, as revistas e a Internet podem ser utilizados como recursos para a ampliação de seu conhecimento. À medida que criam ambientes, estruturas, prédios e outros produtos relacionados aos projetos, as crianças passam a identificar as partes desse todo. Por exemplo, os alunos que trabalharam no Projeto Restaurante Mexicano criaram o dinheiro, os menus, as placas e os cupons utilizados em um restaurante (Capítulo 6).

Muitas oportunidades para escrever ocorrem naturalmente nos projetos. As crianças escrevem para registrar o que observam em suas visitas aos locais em que pesquisam ("pesquisa de campo") ou para se comunicarem com os especialistas que vêm até a sala de aula. Os ambientes criados para a realização dos projetos resultam em muitos produtos que podem ser utilizados na alfabetização. No Projeto Avião, os adultos exemplificaram como se fazia o processo de escrita, anotando aquilo que as crianças lhes ditavam para elaborar a lista de materiais e das partes do avião. As crianças copiaram os números e as letras de identificação do avião que visitaram. Depois, usaram esses desenhos, anotações e fotografias na construção de seu avião (Figura 3.1). Estratégias mais específicas para conduzir as crianças à alfabetização serão discutidas no Capítulo 4.

FIGURA 3.1 Para construir um avião, as crianças buscam informações em suas anotações de campo e nos desenhos que fizeram.

Estratégia prática 8:
Conservar as expectativas e os padrões em nível alto

É importante que o professor mantenha tanto as expectativas como os padrões em alto nível. Ao longo do projeto, os professores têm muitas oportunidades para selecionar materiais, fazer perguntas e provocar reflexões. Embora seja importante fazer uso de um desenvolvimento adequado, os professores precisam cuidar-se para não criar experiências constrangedoras para as crianças que já vêm para a escola com uma bagagem limitada. Todas as crianças precisam ser igualmente estimuladas a pensar com criatividade, a esclarecer pensamentos e a ampliar seu conhecimento.

CONCLUSÃO

Os projetos bem-administrados sustentam o desenvolvimento do conhecimento, habilidades e aptidões a serem aprendidos nas escolas e dão oportunidades para que as crianças desenvolvam uma resiliência e uma autoestima positiva. Como foi discutido antes, as seguintes estratégias práticas maximizarão os benefícios dos projetos para as crianças que vivem sob estado de pobreza.

1. Maximizar as oportunidades para a aprendizagem independente.
2. Valorizar o envolvimento emocional das crianças com a aprendizagem.
3. Focalizar o ambiente e a cultura da criança.
4. Estimular o fortalecimento das aptidões intelectuais.
5. Estimular as crianças a resolver seus próprios problemas e a praticar sua sociabilidade.
6. Maximizar as oportunidades para o envolvimento dos pais.
7. Enfatizar o papel da alfabetização.
8. Conservar as expectativas e os padrões em nível alto.

A próxima parte deste capítulo demonstra como essas estratégias podem ser utilizadas em um projeto, utilizando um projeto que realmente aconteceu. Ao longo da história do projeto, estratégias específicas serão destacadas por números e por frases curtas em itálico.

O PROJETO AVIÃO
Jean Lang

O Projeto Avião ocorreu no Fairview Early Childhood Center em Rockford, Illinois, Estados Unidos. Há cerca de 1.600 alunos com idade entre 3 e 5 anos estudando na região de Rockford. As crianças são de origem diversa: 27% são de origem africana, 25% de origem hispânica e 5% asiáticas. Quase 70% dos alunos pertencem a famílias de baixa renda. As crianças são selecionadas para o programa de estudos com base nas habilidades cognitivas, linguísticas e motoras que as classifiquem como crianças que estão em situação de risco no que diz respeito ao desempenho escolar. Os fatores de risco do ambiente são também considerados quando se determina a elegibilidade. O Projeto Avião começou no meio de março e culminou em maio de 2001, tendo se estendido, portanto, durante 10 semanas. A professora associada Deb Frieman e o professor em treinamento Bob McCulloh colaboraram comigo neste projeto.

Dou aula para dois grupos de crianças: um pela manhã, outro à tarde. Cada grupo tem 18 alunos matriculados, o que significa que trabalho com 36 alunos e suas famílias. Nosso programa é completamente integrado – atendemos crianças com uma variedade de necessidades especiais, mas que compartilham um mesmo ambiente. Em minhas duas turmas, há crianças com necessidades especiais, seja de fala ou de linguagem, e que passam por fatores de risco culturais e ambientais.

Um dos maiores desafios é encontrar um modo de estimular os pais, cujo histórico é o de pertencer a famílias de renda mais baixa, a se envolver nas atividades escolares. Acreditamos que, a fim de oferecer um excelente ambiente de aprendizagem, é essencial que as famílias e a equipe escolar apoiem-se mutuamente. Quando isso acontece, as crianças são beneficiadas. Meus colegas e eu trabalhamos para comunicar nossa crença de que tanto os professores como as famílias dos alunos podem contribuir para o desenvolvimento das crianças e da escola. Acreditamos que todas famílias têm recursos e pontos fortes para compartilhar. O envolvimento e o apoio dos pais está bem claro na documentação relativa ao Projeto Avião.

FASE I: COMEÇO DO PROJETO

O interesse das crianças pelos aviões surgiu no meio de março. Havia tanto aspectos positivos como negativos nesse interesse. O projeto teria o benefício de contar com a sólida relação que eu travara com as famílias das crianças durante os meses anteriores. A turma estava ainda na fase de preparação para o trimestre da primavera, e as férias haviam acabado há pouco. Minha dúvida era a de que se a turma permaneceria forte o bastante apesar das interrupções.

Eu percebi que os aviões seriam um bom assunto para um novo projeto quando as crianças começaram a notar os rastros deixados pelos jatos no céu e a fazer perguntas sobre eles (EP1: *Maximizar as oportunidades para a aprendizagem independente*). Mais ou menos nessa época, as crianças, espontaneamente, começaram a fazer aviõezinhos de papel e a pedir minha ajuda. Logo a seguir, já se viam aviões de papel zunir pela sala. Eu poderia ter dito: "Guardem esses aviões, não se pode fazer isso na sala de aula" – mas não disse. Francamente, quase disse, mas reconheci o potencial que essa atividade tinha para beneficiar meus alunos, especialmente aqueles que viviam em condição de pobreza. O estudo dos aviões de papel, por exemplo, foi uma iniciativa das crianças. Era também uma atividade que muitas delas haviam feito em casa (EP3: *Focalizar o ambiente e a cultura da criança*). Enquanto construíam seus aviões de papel, eu percebi o potencial que o assunto tinha para desafiar as crianças intelectualmente. Era óbvio que elas estavam envolvidas emocionalmente com o desafio de projetar, de dobrar e de fazer voar aviões de papel (EP2: *Valorizar o envolvimento emocional das crianças com a aprendizagem*). Suspeitei de que muitos dos pais poderiam ajudar as crianças na investigação. Assim, em vez de terminar com o arremesso de aviõezinhos de papel, eu estimulei as crianças a organizá-lo (EP5: *Estimular as crianças a resolver seus próprios problemas e a praticar sua sociabilidade*). Por exemplo, na sala de aula, eu pedi que eles arremessassem seus aviões para dentro de uma caixa localizada no outro lado da sala. As crianças também puderam levar seus aviões para o corredor, com o intuito de verificar qual deles voava mais longe.

A seguir, criei uma rede antecipatória hipotética para determinar se o interesse das crianças em aviões renderia um projeto que atendesse tanto as metas como os padrões estabelecidos (Figura 3.2). Juntamente com Bob e Deb, fizemos um *brainstorming* para coletar todos os conceitos ou informações sobre aviões que poderiam ser do interesse das crianças. Também acrescentamos à rede todos os itens arquivados que pudessem ser utilizados em um projeto sobre aviões.

Depois de criar a rede, sentimo-nos confiantes de que um projeto sobre aviões tinha um grande potencial para atender nossas metas e padrões. À medida que observávamos os conceitos e as informações contidas na rede, previamos que as crianças ficariam interessadas em aprender sobre os diferentes tipos de avião. Contudo, já trabalhei muito tempo com crianças e sei que elas sempre nos surpreendem. Percebi que elas também poderiam interessar-se pela esteira que leva as bagagens para o interior do avião!

Começamos a trazer materiais e a fazer atividades que expandiriam o interes-

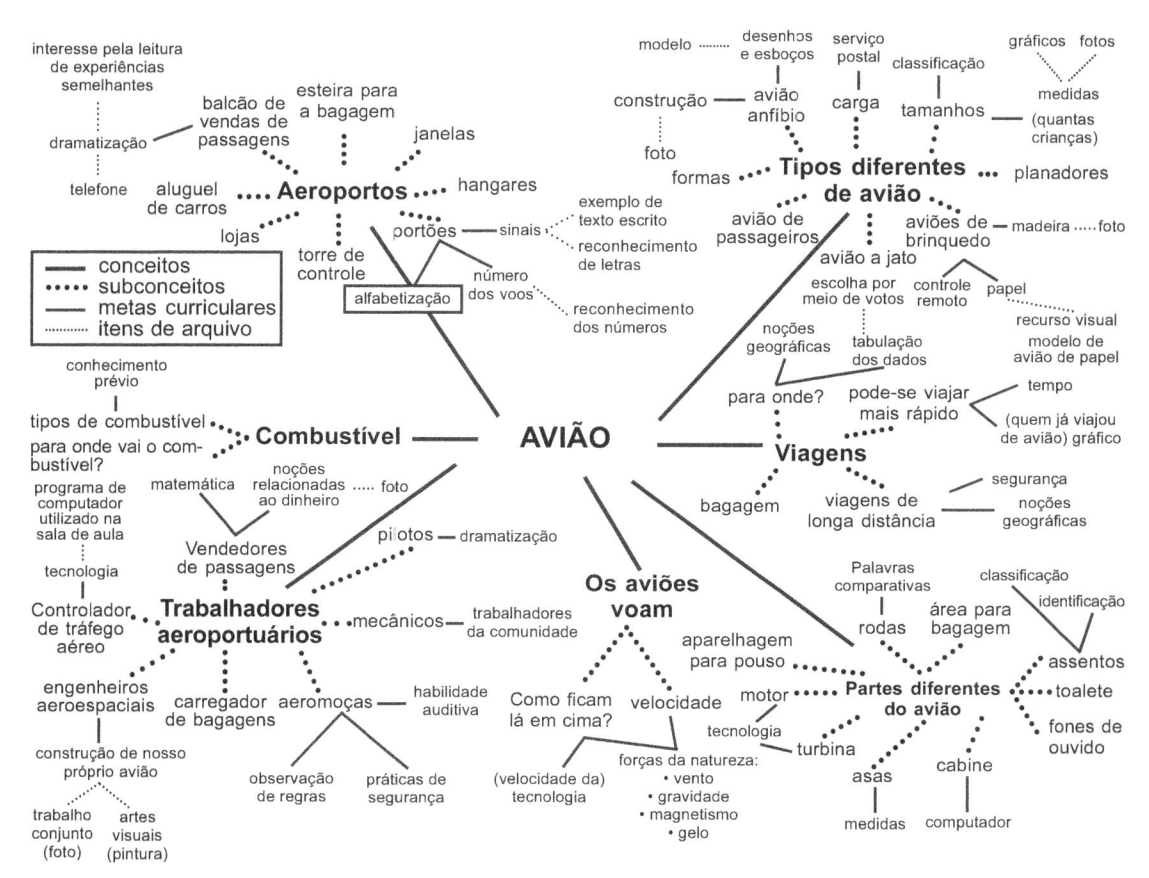

FIGURA 3.2 Conceitos, subconceitos, metas curriculares e itens potenciais de arquivo foram colocados nesta rede para verificar o potencial dos aviões como assunto para um projeto.

se delas pelos aviões. Por exemplo, fizemos aviões de papel com elas, trouxemos livros com desenhos de aviões e lemos muitos livros sobre o assunto (EP7: *Enfatizar o papel da alfabetização*). Fizemos um pôster com todos os tipos de veículos utilizados para transporte aéreo, incluindo balões de ar quente, dirigíveis, modelos antigos de avião, helicópteros e outras aeronaves modernas (Figura 3.3). Também trouxemos vários modelos de aviões para as crianças montarem.

As crianças fizeram desenhos que reproduziam os seus tipos preferidos de avião durante a Fase I. Nós já usávamos essa metodologia há algum tempo e incentivamos as crianças a prestar atenção nas formas dos objetos que desenhavam, enfatizando que se tratava de uma atividade de observação, e não de arte. Foi interessante notar que aquelas que já estavam conosco há mais tempo ajudavam as que eram novatas e não conheciam o processo (EP5: *Estimular as crianças a resolver seus próprios problemas e a praticar sua sociabilidade*; EP8: *Conservar as expectativas e os padrões em nível alto*).

À medida que o interesse das crianças aumentava, nós começamos a construir uma rede com eles para determinar o seu novo nível de conhecimento sobre aviões (Figura 3.4) e para reunir as perguntas que faziam (EP4: *Estimular o fortalecimento das aptidões intelectuais*).

As questões não foram todas coletadas de uma só vez, mas ao longo do processo, e

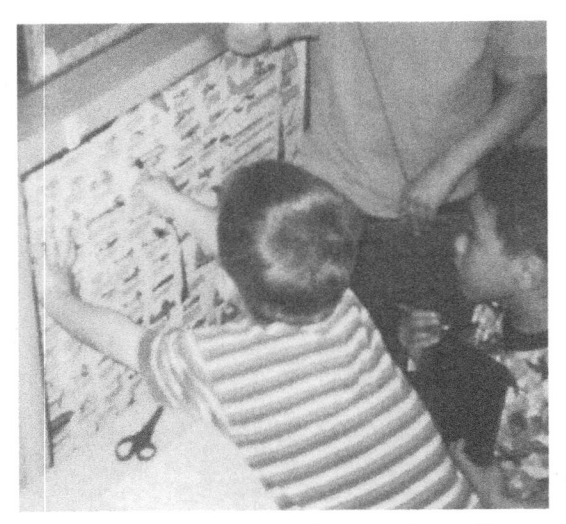

FIGURA 3.3 Na Fase I do projeto, as crianças ficaram interessadas em um pôster que mostrava muitos tipos diferentes de aeronaves.

1. Por que as pessoas afivelam seus cintos?
2. Para que servem os números nos aviões?
3. Existe uma roda bem na parte da frente do avião?
4. O avião tem luzes?
5. Podemos sentar em qualquer lugar do avião?
6. Existem aviões que conseguem ir até o México? Eles cairiam se fizessem isso?
7. Qual o botão faz o avião subir?
8. Como se chega até o compartimento de bagagens?
9. O que faz aquele cara que segura uma lanterna na pista?
10. Como se chama aquele negócio que sai do avião quando ele pousa?
11. O que acontece se faltar bateria?
12. O avião tem janelas?

revelaram as experiências prévias das crianças com aviões e com a utilização de projetos.

Os alunos do 2º ano serviram como exemplo para os alunos novos, ajudando-os

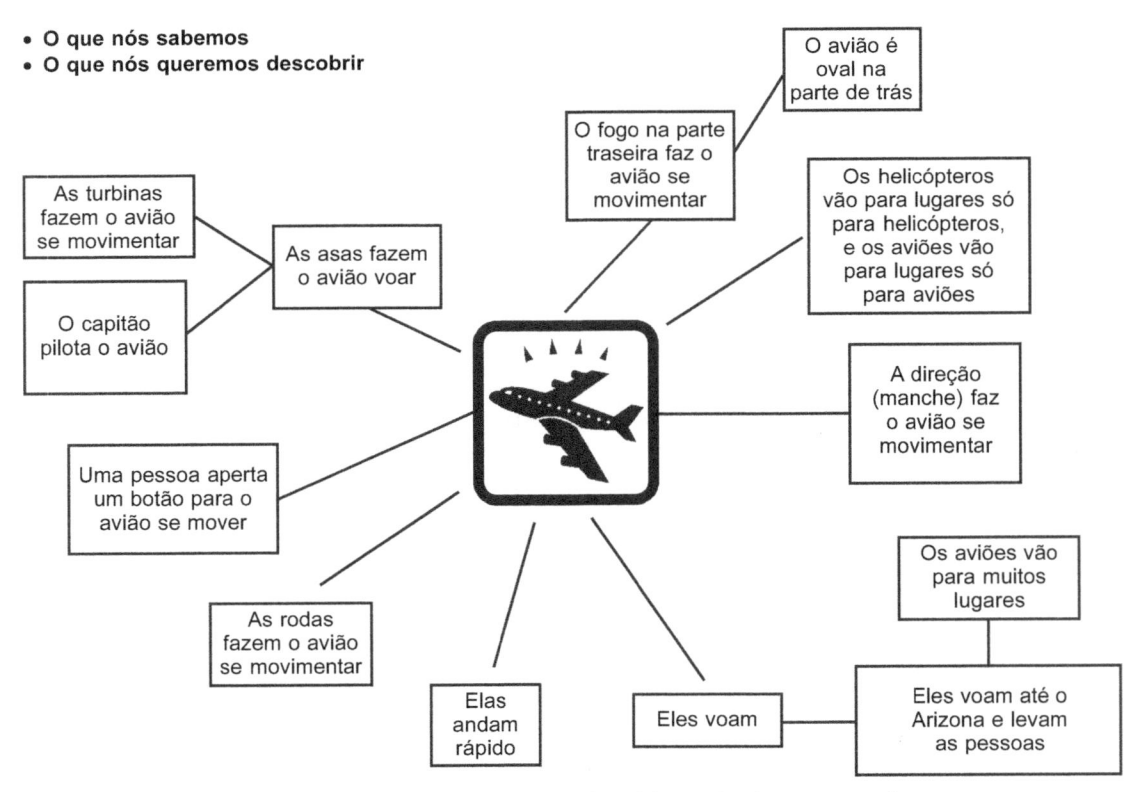

- O que nós sabemos
- O que nós queremos descobrir

- As turbinas fazem o avião se movimentar
- O capitão pilota o avião
- As asas fazem o avião voar
- Uma pessoa aperta um botão para o avião se mover
- As rodas fazem o avião se movimentar
- Elas andam rápido
- Eles voam
- O fogo na parte traseira faz o avião se movimentar
- O avião é oval na parte de trás
- Os helicópteros vão para lugares só para helicópteros, e os aviões vão para lugares só para aviões
- A direção (manche) faz o avião se movimentar
- Os aviões vão para muitos lugares
- Eles voam até o Arizona e levam as pessoas

FIGURA 3.4 O conhecimento inicial das crianças sobre aviões foi organizado em uma rede.

e ensinando-os*. As suas perguntas revelaram uma ampla gama de conhecimento e de experiência prévia. Mikey, por exemplo, perguntou: "Existem aviões que conseguem ir até o México? Eles cairiam se fizessem isso?" Tais questões indicaram que Mikey havia visitado alguns parentes no México. A pergunta feita por Madison, de 3 anos, foi: "O avião tem janelas?", o que indicou que ela não tinha experiência com aviões e nem em fazer perguntas (EP3: *Focalizar o ambiente e a cultura da criança*).

Eu, Deb e Bob fizemos uma lista das perguntas elaboradas pelas crianças (Figura 3.5). Os cartões eram ilustrados e cada um foi etiquetado com o nome da criança que havia feito a pergunta. O uso dos cartões permitiu que as crianças vissem os pais que atuavam como voluntários registrar as perguntas na parte traseira dos cartões (EP7: *Enfatize o papel da alfabetização*), que foi um modo que encontramos para envolver os pais no processo (EP4: *Estimule o fortalecimento das aptidões intelectuais*).

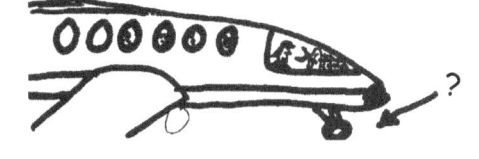

FASE II: INVESTIGAÇÃO

Preparamos nossa visita ao aeroporto, fazendo contatos para estabelecer como chegaríamos lá (transporte), falando com os pais que atuariam como voluntários (EP6: *Maximizar as oportunidades para o envolvimento dos pais*) e telefonando para a empresa Emery Air Charter. Essa empresa é responsável por todos os voos *charter* e pelos voos particulares, além dos militares, no aeroporto de Rockford – um aeroporto pequeno e bem adequado para nossas crianças. Nossa equipe fez uma visita prévia ao aeroporto para observar o local. Apresentamos as questões das crianças a Matt, o supervisor do aeroporto, que seria nosso guia. Quando telefonei a ele para marcar nossa visita prévia, disse-lhe que levaríamos uma lista de perguntas feitas pelas crianças, o que o fez rir muito. Porém, quando lhe mostramos as perguntas, ele ficou bastante impressionado.

Também conversamos com Matt sobre o horário da visita das crianças. Sabíamos que nossa intenção era passar a maior parte do tempo no hangar, mas também queríamos que as crianças tivessem tempo de conhecer todo o aeroporto, incluindo o setor de bagagens e o balcão de vendas de passagens. Matt ajudou-nos a elaborar um plano alternativo caso as condições climáticas fossem desfavoráveis, a fim de que as crianças pudessem, em qualquer circunstância, entrar em um avião e desenhá-lo. Também conversamos com Matt sobre a possibilidade de o aeroporto doar algum material que pudesse ser utilizado em dramatizações na sala de aula. A visita prévia foi extremamente importante para o sucesso da visita que fizemos com as crianças. Matt percebeu que

FIGURA 3.5 Cartões com as perguntas sobre aviões feitas pelas crianças.

---

* N. de R.T. O grupo de alunos referido no texto compõe uma turma de multidade.

nossas crianças eram estudantes sérios e que tinham boas perguntas a fazer, passando a considerá-las como investigadores e como aprendizes.

Estávamos um pouco nervosas com o fato de que o grupo da manhã só tinha três perguntas, o que nos levou a duvidar do sucesso de sua visita. No dia da visita, contudo, quando as crianças estavam bem na frente dos aviões, que podiam tocar, surgiram muitas perguntas. Rachel, por exemplo, de 3 anos, olhou para os dutos de ventilação do avião e perguntou: "O que é esse buraquinho?". Eu mesma aprendi sobre o assunto com meus alunos. Fiquei impressionada com o conhecimento e o interesse das crianças, e Matt também!

Antes de ir ao aeroporto, encontramo-nos com os pais que atuariam como voluntários para conversarmos sobre o propósito e o processo de elaboração de perguntas feitas pelas crianças e dos desenhos que fariam a partir do que observassem. Explicamos que cada criança desenharia uma parte determinada do avião, mas também queríamos que elas desenhassem o avião inteiro. Manifestamos aos pais nosso interesse de que eles ajudassem as crianças a investigar os aviões e o aeroporto (Figura 3.6; EP6: *Maximizar as oportunidades para o envolvimento dos pais*).

No dia da visita ao aeroporto, cada pai ficou responsável por duas crianças, levando uma sacola com uma prancheta e cartões com perguntas feitas por elas. Três famílias gravaram a visita em vídeo e depois enviaram cópias para nós. Dei-me conta de que não se pode ter preconceitos contra os recursos, habilidades e pontos fortes de uma família quando o primeiro pai que se ofereceu para gravar a visita era uma pessoa de recursos financeiros muito limitados: eu presumira que ele não possuía uma câmera e pensei que teria de lhe emprestar uma. Tomar cuidado com o que presumimos é importante quando trabalhamos em escolas cujas crianças vivem em situação de pobreza (EP6: *Maximizar as oportunidades para o envolvimento dos pais*).

Os pais também tiraram fotografias da visita. Eles ajudaram as crianças a desenhar

FIGURA 3.6 Os pais foram treinados com antecedência para ajudar as crianças nos desenhos que fariam durante a visita.

os aviões, por meio de frases de incentivo e pedindo-lhes para observarem as formas e os detalhes básicos da aeronave (Figura 3.7; EP4: *Estimular o fortalecimento das aptidões intelectuais*). Dois quadrados localizados na parte inferior das folhas utilizadas para desenho eram utilizados para indicar se o trabalho havia sido realizado com ou sem a ajuda de um adulto.

Nos dias que se seguiram à visita, assistimos aos vídeos filmados pelos pais que atuaram como voluntários. Esses vídeos foram uma grande contribuição para o crescimento do projeto. As crianças os usaram para continuar a desenhar o que viram na visita (Figuras 3.8 e 3.9) e para ampliar nossa rede de informações sobre o assunto (EP4: *Estimular o fortalecimento das aptidões intelectuais*).

À medida que as crianças pensavam mais sobre aviões, tivemos a esperança de que alguma delas tivesse a ideia de construir um. Foi o que aconteceu. Joey disse:

"Tenho uma ideia. Nós poderíamos fazer um avião de papelão" (EP1: *Maximizar as oportunidades para a aprendizagem independente*). Começamos, então, a recolher objetos e materiais que pudessem ser utilizados na construção do avião da turma.

Os pais envolveram-se muito com essa parte do projeto. Um pai que fazia entrega de encomendas guardou caixas para usarmos na construção. Os pais também ajudaram na própria construção da aeronave. Nós os mantivemos informados de todos os passos do projeto por meio de nosso boletim semanal, que trazia fotos e histórias sobre nossos sucessos e fracassos. Parecia que os pais estavam tão entusiasmados quanto as crianças! (EP6: *Maximizar as oportunidades para o envolvimento dos pais*). Na verdade, construímos dois aviões – pois as crianças acharam que o primeiro havia ficado muito pequeno (Figura 3.10).

Uma das frustrações que tanto as crianças como os professores experimentaram foi a maneira de dar sustentação às asas de papelão, que eram muito finas e caíam a toda hora. Mikey teve a ideia de usar um grampo para mantê-las no lugar. Ele olhou as fotos da visita e disse: "Precisamos fazer um corte como este" (EP4: *Estimular o fortalecimento das aptidões intelectuais*). Enquanto ele falava, utilizava as mãos para indicar um corte diagonal. O menino também disse: "Meu pai tem uma serra e poderia ajudar".

FIGURA 3.7 Desenho do avião Lockheed Vegas feito durante a visita.

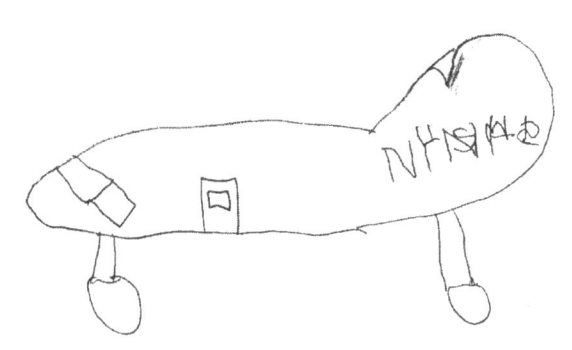

FIGURA 3.8 Adam, 4 anos, usou o videoteipe como referência para fazer o seu segundo desenho do avião Lockheed Vegas.

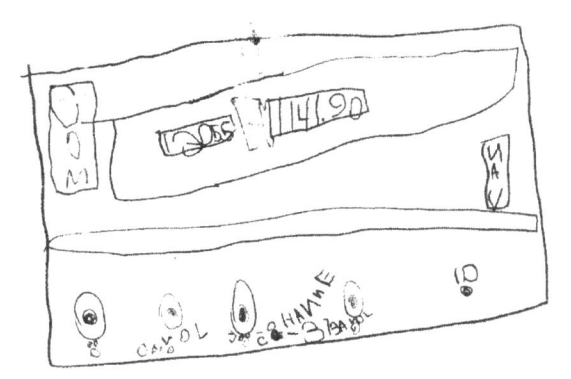

FIGURA 3.9 Desenho do rádio de comunicação feito por Olivia, 5 anos.

FIGURA 3.10 O primeiro avião que as crianças construíram ficou muito pequeno para a dramatização.

No dia seguinte, o pai de Mikey, Martin, veio ajudar as crianças a consertar o problema das asas. Martin falava muito pouco inglês, o que não o impediu de servir como uma boa fonte de informação para elas (Figura 3.11; EP6: *Maximizar as oportunidades para o envolvimento dos pais*).

Nós também enfrentamos problemas para fazer o manche se mover para cima, para baixo e para os lados, pois ele acabava sempre caindo do painel. Certa noite, recebi um telefonema de uma família que vinha discutindo o problema. Eles acharam que tinham encontrado uma solução e queriam mostrá-la a nós no dia seguinte. A mãe de Nate, Susan, trouxe uma furadeira e uns canos PVC para fazer o trabalho de ajuste do manche (Figura 3.12). O pai de Nate também doou vários objetos da companhia em que ele trabalha, uma empresa que fabrica equipamento para aviões (EP6: *Maximizar as oportunidades para o envolvimento dos pais*)

Um dos maiores desafios que enfrentamos na construção do avião foi o de cortar o papelão a fim de construir a cabine para acomodar todos os instrumentos que as crianças haviam trazido da visita. As crianças fizeram os contornos para indicar onde os instrumentos deveriam ser colados no painel, o que foi feito com cola de alta resistência. Os professores também ajudaram a cortar o papelão. Na verdade, intrometemo-nos mais do que gostaríamos, mas sempre tentamos balancear segurança e independência durante o projeto.

Surgiram muitas oportunidades para aprendermos a aplicar o novo conhecimento adquirido, as habilidades e as aptidões desenvolvidas durante o Projeto Avião (EP4: *Estimular o fortalecimento das aptidões intelectuais*). Tanto a turma da manhã como a da tarde trabalharam no mesmo avião, o que foi uma forma de usar as habilidades e os talentos de ambas as turmas. As crianças aprenderam a trabalhar em equipe e não apenas com a sua própria turma (EP5: *Estimular as crianças a resolver seus próprios problemas e a praticar sua sociabilidade*). As duas turmas, por exemplo, fizeram uma votação

O Poder dos Projetos 55

FIGURA 3.11 O pai de Mikey resolveu o problema das asas que insistiam em cair.

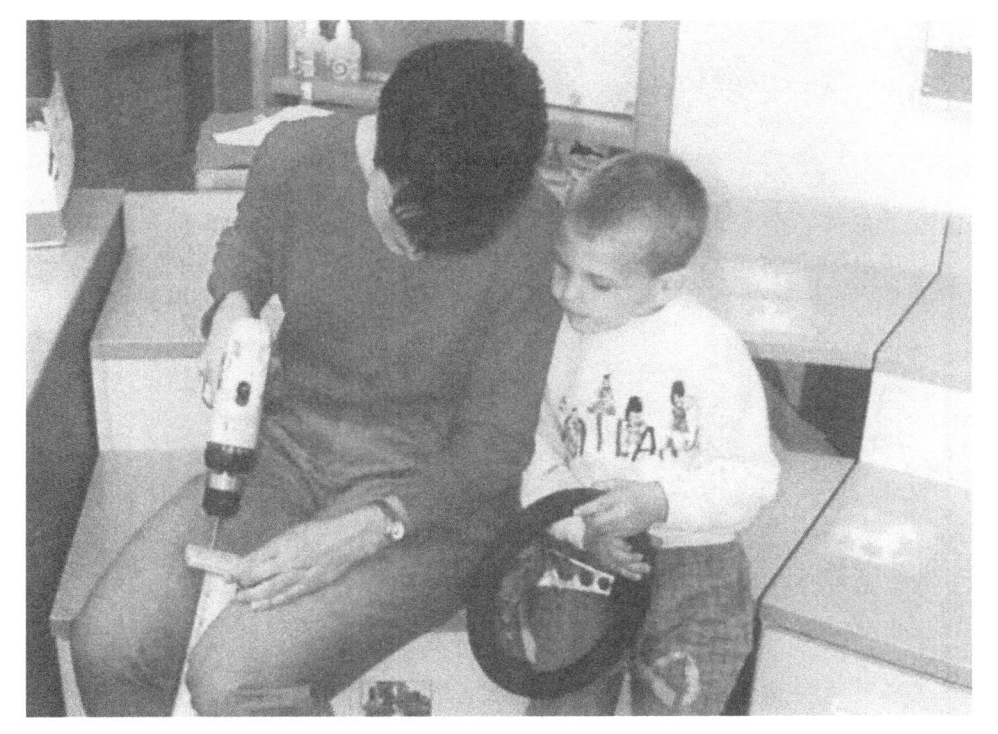

FIGURA 3.12 A mãe de Nate usou sua furadeira para fazer o manche se mover.

para decidir o local dos instrumentos na cabine e o tipo de asas que construiriam. Elas também votaram para decidir a cor do avião. As votações eram computadas e levadas de uma turma à outra. Mesmo as crianças mais jovens puderam participar na hora de pintar o avião (EP5: *Estimular as crianças a resolver seus próprios problemas e a praticar sua sociabilidade*).

Outra oportunidade que as crianças tiveram para pensar foi a confecção dos *tickets* de embarque e das poltronas. As crianças numeraram as cadeiras que representariam as poltronas do avião. Conversamos sobre como fazer os *tickets* e sobre como eles deveriam indicar esta ou aquela poltrona (EP4: *Estimular o fortalecimento das aptidões intelectuais*).

O Projeto Avião deu-nos muitas oportunidades para a dramatização e para o estímulo da imaginação (Figura 3.13). As crianças compartilharam seus desejos sobre onde gostariam de ir com o avião. Uma delas queria voar até Oklahoma para ver seu pai e seu irmão (EP2: *Incentivar o envolvimento emocional das crianças com a aprendizagem*).

FASE III: CONCLUSÃO DO PROJETO

Faltando apenas uns poucos dias para o término do ano, Susan Stethens, uma repórter da rádio pública WNIJ, entrevistou as crianças sobre o projeto. A repórter, que estava trabalhando em um projeto chamado *FLYKIDS*, cujo foco era o interesse de jovens pela pilotagem de aviões, pediu-nos para entrevistar os alunos. Percebemos que as aptidões intelectuais e as atitudes das crianças foram positivamente influenciadas pelo projeto. Quando, por exemplo, Joey foi entrevistado, disse: "Quando eu crescer, quero ser... quero ser... quero ser piloto". A maneira pela qual o menino via a si mesmo e seu futuro havia mudado. Ele se via agora pilotando um avião e sabia que podia controlar seu futuro (EP4: *Estimule o fortalecimento das aptidões intelectuais*).

REFLEXÕES DO PROFESSOR

Precisa-se de muita coragem para deixar que um avião do tamanho de um refrigerador permaneça em sua sala de aula durante oito

FIGURA 3.13 Duas meninas sentadas na cabine brincam de pilotar o avião.

FIGURA 3.14 O avião terminado, completo, com cabine, rodas e janelas de passageiros.

semanas (Figura 3.14), mas foi triste ter de desmanchá-lo. Fico feliz por termos tudo registrado na documentação dos trabalhos realizados pelas crianças.

A utilização de projetos com as crianças de todas as classes é algo benéfico, mas acredito que foi especialmente útil para as menos favorecidas. Os projetos permitem que as crianças construam sua própria aprendizagem e criem suas próprias metas e áreas de investigação. Eles também propiciam que os pais participem de maneira significativa da educação de seus filhos. Mas o mais importante é que os projetos levam as crianças a se verem como aprendizes de sucesso, acreditando que assim continuarão no futuro.

REFERÊNCIAS

Beneke, S. (1998). *Rearview mirror: Reflections on a preschool car project* (ED 424 977). Champaign, IL: ERIC Clearinghouse on Elementary and Early Childhood Education.

Bradley, M. H., Caldwell, B. M., Rock, S. L., Ramney, C. T., Barnard, K. E., Gray, C., Hammond, M. A., Mitchell, S., Gottfried, A. W., Siegel, L. e Johnson, D. L. (1989). Home environment and cognitive development in the first three years of life: A collaborative study involving six sites and three ethnic groups in North America. *Developmental Psychology*, 25, 217-25.

Bryson, E. (1994). *Will a project approach to learning provide children opportunities to do purposeful reading and writing, as well as provide opportunities for authentic learning in other curriculum areas?* Urbana, IL: ERIC Clearinghouse on Elementary and Early Childhood Education.

Child poverty fact sheet. (2001, June). New York: National Center for Children in Poverty, Columbia University.

DeVries, R., Reese-Learned, H. e Morgan, P. (1991). Sociomoral development in direct-instruction, eclectic and constructivist kindergartens: A study of children's enacted interpersonal understandings. *Early Childhood Research & Practice,* 6(4), 473-517.

Duncan, G. J. e Brooks-Gunn, J. (Eds.) (1997). *Consequences of growing up poor.* New York: Russell Sage Foundation.

Grotberg, E. H. (1995). *A guide to promoting resilience in children: Strengthening the human spirit.* The Hague, The Netherlands: Bernard Van Leer Foundation.

Hart, B. e Risley, T. R. (1995). *Meaningful differences in the everyday experience of young American children.* Baltimore, MD: Paul H. Brooks Publishing Company.

Helm, J. H., Beneke, S. e Steinhemer, K. (1998). *Windows on learning: Documenting young children's work*. New York: Teachers College Press.

Helm, J. H. e Katz, L. G. (2001). *Young Investigators: The Project Approach in the Early Years*. New York: Teachers College Press.

Jones, B., Valdez, G. e Chard, S. C. (1989). *Engaging children's minds: The project approach*. Greenwich, CT: Ablex Publishing Corporation.

Katz, L. G. e Chard, S. C. (1989). *Engaging children's minds: The project approach*. Greenwich, CT: Ablex Publishing Corporation.

Smith, J. R., Brooks-Gunn, J. e Klebanov, P. K. (1997). Consequences of living in poverty for young children's cognitive and verbal ability and early school achievement. In G. J. Duncan e Jeanne Brooks-Gunn (Eds.), *Consequences of growing up poor* (p. 132-89). New York: Russell Sage Foundation.

Snow, C. E., Burns, M. S. e Griffin, P. (Eds.). (1998). *Preventing reading difficulties in young children*. Washington, DC: National Academy Press.

4

A passagem das crianças à alfabetização

Judy Harris Helm, Mary Ann Gottlieb e Jean O'Mara-Thieman

A DEFINIÇÃO DO DESAFIO
Judy Harris Helm

Várias habilidades são necessárias para uma leitura bem-sucedida. De acordo com o National Research Council, quando as crianças começam a aprender a ler, precisam de um ensino que focalize o uso da leitura para a obtenção de significado a partir do que está escrito, de consciência dos sons e grupos de letras e da compreensão do sistema escrito, especialmente das letras e sequências de letras nas palavras. Precisam também ter oportunidades frequentes para ler e escrever. Para que ocorra um progresso adequado da capacidade de ler e de escrever, as crianças devem desenvolver uma compreensão de como os sons são representados alfabeticamente e, frequentemente, utilizar a leitura para a compreensão de significados, a fim de que possam monitorar sua capacidade de entendimento e corrigir os erros (Snow, Burns e Griffin, 1998). O desafio para os professores é alfabetizar as crianças, garantindo que todas, sem exclusão, passem por tais experiências de ensino, fazendo-o de modo que o interesse e a motivação sejam preservados.

Outro desafio da alfabetização origina-se na relação total entre leitura e cultura: há claramente um componente cultural no processo de aprender a ler. De acordo com Jerome Bruner (1996), aprender e pensar estão sempre situados no âmbito cultural e são dependentes da utilização de recursos culturais. É importante alfabetizar de maneira que as identidades culturais dos alunos das mais diversas origens sejam preservadas:

> Uma definição mais abrangente de alfabetização vai além das habilidades ensinadas e inclui a voluntariedade que as pessoas têm em relação à utilização da capacidade de ler e escrever, as conexões entre ler e escrever, o processo dinâmico de construção de significados (incluindo a importância da esquematização cultural) e a importância de textos escritos. O contexto social é um conceito particularmente importante a ser considerado pelo professores, tanto em termos de compreensão do processo de alfabetização como da compreensão de como as aulas tradicionais de alfabetização podem necessitar de ajustes para serem mais proveitosas aos estudantes das mais diversas origens. (Au, 1993, p. 33)

As crianças que estão aprendendo uma segunda língua ou aquelas que se diferenciam pela etnia ou classe social impõem novos desafios quanto à aprendizagem das habilidades de alfabetização, quando essas habilidades são definidas apenas pela cultura majoritária norte-americana. Isso é mais verdadeiro ainda quando os educadores não são sensíveis à diversidade cultural das crianças de uma sala de aula e a como a experiência da alfabetização é importante para elas.

Os pais também têm expectativas culturais acerca de como seus filhos vão aprender a ler, as quais podem, ou não, ser parecidas com as expectativas dos professores. Por exemplo, um pai pode pensar que uma criança precisa ficar bastante tempo copiando o formato das letras. Se o professor souber combinar a pesquisa sobre a aprendizagem da leitura com práticas de ensino culturalmente responsáveis e que respeitem e incorporem as expectativas da família, a criança sairá beneficiada. Como resultado, o professor provavelmente promoverá a inclusão social e cultural, proporcionará o progresso acadêmico e fará dos pais defensores da educação de seus filhos (Meier, 2000). Parte do desafio de alfabetizar crianças é ouvir atentamente, incorporar a cultura da criança ao processo de leitura e integrar a alfabetização às experiências significativas do ensino.

ESTRATÉGIAS PRÁTICAS
Mary Ann Gottlieb

Enquanto eu estava lecionando no Valeska Hinton Early Childhood Education Center, um dos meus maiores desafios, e também um dos meus primeiros objetivos, foi ajudar as crianças a se alfabetizarem. Valeska Hinton é uma escola pública urbana, em Peoria, Illinois, para crianças de 3, 4, 5 e 6 anos em situação de risco. A maior parte de minhas turmas era multietária, 4-5, 5-6 anos, e trabalhamos juntos durante dois anos.

Descobri que os projetos oferecem muitas oportunidades para o desenvolvimento da alfabetização por meio do ato de ler, de escrever, de falar e de ouvir. Cada um desses aspectos da alfabetização é crucial para o desenvolvimento das crianças, e, como professora, acredito que devemos oferecer experiências nas quais a alfabetização possa se desenvolver sob todas as suas formas. Os projetos dão sustentação às estratégias que levam ao domínio desses componentes.

LEITURA

Estratégia prática 1:
Enfatizar a construção do vocabulário como base para a aprendizagem futura

De acordo com Adams (1990), as crianças devem ter uma exposição considerável a inúmeros materiais interessantes de leitura para que seu vocabulário se desenvolva. Experiências de alfabetização variadas e abundantes, acompanhadas do ensino fonético, são necessárias para formar bons leitores. No início de um projeto, é importante desenvolver o vocabulário necessário à sustentação da investigação inicial. No início da exploração de um assunto com as crianças, planejo experiências que as exponham ao vocabulário relacionado com o assunto em questão. "A aprendizagem é maximizada quando os professores apresentam o princípio fundamental antecipadamente" (Neuman, Copple e Bredekamp, 2000, p. 59). Quando iniciei o Projeto Fazenda, por exemplo, a leitura de livros informativos sobre o assunto ajudou as crianças a se familiarizarem com palavras sobre animais, maquinaria e plantações. Visitar um local, no início do projeto, também constrói o pano de fundo sobre o qual a aprendizagem futura se erguerá e revela imprecisões do entendimento. Por exemplo, quando viajamos para visitar uma fazenda, uma das crianças em situação de risco gritou: "Olhem aqueles elefantes pretos". O conceito que aquela criança tinha de vacas e elefantes, antes daquela viagem, era impreciso. A viagem, no início do Projeto Fazenda, ajudou a desenvolver o vocabulário intrínseco ao projeto.

Às vezes, fotografias da visita são usadas para criar livros de vocabulário. Durante o Projeto Fazenda, pedi a cada criança que selecionasse duas fotografias com as quais estivessem familiarizadas. Então, cada criança sentou-se comigo em frente ao computador, enquanto eu registrava suas palavras. As imagens e o texto ditado simultaneamente auxiliaram a sustentar o vocabulário relacionado à experiência pela qual haviam passado recentemente (Figura 4.1).

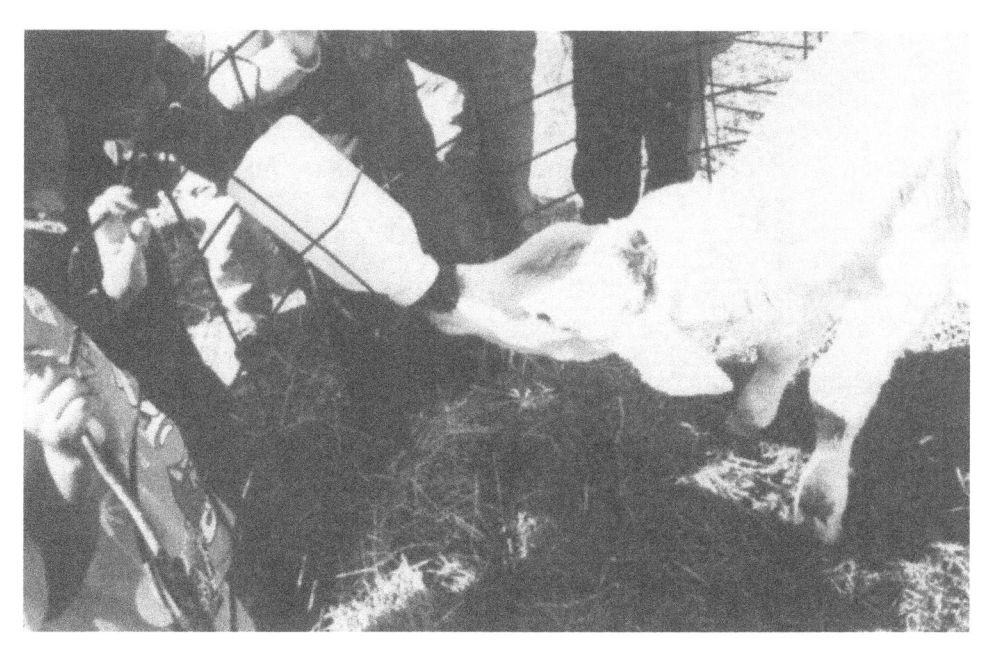

Esta é uma vaquinha. Ela está tomando leite de uma garrafa. A mulher do fazendeiro trouxe a garrafa de leite para a vaquinha. Ela toma leite duas vezes por dia.

Briana Ross

FIGURA 4.1 Depois de escolher uma fotografia tirada durante a visita à fazenda, Briana dita um comentário à professora, que o digita no computador. Briana, então, digita o seu próprio nome.

Quando as crianças me ouviram ler o que elas haviam dito, eu exemplifiquei o processo de revisão. Juntos, corrigimos todos os erros e, então, elas digitaram seus próprios nomes na base de seus parágrafos, ficando, assim, responsabilizadas por eles. As palavras agora eram as suas palavras, e a escrita agora lhes pertencia. Quando as crianças veem as suas palavras impressas, começam a perceber que o que dizem pode ser escrito e lido no futuro. O ato de registrar suas palavras as ajuda a perceber a conexão entre a fala, a escrita e a leitura. Essas espécies de exemplos são uma maneira eficaz de ensinar conceitos fundamentais às crianças, tais como o desenvolvimento da percepção das palavras (Neuman et al., 2000). Livros (feitos pelas crianças) que documentavam as experiências de campo e o vocabulário novo tornaram-se referências para o restante do projeto.

Esses livros também podem ser compartilhados com os pais, por meio do envio rotativo a casa de cada um. Ter o livro em casa dá a cada criança a oportunidade de dividir o projeto com os pais e de praticar o novo vocabulário. Os pais podem, então, estimular seu filho a usar essas palavras na conversação. Enviar tais livros para casa é uma oportunidade de colocar livros importantes nas mãos de famílias que talvez tenham acesso limitado a materiais apropriados para leitura.

O processo de construção da rede que ocorre durante os projetos é também um excelente modo de desenvolver o vocabulário. No início de cada projeto, criamos uma rede (Helm e Katz, 2001) que nos permite organizar e classificar as informações que as crianças conhecem sobre determinado assunto em um dado momento. A rede inicial é, em geral, incompleta ou imprecisa; contudo, a partir dela, ajudamos as crianças a formularem perguntas sobre o assunto, as quais darão um direcionamento à investigação futura. Referências contínuas à rede ajudarão a expor as crianças ao vocabulário relativo ao tema estudado. Ao final do projeto, algumas das crianças talvez saibam reconhecer ou escrever algumas daquelas palavras.

Fazemos uma rede final, quando o projeto se encerra, que é muito mais detalhada e precisa do que a inicial. No Projeto Padaria, por exemplo, a rede final continha informações extensivas sobre a própria padaria, seus produtos, experiências relativas à panificação e, finalmente, sobre a venda que fizemos desses produtos. Um novo vocabulário, exclusivo de cada projeto, aparece frequentemente na rede final. Quando se coloca lado a lado a rede inicial e a final, as crianças sabem compará-las, vendo a quantidade de informações que aprenderam. Os diagramas de Venn, usando o vocabulário do projeto apanhado no início e no final da rede, são outra maneira de se observar o progresso de aquisição do vocabulário.

Estratégia prática 2:
Estimular as crianças a brincar com as letras e com o reconhecimento de palavras

Snow, Burns e Griffin (1998) chamaram a atenção para o fato de que uma boa percepção fonológica é um forte indicativo de uma leitura bem-sucedida. As crianças devem desenvolver uma percepção básica da estrutura fonética da língua antes de estarem aptas a identificar os sons iniciais das palavras. "Brincar" com as palavras de um projeto apresenta às crianças muitas oportunidades de usar rima e aliteração, reforçando, assim, a percepção fonológica. Da mesma forma, a afirmação da International Reading Association e da NAEYC diz que "as crianças aprendem sobre os sons de uma língua por meio da exposição a jogos de conscientização linguística, a rimas infantis e a atividades rítmicas" (Neuman et al., 2000, p. 8).

O domínio da identificação de letras e de sons é uma das metas que nossos alunos devem atingir. Como parte da Fase III do Projeto Centro de Saúde, os alunos da pré-escola criaram um alfabeto de palavras relacionadas ao projeto, usando as letras e os sons que haviam aprendido. Às vezes, eles não conseguiam recordar fatos ou itens que iniciavam com uma determinada letra. Se, após vários dias, ainda não conseguiam lembrar palavras que iniciavam com determinados sons, deixávamos aquele espaço em branco.

A ambulância	D doutor	G
B *band-aid*	E emergência	H Hospital
C coceira	F fratura	I internar

Essa tarefa foi mais difícil durante o Projeto Correio, pois minhas turmas das idades de 5 e 6 anos enviaram a lista aos colegas das turmas vizinhas que também participavam do projeto. Eles nos ajudaram a recordar palavras relacionadas ao correio para algumas das letras não utilizadas. Algumas das palavras ampliaram o vocabulário dos alunos, enquanto outras puderam ser utilizadas para exercícios de escrita, mais tarde.

Estratégia prática 3:
Oferecer oportunidades para a divulgação e a leitura dos livros feitos pelas crianças

Há muitas oportunidades de se fazer um livro no decorrer de um projeto. Durante as visitas de campo, geralmente desenhávamos objetos significativos (Figura 4.2). Por exemplo, durante o Projeto Fazenda, fizemos repetidos desenhos de animais, aludindo aos vídeos e fotografias tirados na fazenda e aos nossos livros de referência. Um grupo de crianças selecionou desenhos específicos e fez livros individuais para cada um dos colegas da turma. Esses livrinhos tornaram-se parte de nossa coleção de livros feitos em aula e foram usados durante nossos "momentos de leitura silenciosa" diários.

FIGURA 4.2 Jonathon desenha um leão enquanto seus amigos continuam a olhar os animais.

Uma biblioteca acessível à turma e que possibilita acesso imediato aos livros estimula as crianças a praticar habilidades de leitura recém-aprendidas (Neuman et al., 2000). Todos os dias, passamos algum tempo lendo livros. No início do ano, as crianças olhavam silenciosamente os seis ou oito livrinhos (livros pictóricos ou de fácil leitura) guardados em caixas individuais. Essa atividade podia durar dois minutos. À medida que o ano passava, o tempo aumentava, e acrescentávamos livros que havíamos feito em nossos pequenos grupos. Ilustrados por cada criança, esses livros de três ou quatro páginas continham textos repetidos. Fazemos essa leitura silenciosa todos os dias, depois do almoço (Figura 4.3), ainda que muitas crianças leiam em voz alta, em volume baixo, em geral inventando texto. Quando as caixas de livros ficam cheias, alguns livros são enviados para a casa dos alunos para ajudarem na formação de bibliotecas pessoais. Os livros comerciais são permutados mensalmente, e outros são acrescentados à medida que as crianças familiarizam-se à história.

ESCRITA

Estratégia prática 4:
Oportunizar eventos que estimulem a escrita

As crianças pequenas necessitam de uma variedade de materiais para escrita, a fim de que possam tentar registrar suas ideias e palavras. Se os professores e os pais aceitarem rabiscos e palavras inventadas como algo natural e válido, as crianças irão sentir-se à vontade com a escrita. Os pais e os professores devem estimulá-las quando elas aprendem a escrever as letras (Burns, Griffin e Snow, 1999). As primeiras letras irão tornar-se, mais tarde, parte de palavras e, depois, de frases. Inventar ortografia ajuda a desenvolver a compreensão da identidade dos fonemas, de sua segmentação e das relações entre sons e letras (Snow et al., 1998).

Nos projetos, muitos acontecimentos estimulam e induzem as crianças a escrever, assim levando a escrita a se tornar algo

FIGURA 4.3 Melvin lê um livro de sua "caixa de livros". Alguns dos livros são feitos pelas crianças, enquanto outros são livros comerciais.

significativo. À medida que surgem dúvidas sobre um projeto, as crianças, às vezes, usam suas habilidades de escrita para se corresponderem com outras turmas. Uma criança mais velha talvez escreva, enquanto uma mais nova o auxilia com ideias ou com os sons iniciais das palavras. Quando as habilidades de escrita da criança mais nova começam a aparecer, é a mais velha que faz o papel de modelo. Durante o Projeto Centro de Saúde, as crianças de outra turma da pré--escola, que estavam trabalhando no mesmo projeto, responderam a nossas perguntas depois que sua professora, Judy Cagle, leu uma carta que escrevemos a eles (Figura 4.4).

Às vezes, duas ou três crianças vinham à nossa sala para responder oralmente às nossas questões. Outras vezes, um adulto escrevia com a criança, auxiliando-a com sons e palavras. Esses momentos de escrita compartilhada permitiam que as crianças de cada sala de aula se sentissem mais responsáveis pelo trabalho realizado, com um adulto fornecendo o modelo e a assistência necessários.

Estratégia prática 5:
Ajudar as crianças a desenvolver relações por e-mail

O uso do e-mail é um modo prático de as crianças treinarem a escrita, desafiando-as a se comunicarem por meio dela e a pensarem rapidamente sobre o que estão escrevendo (Neuman et al., 2000). Uma relação por e-mail pode ser desenvolvida com os especialistas que visitam a turma ou com crianças de outras salas de aula. Enviamos um e-mail para uma turma de crianças da pré-escola, em Eureka, Illinois, quando surgiram dúvidas no Projeto Fazenda. Minha turma, de uma escola urbana, tinha uma experiência limitada com fazendas. A turma de Pam Scranton, um programa de pré--escola em uma pequena cidade rural, tinha outras experiências. Eles sabiam responder a nossas dúvidas sobre galinhas chocadeiras, pois possuíam uma incubadora em sua sala de aula. A relação por e-mail tornou-se mais aprofundada ao final do Projeto Fazenda, quando a minha turma e a turma de Judy

18 de setembro de 2000.

Prezada Blue 4,
Nós gostaríamos de levar nossa maca. Nós ainda estamos trabalhando no refrigerador utilizado apenas para os remédios.
Nós nos encontraremos às 11 horas.

Amigos do Green 3

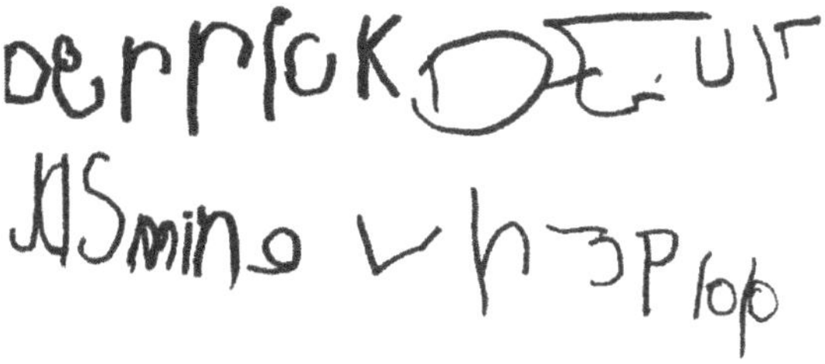

DerrickoEUIT
JASmino ∨ h 3P lop

FIGURA 4.4 As crianças aprenderam o valor da escrita quando receberam uma carta de alunos de outra turma, em resposta às suas dúvidas sobre centros de saúde.

Cagle convidaram as turmas rurais de pré-escola e de educação especial de Pam e Stacy Berg para visitar nossa escola e participar de algumas atividades relacionadas ao Projeto Fazenda.

Estratégia prática 6:
Ajudar as crianças a criar panfletos e brochuras

Ao término do Projeto Centro de Saúde, discutimos maneiras de compartilhar nossa investigação com o resto da escola e com a comunidade. Os alunos queriam falar aos visitantes sobre o Centro de Saúde que eles haviam construído no pátio central da escola, mas não estavam familiarizados com os termos *aberto para visitação ao público* e *panfleto*. Com a ajuda de Judy Cagle, criaram um convite para o evento e um panfleto para distribuir aos visitantes. Essa experiência ajudou-os a aprender "que o poder da escrita é o de uma pessoa expressar suas próprias ideias de modo que possam ser entendidas pelo outros" (Neuman et al., 2000, p. 13). Durante a fase da escrita, as crianças aprenderam a importância de soletrar corretamente as palavras e a necessidade de fazer um leiaute esteticamente agradável. Considerando que outras turmas seriam convidadas a brincar no Centro de Saúde, o grupo responsável pelo projeto criou regras simples para proteger sua construção. Uma criança mais velha escreveu as ideias comunicadas pelas crianças mais novas. O grupo aprovou o leiaute final do panfleto e do convite antes de serem reproduzidos e distribuídos.

Estratégia prática 7:
Estimular as crianças a usar e a criar referências

Aprender a usar a forma mais simples de um dicionário é outro evento de alfabetização importante para as crianças.

As crianças em situação de risco podem não possuir um dicionário e nem ter acesso fácil a uma biblioteca para obter um emprestado. Quando nos decidimos a expor o Projeto Fazenda Linden Hill no corredor, as crianças usaram um dicionário pictográfico para criar legendas com a ortografia correta dos objetos e dos animais que havia no modelo.

Outros professores constataram que "murais de palavras" ajudariam bastante. Quando palavras frequentemente usadas são expostas no campo de visão das crianças, elas podem copiar aquelas de que necessitam enquanto escrevem (Fountas e Pinnell, 1996). À medida que o projeto se desenvolve, novas palavras podem ser adicionadas ao mural. Usar fotografias para ilustrar as palavras do projeto é bastante útil para as crianças pequenas. Durante o Projeto Fazenda, organizei, com vocabulário e fotografias, uma linha do tempo que, além de mostrar a evolução dos acontecimentos, era facilmente visualizada pelas crianças.

Uma filmagem da experiência de campo também serve como referência e é muito proveitosa na construção do vocabulário relacionado a um projeto, pois mostra a sequência dos fatos durante a visita ao local, ou dá às crianças um tempo maior para que observem os objetos que vão desenhar e legendar. Cada criança pode atuar como narrador enquanto o grupo assiste ao vídeo.

FALA

Estratégia prática 8:
Planejar brincadeiras linguisticamente ricas

Assim como os projetos criam oportunidades para uma escrita significativa, criam também motivos para a fala na interpretação dramática que frequentemente surge. Rogers e Sawyers (1998, p. 64) chamaram a atenção para o fato de que "embora não seja uma condição necessária para aprender uma língua e para se alfabetizar, brincar é provavelmente o melhor meio para que essas habilidades se desenvolvam". Brincar reforça o uso da linguagem oral. As crianças usam novas palavras quando planejam e negociam suas brincadeiras, as quais são enriquecidas por meio dos projetos.

Durante o Projeto Zoológico, por exemplo, grupos de crianças construíram zoológicos na área determinada pela escola e depois brincaram neles. Ocorreram várias conversas informais entre elas. Aquelas que nunca tinham estado em um zoológico não tinham ideia de que os animais não podiam ser alojados na parte superior da estrutura e que animais agrícolas não podiam ser colocados nos mesmos cercados que os leões e os elefantes (Figura 4.5). As crianças que tinham algum conhecimento sobre zoológicos foram instigadas a se comunicarem com seus colegas de modo que a brincadeira pudesse prosseguir de acordo com os seus modelos de referên-

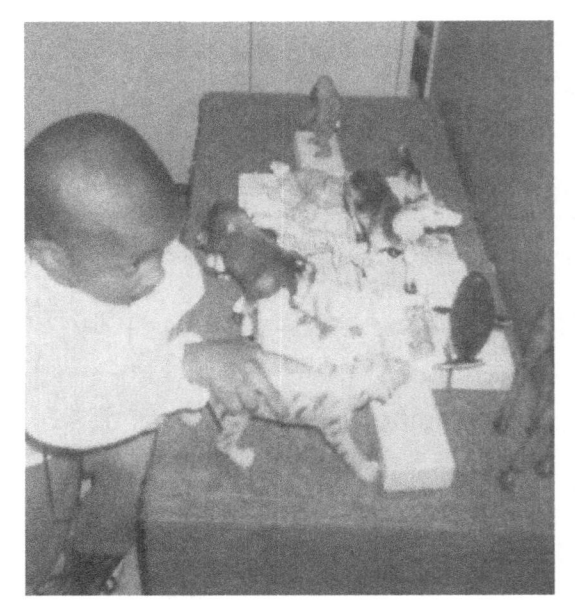

FIGURA 4.5 James construiu um zoológico na área determinada pela escola; ele foi construído antes da visita ao local.

cias. As conversas que ocorreram dentro do grupo ajudaram alguns estudantes a aprender qual tipo de alojamento era apropriado para cada animal. Aqueles que já haviam visitado o zoológico esclareciam, com suas palavras, os colegas que ainda não o haviam feito. Esses estudantes, que se tornaram fontes de conhecimento, foram solicitados a aconselhar as construções posteriores. Assim, as crianças tiveram oportunidades de praticar habilidades verbais descritivas que auxiliam o desenvolvimento da leitura.

Estratégia prática 9:
Estimular os colegas a se ensinarem reciprocamente

Durante os projetos, as crianças, em geral, ensinam-se umas às outras, o que proporciona mais uma oportunidade para a prática das habilidades comunicativas. Esse tipo de trabalho colaborativo é uma maneira eficaz de estimular o desenvolvimento da linguagem. Por exemplo, agrupar crianças mais velhas com as mais novas, enquanto desenhavam na visita que fizeram a uma fazenda, permitiu que as crianças maiores, mais desenvolvidas verbalmente, falassem sobre o que estavam vendo. Em uma situação, eu observei o aluno do nível A Jared dizer à Natasha, de 5 anos de idade, onde desenhar as pernas do animal. Ele chegou a ajudá-la a corrigir sua primeira tentativa e indicou onde as pernas deveriam ficar. A menina respeitou o trabalho de Jared e aceitou sua orientação. Outro exemplo de aprendizado entre os colegas ocorreu quando Matthew construiu um celeiro para outro projeto, cujo tema era a fazenda. Assim que descobriu como fazer um telhado em ângulo agudo, tornou-se um especialista e auxiliou as outras crianças a construir a casa e a estrebaria. Embora sua fala fosse de difícil compreensão, esse aluno extremamente quieto na pré-escola afirmou-se quando mostrou aos alunos da 1ª série como fazer os ângulos de um telhado usando tampas de caixas e fita adesiva.

Estratégia prática 10:
Ensinar as crianças a aprender como fazer perguntas

As crianças pequenas precisam aprender a fazer perguntas, e saber fazer perguntas durante as investigações é algo similar a saber questionar a si mesmo durante o processo da leitura. Perguntar aos outros é indício do uso de estratégias de questionamento interior ocorrido durante a leitura – questionamento em que surgem perguntas como "O que eu preciso saber?" ou "A resposta está aqui?".

As crianças têm, em geral, ideias ou explicações para compartilhar e, frequentemente, confundem essas afirmações com perguntas. Em minha turma, aprendemos os pronomes interrogativos, tais como *quem, que, quando, onde, por que* e *como*.* Eu ajudo os alunos a formularem perguntas. Por exemplo, considere a situação em que uma criança diz: "As vacas têm bebês. Os bebês saem delas." A entonação de sua voz sugere uma pergunta. Eu poderia responder: "Você está me perguntando como os bebês saem das vacas? Como eles nascem?". Eu refiz a pergunta usando uma palavra do nosso projeto. Se a criança concordar, eu direi "Como descobriremos isso?". As sugestões das crianças para fazer essa descoberta talvez incluam o seguinte: procurar em nossos livros; perguntar à mãe; dizer "você poderia nos contar"; ou questionar o especialista (no caso, o fazendeiro). Eu talvez continuasse assim: "Você poderia pedir à esposa do fazendeiro que lhe falasse sobre o nascimento dos bezerros quando nós formos à fazenda. Você poderia dizer: 'Como os bebês ____?'" (pausa para que a criança conclua a frase). Também aprendemos que os pontos de interrogação indicam ao leitor que uma resposta é necessária.

Ao longo de cada projeto, aprendemos mais sobre contar histórias e fazer perguntas. Quando registro as perguntas feitas durante todo o projeto, estou dando um modelo das formas corretas de escrever e da gramática. As crianças praticam a utilização correta da gramática para formular uma pergunta; elas me veem escrevendo essa pergunta e me ouvem relendo-a para elas. Nessas situações, escutar, falar, escrever e ler estão fortemente interligados.

Estratégia prática 11:
Considerar o potencial das experiências de culminância

As experiências de culminância na Fase III dos projetos proporcionam, em geral, grande variedade de oportunidades para o desenvolvimento e para a prática da linguagem e das habilidades de leitura e escrita. Como conclusão de muitos dos projetos, as crianças fizeram exposições nos corredores. Por exemplo, fizemos a exposição de velas como atividade final de nosso Projeto Luz. Convidamos outras turmas para a nossa exposição, e pequenos grupos de crianças explicaram como as diferentes velas foram feitas. Duas crianças atuaram como guias, ex-

---
* N. de R. Na língua portuguesa, os pronomes interrogativos são *que, quem, qual* e *quanto*.

plicando como cada tipo de vela foi produzido. No Projeto Zoo Glen Oak, um zoológico que havia sido construído em nossa sala de aula foi transferido para o corredor, onde outras turmas puderam apreciá-lo. As crianças se revezavam, contando às outras turmas sobre o zoo e sua construção.

Ao final do Projeto Padaria, realizamos uma venda de pães na padaria que construímos. Quando crianças de outras turmas e adultos vieram comprá-los, nossas crianças foram desafiadas a usar suas habilidades comunicativas para controlar as vendas. Elas também tiveram oportunidade de dar explicações sobre como fizeram os pães e como construíram a padaria.

No Projeto Minimercado, cada turma de nossa ala da escola criou uma construção no corredor, representando uma parte do mercado. Quando todas as partes estavam completas, duas crianças de cada uma das cinco turmas brincaram no minimercado a cada dia. Os professores revezavam-se na supervisão e na participação da brincadeira, até que finalmente todas as crianças haviam tido pelo menos uma oportunidade de brincar no mercado. Imagine as oportunidades de comunicação adulto-criança e criança-criança que foram promovidas por essa atividade de culminância!

As crianças de diversas turmas também participaram da atividade de culminância do Projeto Fazenda. As crianças compartilharam experiências sobre seu Projeto Fazenda em pequenos grupos multietários. Em uma área da exposição, grupos de crianças usaram o vocabulário recém-aprendido sobre a fazenda para falar informalmente, enquanto manuseavam argila e giz de cera para criar ou desenhar seus animais favoritos. Em outra área, grupos liam os livrinhos sobre a fazenda e seus animais. Na última área, um grupo escutava um adulto ler um grande livro e, depois, o mesmo grupo visitou outras turmas, fazendo novos amigos enquanto lanchavam juntos. Isso possibilitou que as crianças conversassem com alguém de origem ou raça diferente. A atividade matinal encerrou-se quando todos os alunos se reagruparam e cantaram músicas sobre o mesmo tema. A linguagem e a capacidade de ler e de escrever foram aprimoradas no decorrer dessa atividade relaxante e divertida.

Durante a exposição do Projeto Centro de Saúde, duplas de alunos revezavam-se no papel do anfitrião, falando sobre a construção e o uso do centro de saúde. Eles usaram o vocabulário aprendido recentemente, como por exemplo, *maca, estetoscópio* e *balcão de atendimento*. As outras turmas faziam visitas guiadas pelo centro de saúde. Os visitantes que chegavam, paravam para escutar os guias, e muitos acabavam envolvendo-se no jogo dramático com as crianças.

ESCUTA

Estratégia prática 12:
Oferecer oportunidades para que os alunos ouçam os especialistas no assunto

Os projetos oferecem às crianças muitas oportunidades de praticar a habilidade de ouvir. Seu interesse e envolvimento com a investigação motiva-os a escutar atentamente durante as visitas e quando os especialistas falam. A esposa do fazendeiro, a enfermeira do centro de saúde, as enfermeiras da sala de emergência que vieram a nossa turma e o leitor de hidrômetro, que trouxe seu aparelho de medição para o grupo examinar, ajudaram as crianças a construir suas experiências e conhecimento.

De acordo com Neuman e colaboradores (2000), as crianças aprendem mais com os especialistas, quando os professores apresentam antecipadamente o assunto. Quando as crianças fazem perguntas, elas ficam motivadas a escutar as respostas. Quando os professores apresentam as perguntas dos alunos ao palestrante antes da sua visita, este estará mais capacitado a tratar das questões de maior interesse para as crianças. Quando ouvem um visitante falar sobre um assunto de interesse do grupo, as crianças têm a oportunidade de praticar as normas de escuta (olhar para o palestrante, escutar atentamente, levantar a mão para fazer perguntas e assim por diante).

Estratégia prática 13:
Criar oportunidades para que os alunos escutem seus colegas

A turma tem oportunidade diária de escutar quando discutimos o que faremos durante o projeto. Quando o grupo se encontra e se prepara para o trabalho, alguns dos integrantes anunciam planos para aquele dia. Nesse momento, podem pedir ajuda sobre problemas encontrados no dia anterior. Uma criança poderá perguntar a outras o que elas acham da sua construção ou pedir ajuda para pintar ou cortar. Poderá perguntar a seus colegas aonde ir, dentro da escola, para encontrar materiais ou informações. O grupo poderá decidir ir a outra sala para buscar respostas ou soluções para um problema. Talvez queiram anotar informações e escutar enquanto algum colega os ajuda com a ortografia. Em geral, os integrantes do grupo de um projeto fazem relatos diários sobre o seu trabalho e podem buscar auxílio junto a toda a turma para resolver um novo problema. O trabalho colaborativo exige que as crianças usem continuamente a linguagem e respondam a ela.

Estratégia prática 14:
Ler livros informativos relacionados ao assunto para as crianças

Assim que começamos a escolher um assunto, leio para as crianças muitos livros relacionados a ele. Tais livros, de ficção ou de não ficção, oferecem informações ligadas ao projeto e podem responder a algumas questões ou fazer surgir outras. Vou à biblioteca pública e seleciono livros com boas ilustrações para que possam ser usados como referência durante os projetos. "Coordenando experiências com os livros disponíveis, as crianças adquirem conhecimento, e esse conhecimento, por sua vez, ajudará a leitura futura de livros" (Schickedanz, 1999, p. 66).

CONCLUSÃO

Ler, escrever, falar e escutar são componentes da alfabetização que estão presentes em um projeto. Como já foi apontado previamente, as estratégias práticas apresentadas a seguir aumentarão os benefícios do projeto e proporcionarão o desenvolvimento dessas habilidades nas crianças.

1. Enfatizar a construção do vocabulário como base para a aprendizagem futura.
2. Estimular as crianças a brincar com as letras e com o reconhecimento de palavras.
3. Oferecer oportunidades para a divulgação e a leitura dos livros feitos pelas crianças.
4. Oportunizar eventos que estimulem a escrita.
5. Ajudar as crianças a desenvolver relações por e-mail
6. Ajudar as crianças a criar panfletos e brochuras.
7. Estimular as crianças a usar e a criar referências.
8. Planejar brincadeiras linguisticamente ricas.
9. Estimular os colegas a ensinarem-se reciprocamente.
10. Ensinar as crianças a aprender como fazer perguntas.
11. Considerar o potencial das experiências de culminância.
12. Oferecer oportunidades para que os alunos ouçam os especialistas no assunto.
13. Criar oportunidade para que os alunos escutem seus colegas.
14. Ler livros informativos relacionados ao assunto para as crianças.

Conforme ilustrado na descrição a seguir, os projetos oferecem oportunidades significativas de interação das habilidades em questão, fornecendo um motivo para que as crianças as pratiquem.

O PROJETO ÁGUA PARA O RIO
Jean O'Mara-Thieman

Este projeto foi desenvolvido em uma sala de aula multietária (da pré-escola à 1ª série) do Valeska Hinton Early Childhood a Education Center, já descrito neste capítulo. Nessa escola pública urbana, 53% das crianças são de famílias pertencentes a minorias, e 75% são de famílias de baixa renda. O programa do Valeska Hinton inclui o envolvimento dos pais e o acompanhamento escolar contínuo para ajudar a atender as necessidades das crianças em situação de risco. A professora associada Kendrya' Johnson e a professora em treinamento Jaynene Dellitt colaboraram neste projeto.

Como geralmente ocorre, havia uma grande variação nas habilidades de leitura das crianças de nossa turma. Algumas não reconheciam as letras; outras liam melhor do que o esperado para sua idade. Algumas haviam tido pouco contato com livros em casa e não conheciam o vocabulário sofisticado às vezes usado em textos não ficcionais ou as longas frases usadas em livros científicos. Constatei que os projetos foram muito úteis quando lidei com essas dificuldades, pois motivaram as crianças a usarem suas habilidades e a aplicá-las.

FASE I: COMEÇO DO PROJETO

O assunto abordado neste projeto foi de iniciativa do professor. Parecia-me que o assunto "rio" seria um bom tema para um projeto, considerando que nossa escola está localizada muito próxima do rio Illinois. As crianças poderiam investigá-lo *in loco*. Eu pude perceber que esse assunto tinha potencial para envolver todos os domínios da aprendizagem e para atender muitas metas do currículo.

Durante a Fase I, exploramos os interesses possíveis das crianças por diversos aspectos do rio. Demorou algum tempo até que uma investigação intensa e em profundidade se desenvolvesse. Kendrya e eu começamos o projeto compartilhando algumas de nossas lembranças sobre o rio. Também escolhemos uma variedade de livros e materiais relacionados a rios e respondemos às crianças questões sobre o assunto (Figura 4.6).

Lemos muitos livros informativos às crianças, como, por exemplo, *What's it like to be a fish?* (Pfeffer e Keller, 1996) e *Who eats what: food chains & food webs* (Lauber e Keller, 1995). Enquanto falávamos com elas, percebemos que seu léxico referente ao assunto rio era muito limitado. Por isso, começamos a trabalhar com diversas listas. Por exemplo, desenvolvemos uma lista de palavras relacionadas a peixes que continha palavras como *guelras*, *barbatanas*, *escamas* e *aberturas branquiais*, assim como também palavras descritivas como *deslizante* e *viscoso* (EP1: *Enfatizar a construção do vocabulário como base para a aprendizagem futura*).

Percebemos logo que o conhecimento prévio das crianças era limitado. Na verdade, algumas delas disseram até que nunca haviam visto o rio Illinois. Talvez essa deficiência de experiências primárias seja a razão por que não tenham demonstrado muito interesse pelo assunto. Devido a essa falta de interesse, decidimos repensar o ponto de partida do nosso projeto. Como sabíamos que todas as crianças tinham experiência com água, decidimos partir desse item em vez do anterior (rios) que era menos familiar. Para começar a discussão do assunto, utilizamos a mesa de água, dando às crianças a oportunidade de brincar e experimentar com a água, sob nossa orientação. Lemos sobre o assunto e começamos a rede com as maneiras pelas quais a água é utilizada (Figura 4.7; EP1: *Enfatizar a construção do vocabulário como base para a aprendizagem futura*). Para auxiliar as crianças no uso do vocabulário e da escrita, eu sempre mantenho, na área de trabalho, uma pilha de livros simples, pequenos e em branco. Esses livros têm apenas algumas páginas, mas as crianças podem usar tantos quantos quiserem; elas

FIGURA 4.6 Materiais de alfabetização associados a rios foram colocados sobre a mesa para estimular o interesse dos alunos.

podem escrever apenas uma ou duas frases em cada livro. As crianças gostam de pegar uma ideia de um dos livros, como, por exemplo, *The Storm* (Cowley, 1990) e *Umbrella* (Cowley, 1998), livros da *Wright Group Story Box Reading Series*, para escrever a sua própria versão da história. Na Fase I, por exemplo, quando estávamos procurando maneiras de fazer as crianças se interessarem pelo assunto, apresentamos um livro sobre tempestades (*The Storm*), já que o assunto está relacionado à água.

Durante a Fase I, tivemos a sorte de assistir a um espetáculo de fantoches que enfatizava a importância de beber água potável e de impedir sua poluição. Depois de verem esse espetáculo, as crianças tiveram muitas dúvidas (EP 10: *Ensinar as crianças a aprender como fazer perguntas*) que refletiam a compreensão de que a água a ser bebida poderia vir do rio. Elas desenvolveram um novo interesse sobre conservação e proteção da água, e era visível o fato de que estavam percebendo o quão importante a água era para as suas vidas.

Essa compreensão refletiu-se nas perguntas que fizeram:

"Um rio e um lago são a mesma coisa?"
"Há um rio em Peoria?"
"Nós bebemos a água do rio?"
"O que acontecerá se nós não tivermos água suficiente?"
"O que podemos fazer ou como podemos economizar a água?"

FASE II: INVESTIGAÇÃO

Respondemos às dúvidas das crianças oferecendo a elas experiências de despoluição de água, mas elas pareciam estar mais interessadas na ideia da conservação ou da preservação da água. Muito de nosso vocabulário relacionado à água foi obtido no decurso do experimento. Por exemplo, fervemos água para fazer gelatina e aprendemos as palavras *vapor, condensação* e *absorção* (EP1: *Enfatizar a construção do vocabulário como base para a aprendizagem futura*). Experimentos como esses eram, em geral, or-

Peixes

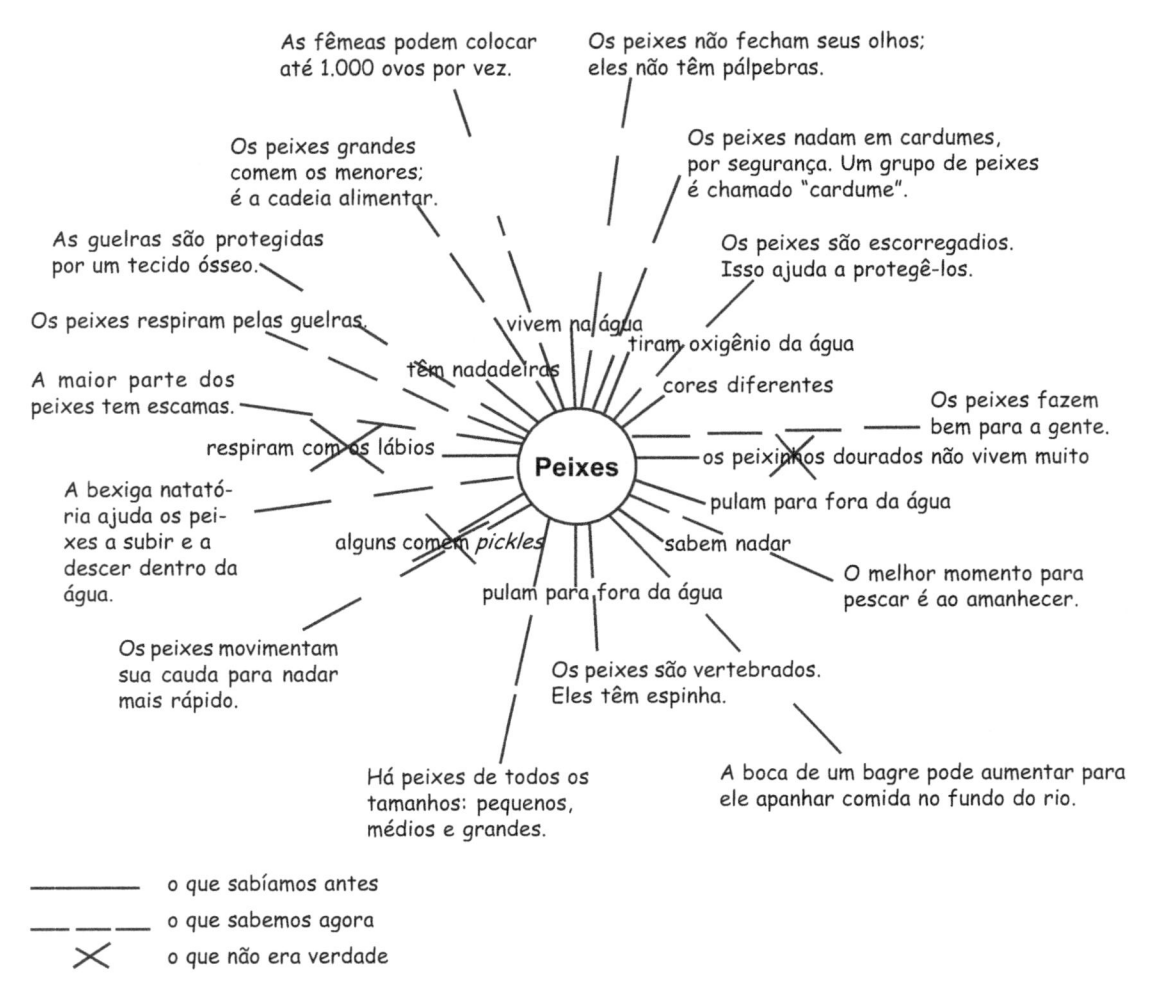

- As fêmeas podem colocar até 1.000 ovos por vez.
- Os peixes não fecham seus olhos; eles não têm pálpebras.
- Os peixes grandes comem os menores; é a cadeia alimentar.
- Os peixes nadam em cardumes, por segurança. Um grupo de peixes é chamado "cardume".
- As guelras são protegidas por um tecido ósseo.
- Os peixes são escorregadios. Isso ajuda a protegê-los.
- Os peixes respiram pelas guelras.
- vivem na água
- tiram oxigênio da água
- têm nadadeiras
- cores diferentes
- A maior parte dos peixes tem escamas.
- Os peixes fazem bem para a gente.
- respiram com os lábios
- os peixinhos dourados não vivem muito
- A bexiga natatória ajuda os peixes a subir e a descer dentro da água.
- pulam para fora da água
- alguns comem *pickles*
- sabem nadar
- O melhor momento para pescar é ao amanhecer.
- pulam para fora da água
- Os peixes movimentam sua cauda para nadar mais rápido.
- Os peixes são vertebrados. Eles têm espinha.
- Há peixes de todos os tamanhos: pequenos, médios e grandes.
- A boca de um bagre pode aumentar para ele apanhar comida no fundo do rio.

——————— o que sabíamos antes
— — — — o que sabemos agora
✗ o que não era verdade

FIGURA 4.7 A rede que as crianças inicialmente fizeram sobre o assunto água revelou como seus conhecimentos passavam dos conceitos gerais para os científicos, como, por exemplo, a ascensão da evaporação.

ganizados como atividades de sala de aula, e eu afixei cartazes grandes com os passos para auxiliar a guiar a atividade. Símbolos ajudaram as crianças a decifrarem o texto (EP2: *Estimular as crianças a brincar com as letras e o reconhecimento de palavras*).

Continuamos a planejar experiências que poderiam expandir e aguçar o conhecimento das crianças sobre a água. Planejamos, por exemplo, uma visita de campo à represa do rio Illinois, no oeste de Peoria. Fiz uma visita preliminar à represa duas semanas antes de nossa viagem e tirei algumas fotos daquilo que as crianças poderiam ver lá. Passamos essas fotos para o computador e as legendamos para que as crianças pudessem vê-las (EP7: *Estimular as crianças a usar e a criar referências*). Acho que as fotos ajudaram as crianças a elaborar boas perguntas para o dia da visita (EP10: *Ensinar as crianças a aprender como fazer perguntas*). Nosso guia durante a visita foi o Sr. Moss, do Corpo de Engenheiros do Exército (EP12: *Oferecer oportunidades para que os alunos ouçam os especialistas no assunto*). Ele falou sobre os cuidados adequados que se devem dispensar ao rio e aos animais que nele vivem. As crianças formularam perguntas antes da viagem:

"As chatas (embarcações) transportam pessoas?"
"Por que há tampas nas chatas?"
"Por que o rebocador é tão comprido?"
"De onde vêm as chatas?"

Ao responder às questões das crianças, o Sr. Moss salientava que todos nós deveríamos ter cuidado com o rio Illinois e enfatizava o papel importante que o rio tinha na harmonia da natureza e na vida dos seres humanos.

Pelo fato de nunca terem estado no rio Illinois e de não terem ideia sobre tudo o que acontecia lá, algumas crianças ficaram fascinadas pelo barulho da queda d'água, pelo movimento de barcos e chatas e pelas pontes. Elas ficaram surpresas com a quantidade de lixo que se acumulava ao longo das margens do rio, com a erosão e com a sujeira do rio. O tamanho do convés e a proximidade das chatas à represa e ao dique eram surpreendentes, como o era o volume de água que se precipitava e desaparecia dentro da comporta.

As crianças usaram suas pranchetas para fazerem anotações durante a visita (Figura 4.8). Quando retornamos, elas usaram suas anotações como referência para escrever mais sobre o assunto. Sempre dedicamos um período para escrever e compartilhar nossas experiências quando retornamos de uma visita. Mais tarde, as crianças revisam e editam suas anotações para um livro de pesquisa da turma (EP4: *Oferecer eventos que estimulem a escrita*). Também asseguramos que as crianças tenham tempo, todos os dias, para escrever em seus diários. Em geral, no dia seguinte à visita, elas escrevem reflexões pessoais sobre o que viram. Eu as ajudo, exemplificando algumas frases ao grande grupo. Também trabalho individualmente quando é necessário (EP4: *Oferecer eventos que estimulem a escrita*).

Os meninos e as meninas escreveram descrições para acompanhar as fotografias que fizemos durante nossa visita à represa.

FIGURA 4.8 As meninas desenham a represa de East Peoria. Rever as imagens da represa ajudou-as a pensar sobre as informações que queriam coletar.

Muitos dos alunos ditaram as suas descrições para uma das professoras, que as digitava (EP4: *Oferecer eventos que estimulem a escrita*). As imagens e as descrições foram afixadas pela sala de aula para serem usadas como referência para escrever e desenhar (EP7: *Estimular as crianças a usar e a criar referências*). Desenhos de outras visitas (Figura 4.9) e amostras de informações coletadas durante a viagem foram colocadas no livro da turma, para leitura e referência, ou nos *folders* individuais das crianças. Criou-se também um álbum de fotografias da viagem.

Nos dias que se seguiram à visita, usamos a técnica de *brainstorming* para elaborar métodos de economia de água e desafiamos os alunos a testar alguns desses métodos em casa. Eles tentaram, por exemplo, fechar a torneira enquanto escovavam os dentes, usando uma tabela para marcar quantas vezes fizeram isso em uma semana. Fizemos experimentos sobre economia de água também na escola, durante o café da manhã, o almoço e o lanche. Eles tentaram fechar a torneira com mais frequência ao lavar as mãos, bem como enxaguar a louça mais rapidamente. Durante uma de nossas discussões sobre água, um aluno sugeriu que fizéssemos pôsteres ou escrevêssemos cartas a outras salas de aula, explicando como economizar água (EP6: *Ajudar as crianças a criar panfletos e brochuras*). As crianças estavam muito entusiasmadas com a ideia de compartilhar seus novos conhecimentos, e esse foi o grande desafio da Fase II. Constatei que esse era um jeito maravilhoso de as crianças desenvolverem e aplicarem suas habilidades para falar, escrever e ler (EP11: *Considerar o potencial das experiências de culminância*).

As crianças desenvolveram três áreas principais de interesse durante a Fase II. A primeira área focalizou o interesse permanente das crianças por água potável, limpa. Elas continuaram a ler livros sobre como manter a água limpa (Figura 4.10), e assistimos a um filme sobre o assunto. Dando continuidade à ideia de informar as outras turmas sobre a água limpa, as crianças escreveram uma carta a essas turmas. Projetaram e fizeram pôsteres sobre água potável (EP11: *Considerar o potencial das experiências de culminância*). A fim de decidir o que escrever nas cartas e nos pôsteres, os alunos criaram pequenos grupos de discussão. Eles ouviram as ideias de todos reciprocamente e responderam a elas (EP9: *Estimular os colegas a se ensinarem reciprocamente*; EP13: *Criar oportunidades para que os alunos escutem seus colegas*). Depois, eles criaram pôsteres para as apresentações nas salas de aula e, mais tarde, afixaram-nos nos locais em que os outros estudantes podiam utilizar água, como, por exemplo, nos banheiros e próximo aos bebedouros (EP6: *Ajudar as crianças a criar panfletos e brochuras*). As crianças realmente comunicaram suas ideias através do que foi impresso.

A segunda área de interesse desenvolvida durante a Fase II foi a dos peixes. Todas as crianças compartilharam alguns aspectos dessa linha de investigação, mas

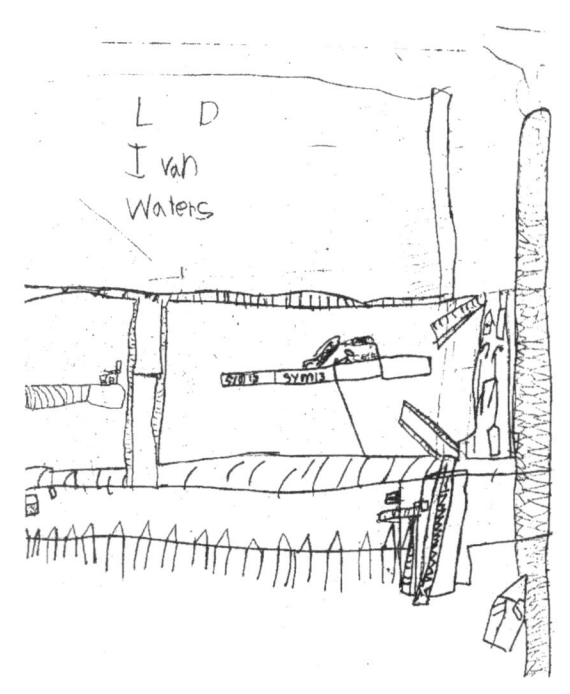

FIGURA 4.9 Representação da represa de East Peoria feita por um aluno da 1ª série. Observe o barco que se move pelo dique à direita da figura.

Muitas crianças pintaram e desenharam peixes e, por fim, um pequeno grupo trabalhou em conjunto para criar uma representação realística de uma *perca* (espécie de peixe) de boca grande. Elas queriam ter certeza de que todas as partes do peixe estavam presentes e no lugar certo, e eu fiquei encantada em vê-las usar desenhos que haviam localizado em uma enciclopédia para tal fim (EP7: *Estimular as crianças a usar e a criar referências*). Enquanto algumas crianças entravam e saíam dessa construção, um

FIGURA 4.10 Os meninos pesquisaram sobre água potável para compartilhar as informações com outras turmas.

um subgrupo efetuou uma investigação mais profunda. A discussão sobre peixes iniciou quando as crianças conseguiram examinar um peixe de verdade. Elas também aprenderam mais sobre os peixes, desenhando os que estavam em um grande aquário colocado próximo à entrada da escola (Figura 4.11). Adquirimos o aquário para a turma nessa época, e muitas das crianças ajudaram na sua instalação. As crianças leram livros sobre peixes e prepararam pequenos relatos escritos sobre os tipos de peixes (EP7: *Estimular as crianças a usar e a criar referências*). Várias crianças escreveram poemas em forma de losango sobre o assunto (EP8: *Planejar brincadeiras linguisticamente ricas*). Nehemiah, por exemplo, escreveu:

Cabeça chata

Viscoso   Deslizante

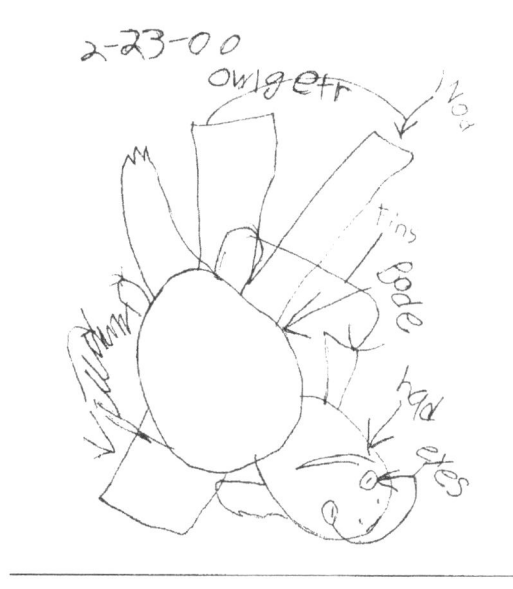

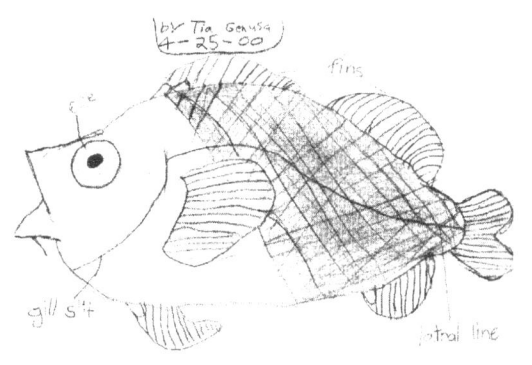

Peixe

FIGURA 4.11 Momento 1 e Momento 2 de desenhos de um peixe feitos por uma menina. O avanço de sua compreensão sobre o peixe está representado nos detalhes, nas proporções e na disposição das características do segundo desenho.

grupo de quatro alunos dedicou-se a ela integralmente, do início ao fim. Ivan desenhou o pequeno esboço original, e, então, o grupo ajudou-o a usar o projetor para ampliá-lo e desenhá-lo. As crianças tentaram vários materiais diferentes para fazer o peixe de forma tridimensional e esforçaram-se para resolver o problema de como representar as escamas e guelras. Tentaram diferentes coberturas e concluíram que plástico-bolha funcionaria melhor para representar as escamas. Dois integrantes desse grupo fizeram a representação para a turma sobre o que haviam aprendido sobre o peixe e a história da construção da *perca* gigante.

Os alunos demonstraram cooperar tanto no grande grupo como no pequeno quando trabalharam no Projeto Rio. Cada um deles parecia entender que, às vezes, precisam dar um passo à frente e tomar o comando ou a responsabilidade por uma atividade, para que o grupo possa completar o que está programado. As quatro crianças que estavam mais intensivamente envolvidas com a construção do peixe revezavam-se no trabalho que devia ser feito. Uma determinada criança parecia assumir a liderança quando seu talento individual era requisitado. Ivan, por exemplo, desenhava bem, por isso, desenhou o peixe original (EP11: *Considerar o potencial das experiências de culminância*).

A terceira área de interesse das crianças foram as pontes. A turma havia passado por uma ponte ao fazer a viagem à represa. Embora já tivessem atravessado essa ponte anteriormente, muitas crianças ficaram mais interessadas e conscientes das pontes quando iniciaram suas investigações sobre o rio. Esse interesse refletiu-se na construção de pontes, que começaram a surgir na área da escola. Inicialmente, eram construções bem simples, mas a complexidade aumentava à medida que os alunos participavam de atividades que as auxiliavam a explorar diferentes tipos de pontes (Figura 4.12). Nós as escutávamos usar várias palavras relacionadas a pontes e água quando conversavam sobre as construções. Ficamos realmente impressionadas com o enriquecimento de seu vocabulário conforme as pontes se tornavam cada vez mais bem elaboradas (EP8: *Planejar brincadeiras linguisticamente ricas*).

Outras estruturas complexas surgiam à medida que as crianças adicionavam mais detalhes às suas pontes, com Legos, K-Nex*-, palitos de picolé e papel. Ensinei um pequeno grupo multietário de crianças a construir pontes com K-Nex, observando esquemas (Figura 4.13). Foi fascinante ver essas crianças tornando-se professores e mentores de outras crianças da turma que queriam aprender a usar o K-Nex (EP9: *Estimular os colegas a se ensinarem reciprocamente*).

As crianças de fato trabalharam em conjunto, discutindo e concordando sobre como proceder em relação à construção. Se as pontes funcionariam, elas saberiam imediatamente. Se não, elas também o saberiam, conversariam mais e fariam os ajustes (EP9: *Estimular os colegas a se ensinarem reciprocamente*). Houve muitas oportunidades para resolver problemas enquanto trabalhavam para construir as pontes (EP8: *Planejar brincadeiras linguisticamente ricas*).

FIGURA 4.12 Uma das muitas pontes bem-elaboradas, construídas na área da escola durante o Projeto Água para o Rio.

---

* N. de R. K-Nex são blocos/peças de construção similares ao Lego.

O Poder dos Projetos 77

FIGURA 4.13 Um grupo de crianças completa uma ponte suspensa que fizeram com K-nex.

Na Fase II, os livros feitos em casa pelas crianças tratavam mais frequentemente das informações que haviam adquirido (Figura 4.14) do que da adaptação de algum livro de outra pessoa. Apesar de os livros ainda serem muito curtos, as crianças consultavam as listas de vocabulário ou o mural para encontrar as palavras de que necessitavam para se expressarem (EP7: *Estimular as crianças a usar e a criar referências*; EP3: *Oferecer oportunidades para a divulgação e a leitura de livros feitos pelas crianças*). O que foi ainda mais emocionante para mim ocorreu quando elas usaram livros de referência para encontrar as palavras de que necessitavam (EP14: *Ler livros informativos relacionados ao assunto para as crianças*).

FASE III: CONCLUSÃO DO PROJETO

O Projeto Água para o Rio ia sendo aos poucos encerrado na primavera. As crianças frequentemente refletiam sobre suas investigações em seus diários escolares. No início, seus comentários ou reflexões continham simplesmente aquilo de que elas haviam gostado nas atividades, mas, à medida que seu conhecimento foi aumentando, tornaram-se mais observadoras. A maneira como escreviam sobre a sua aprendizagem refletia o seu nível de compreensão. Algumas crianças, por exemplo, souberam escrever informações detalhadas sobre a cadeia alimentar completa, enquanto outros escre-

FIGURA 4.14 Diversas crianças escreveram um livro sobre peixes e ilustraram a sua capa.

viam sobre sua descoberta de que os peixes grandes comem os pequenos (EP4: *Oferecer eventos que estimulem a escrita*).

Como parte culminante do trabalho, as crianças criaram uma exposição no corredor próximo à entrada do nosso prédio (Figura 4.15). A exposição estava dividida em duas seções: uma representava um ambiente de água limpa, com peixes e outros animais aquáticos, e a outra mostrava um ambiente de água suja. As crianças puderam incorporar muitos dos itens que já haviam feito, incluindo pôsteres, pinturas, construções, histórias e fotografias. Elas documentaram o que haviam aprendido escrevendo suas próprias legendas para muitos dos itens escolhidos para a exposição (EP7: *Estimular as crianças a usar e a criar referências*). Seu entendimento sobre a utilidade de prognosticar, observar, comparar, investigar e tirar conclusões era visível. Isso também revelou como a disposição das crianças em fazer do mundo um lugar melhor para viver cresceu com essa experiência. Em geral, esse projeto pareceu abrir seus olhos para a noção de que o ambiente pertence a cada um de nós, e que aquilo que fazemos como indivíduos tem impacto sobre todos os demais. Muitos visitantes olharam o trabalho das crianças, leram suas documentações e observaram sua preocupação com a água e com o rio.

REFLEXÕES DO PROFESSOR

Pelo fato de este ser apenas o meu segundo projeto, foi uma grande tarefa para mim. Entretanto, foi gratificante ver o envolvimento verdadeiro das crianças na aprendizagem. Seus pensamentos, ideias criativas, concentração e estudo em profundidade impressionaram-me. Foi interessante ver vários alunos assumirem o papel de liderança e estimularem outras crianças a se envolver e a tentar fazer coisas novas. Com certeza, foi

FIGURA 4.15 A exposição no corredor, na Fase III, incluía desenhos, pinturas e descrições, as quais explicavam o que as crianças haviam aprendido. Veja as redes do Momento 1 e do Momento 2 no topo da exposição.

gratificante observar os alunos ensinando, compartilhando, pesquisando e resolvendo problemas juntos. Vi o quanto os projetos relacionam-se bem com as metas e objetivos curriculares estaduais e distritais e como nosso sistema de avaliação, chamado *Work Sampling*, permite às crianças demonstrarem de variadas maneiras o conhecimento e as habilidades adquiridas durante os projetos*. Um projeto que iniciou com um assunto que podia ser considerado tipicamente relacionado à área de "ciências" expandiu-se, incorporando todos os domínios à medida que os alunos pesquisavam e executavam suas ideias. As crianças, por exemplo, aplicaram um vasto espectro de suas habilidades e estratégias de alfabetização, incluindo a escrita de cartas, a leitura de mapas, a criação e o uso de informações de pesquisa, a digitação, a comunicação com os outros por meio de discussões, da fala e da escuta. Além disso, foi estimulante ver as crianças mantendo seu interesse e entusiasmo até a última semana de aula.

Como professora, desenvolvi uma melhor compreensão sobre como os projetos e suas estratégias mantêm as crianças envolvidas. Aprendi o quanto é agradável ser um coaprendiz com meus alunos e que, para criar um ambiente em que as crianças estejam ávidas por aprender, é importante estimulá-las a assumir o papel de liderança na determinação do rumo do projeto. Tornei-me mais consciente do meu papel de professora e, agora, reconheço a necessidade de continuar o desenvolvimento da habilidade de questionar, a qual ajuda as crianças a serem mais perspicazes. Colocar em prática o que li sobre os projetos como abordagem de ensino ajudou-me a desenvolver um entendimento mais profundo sobre como o processo funciona e sobre seus benefícios.

REFERÊNCIAS

Adams, M. J. (1990). *Beginning to read: Thinking and learning about print.* Cambridge, MA: MIT Press.

Au, K. (1993). *Literacy instruction in multicultural setting.* New York: Harcourt Brace.

Bruner. (1996). *The culture of education.* Cambridge, MA: Harvard University.

Burns, M. S., Griffin, P. e Snow, C. E. (Eds.). (1999). *Starting out right: A guide to promoting children's reading success.* Washington, DC: National Academy Press.

Cowley, J. (1990). *The storm.* Bethel, WA: Wright Group / McGraw-Hill.

Cowley, J. (1998). *Umbrella.* Bethel, WA: Wright Group / McGraw-Hill.

Fountas, I. C. e Pinnel, G. S. (1996). *Guided reading: Good first teaching for all children.* Portsmouth, NH: Heinemann.

Helm, J. H. e Katz, L. G. (2001). *Young Investigators: The project approach in the early years.* New York: Teachers College Press.

Lauber, P. e Keller, H. (1995). *Who eats what: Food chains & food webs.* Reading, MA: Scott Foresman.

Meier, D. R. (2000). *Scribble scrabble: Learning to read and write.* New York: Teachers College Press.

Neuman, S. B., Copple, C. e Breekamp, S. (2000). *Learning to read and write: Developmentally appropriate practices for young children.* Washington, DC: National Association for the Education of Young Children.

Pfeffer, W. e Keller, H. (1996). *What's it like to be a fish?* New York: HarperCollins.

Rogers, C. S. e Sawyers, J. K. (1998). *Play in the lives of children.* Washington, DC: National Association for the Education of Young Children.

Shickedanz, J. A. (1999). *Much more than the ABCs: The early stages of reading and writing.* Washington, DC: National Association for the Education of Young Children.

Snow, C. E., Burns, M. S. e Griffin, P. (Eds.). (1998). *Preventing reading difficulties in young children.* Washington, DC: National Academy Press.

---

* N. de R.T. O sistema de avaliação citado refere-se ao Sistema Educacional dos Estados Unidos.

A resposta às necessidades especiais das crianças

Judy Harris Helm, Sallee Beneke, Pam Scranton e Sharon Doubet

A DEFINIÇÃO DO DESAFIO
Judy Harris Helm e Sallee Beneke

Nos últimos anos, tem havido uma tendência crescente pela "educação e inclusão" das crianças identificadas como tendo necessidades especiais, na pré-escola e nos programas de educação infantil (Shonkoff e Meisels, 2000, p. 10). A Seção 612 do Individuals with Disabilities Education Act (IDEA – Lei Educacional para os Indivíduos com Deficiência)* exige que tudo seja feito para que os serviços prestados às crianças ocorram em um ambiente o menos restritivo possível (Wollery e Odom, 2000). Quem valoriza a inclusão "apoia o direito de que todas as crianças, independentemente de suas capacidades, participem ativamente de ambientes que lhes sejam naturais em suas próprias comunidades" (Sandall, McLean e Smith, 2000, p. 150) e acredita que essa espécie de ambiente de aprendizagem e proteção à criança seja o mais eficaz para aquelas que possuem necessidades especiais (Klein e Gilkerson, 2000). Em 1997-98, 75% dos mais de 5,5 milhões de crianças e jovens com idade entre 6 e 21 anos e que tinham alguma espécie de deficiência atendidos pela IDEA foram educados em salas de aula convencionais, juntamente com seus colegas sem deficiência (U. S. Department of Education, 2000).

Os critérios que classificam as crianças que têm necessidades especiais variam de Estado para Estado (Shonkoff e Meisels, 2000). Classificam-se as crianças em 1 de 13 categorias relativas à deficiência, para estabelecer sua eligibilidade a serviços de intervenção ou de educação especial. "Pelos fatores prejudiciais da classificação prematura imprecisa, o IDEA aceita que os Estados usem a categoria 'atraso no desenvolvimento' para as crianças que tenham necessidades especiais" (Wolery e Wilbers, 1994, p. 4-5).

Todas as crianças que recebem serviços especiais de educação devem ter um *Individual Education Plan* (IEP) / (Plano de Educação Individual). Esse plano identifica as metas e os objetivos individuais da criança e os serviços que receberão na escola. Pede-se aos pais que se incluam na equipe que elabora o Plano de Educação Individual, segundo reza uma lei de 1975, *a Education for All Handicapped Act* (Lei pública 94-142). Os outros integrantes da equipe são os professores, os "cuidadores" e os especialistas em educação e em medicina que estejam envolvidos na educação da criança.

As crianças com necessidades especiais beneficiam-se quando são integradas nos programas convencionais. Para que tenham sucesso, porém, o currículo ou o ambiente de sala de aula devem estar adaptados. Os professores precisam atualizar as informações sobre as necessidades especiais de cada criança a fim de dar conta delas. Em alguns casos, deve-se contar com a ajuda de uma equipe extra. Seja bem-sucedida ou não, a inclusão de uma criança com necessidades

---
* N. de R. Esta lei integra o Sistema Educacional Americano.

especiais em uma sala de aula convencional dependerá da capacidade que o professor tem de adaptar o currículo e de integrar a criança à vida social da turma.

Em geral, as salas de aula que incluem o brincar, oportunidades para que as crianças deem início às atividades, bem como atividades que incentivem todas as áreas de desenvolvimento, são benéficas para as crianças com necessidades especiais, assim como são para as outras crianças. Na verdade, pode ser até mais importante encontrar estratégias que valorizem o interesse das crianças pelas "crianças com nível de desenvolvimento mais baixo e com deficiências mais significativas, cuja capacidade de generalização e transferência de aprendizagem são mais limitadas" (Klein e Gilkerson, 2000, p. 457). Pelo fato de as boas salas de aula tirarem vantagem da inclinação natural que as crianças têm de serem curiosas e de aprenderem ativamente, elas são organizadas em áreas físicas em que as crianças podem escolher o que fazer, tendo à sua disposição uma variedade de atividades e materiais. Quanto melhor o ambiente de sala de aula, mais envolvidos estarão os professores nas atividades cognitivas (Farran, 2000, p. 528). Os materiais que podem ser utilizados para ensinar uma variedade de habilidades em vários níveis são, em geral, parte integrante dessas salas de aula. O professor pode ampliar o grau de dificuldade na aprendizagem por meio das perguntas que faz e dos exemplos que usa quando interage com as crianças. A maior parte das crianças tem dificuldade em prestar atenção e não dá uma resposta satisfatória em atividades longas e de grande grupo, tais como as atividades feitas em círculo, ou em que todos os alunos preenchem folhas de exercícios. Por essa razão, é mais eficaz que as atividades dirigidas pelo professor sejam realizadas individualmente ou em pequenos grupos. As metas e objetivos individuais são mais facilmente incorporados a essa espécie de ensino.

Quando as típicas abordagens relativas a experiências de aprendizagem em sala de aula não dão conta das necessidades de uma criança, podem ser adaptadas ou ampliadas para acomodá-las.

> O propósito de uma adaptação é ajudar as crianças a compensar desafios intelectuais, físicos ou comportamentais. Tais atividades permitem que as crianças usem suas habilidades atuais sem deixar de incentivar a aquisição de outras habilidades. As adaptações podem fazer a diferença entre uma criança que está meramente presente e uma que está realmente envolvida com o que se faz. (*Accomodating all Children in the Early Childhood Classroom, 1999*)

Porém, adaptar as experiências de aprendizagem é uma novidade para muitos professores, especialmente aqueles que trabalham em creches e em ambientes pré-escolares.

As crianças com necessidades especiais, em geral, exigem atenção e serviços também especiais, e os professores preocupam-se com o modo como prestarão essa espécie de serviço. "A educação inclusiva implica um compromisso com toda criança, e toda criança precisa de diferentes suportes para aprender" (Villa et al., 1995, p. 139). Quando a equipe se encontra para planejar o Plano de Educação Individual de cada criança, talvez decida que seja necessário contratar mais pessoas para estarem em sala de aula no dia a dia, ou que especialistas deveriam trabalhar regularmente com a criança na sala de aula. Integrar outras pessoas e atividades à sala de aula exige flexibilidade e capacidade de trabalhar em conjunto.

Um componente importante de um programa educacional para crianças com necessidades especiais é o seu envolvimento em uma comunidade de alunos. As salas de aula em que o desenvolvimento de uma comunidade que zele pelas crianças é uma prioridade são benéficas para todas as crianças, e ainda mais para aquelas que têm necessidades especiais. Quando se sentem seguras e aceitas, as crianças arriscam, com mais facilidade, fazer algo novo ou persistem em uma atividade difícil. Elas são motivadas a participar e a trabalhar em busca do melhor desempenho quando o trabalho se relaciona à comunidade formada na sala de aula. Os professores que trabalham com crianças que tenham necessidades especiais sabem como fazer para que elas sejam aceitas, dando ênfase aos pontos fortes delas e às suas contribuições ao grupo. Dessa forma, todas as crianças desenvolvem reciprocamente o apreço pelos colegas e aprendem como responder positivamente às pessoas deficientes.

Já observamos que responder às necessidades especiais e aos diversos estilos de aprendizagem das crianças é algo que apresenta desafios singulares para o profissional da educação infantil. Tais desafios incluem:

- Oferecer um ambiente de desenvolvimento adequado para todas as crianças.
- Planejar experiências que sejam iniciadas tanto pelo professor como pelo aluno.
- Elaborar adaptações para dar conta dos diversos estilos de aprendizagem e necessidades físicas.
- Escrever as metas dos Planos Individuais de Educação de desenvolvimento adequado e ir ao encontro de tais metas.
- Realizar uma avaliação contínua e autêntica.

As crianças com necessidades especiais são, em geral, mais bem atendidas em ambientes inclusivos. O treinamento relativo à adaptação do currículo e do ambiente, a criação de uma sala de aula ativa, um cronograma flexível e o desenvolvimento de estratégias úteis podem ajudar os professores a incluir com sucesso essas crianças em suas salas de aula.

ESTRATÉGIAS PRÁTICAS
Pam Scranton e Sharon Doubet

Natalie e Jared sentaram-se lado a lado, no chão, desenhando um cavalo (Figura 5.1). Ambos haviam visitado a fazenda McGlothlin Farm Park, como parte do Projeto Fazenda. Natalie, que está na pré-escola, estava ficando frustrada porque não conseguia fazer seu desenho ficar parecido com o cavalo. Jared, sua amiga da 1ª série, abraçou-a e passou a conduzi-la nessa atividade: "Natalie, você tem de fazer primeiro o corpo e depois as pernas. Depois você coloca o rabo na parte de trás. Você viu como as orelhas dele estão em pé?" Natalie ouviu com atenção as instruções de Jared e, com hesitação, começou a desenhar seu cavalo. Depois de terminar seu desenho, ela correu até mim com sua prancheta e disse, orgulhosa: "Professora, olhe o que eu e a Jared fizemos!".

Natalie era um dos 18 alunos da turma da pré-escola cujas crianças tinham um estilo de aprendizagem muito variado. Diagnosticou-se que ela sofrera de Síndrome Alcoólica Fetal ao nascer e, como resultado de um longo estudo de caso, fora colocada em um ambiente inclusivo, o que era exigido pela lei. O seu Plano de Educação Individual continha metas para o desenvolvimento da fala e da linguagem, habilidades motoras amplas e finas, desenvolvimento cognitivo e crescimento emocional e social. Naquele dia de primavera na fazenda, o apoio que recebeu de Jared foi como uma ponte que a levou a desenhar o cavalo. Ao longo do projeto, Natalie passou a atender

FIGURA 5.1 Natalie e Jared desenhando um cavalo.

várias das metas em todos os quatro itens do seu Plano de Educação Individual.

Durante os últimos seis anos, estivemos trabalhando com a utilização de projetos no ensino de crianças com necessidades especiais. Pelo fato de incluirmos os projetos em nosso programa, sabemos que todas as crianças se beneficiam com a investigação e a exploração autênticas do mundo. Os projetos levam cada uma delas a progredir em seu próprio desenvolvimento intelectual e são especialmente úteis para os professores que trabalham com crianças que apresentam necessidades especiais, porque ajudam tais professores a respeitar os níveis de desenvolvimento das crianças.

Ao tentar aumentar as oportunidades de aprendizagem para as crianças com necessidades especiais nos projetos e ajudá-las a praticar as habilidades apontadas nas metas de seus Planos de Educação Individuais, descobrimos que algumas estratégias são práticas e úteis. Exemplos de experiências retiradas dos projetos realizados em nossas salas de aula são apresentados na descrição de cada estratégia prática para demonstrar como os projetos podem atender a alunos dos mais diversos estilos. Decidimos organizar nossa discussão de acordo com os itens de desenvolvimento presentes nas metas do Plano de Educação Individual: desenvolvimento da fala e da linguagem, desenvolvimento cognitivo; desenvolvimento social e emocional; desenvolvimento motor fino e desenvolvimento motor amplo.

DESENVOLVIMENTO DA FALA E DA LINGUAGEM

Estratégia Prática 1:
Estimular a participação em discussões realizadas em pequenos grupos

Estratégia Prática 2:
Incentivar o conhecimento
e o uso de vocabulário

Estimular o desenvolvimento da linguagem é uma meta para a maior parte dos educadores que trabalha com crianças pequenas, e não só para aqueles que trabalham com crianças que têm necessidades especiais. Muitas das crianças que vemos em salas de aula inclusivas têm problemas de fala e de linguagem. Itens importantes para as crianças com deficiência são as interações criança-criança e adulto-criança (Wolery e Odom, 2000). Ambas as interações ocorrem naturalmente nos projetos.

Todas as três fases dos projetos incentivam o desenvolvimento da linguagem por meio de atividades de alfabetização, como leitura, escrita, audição e fala. Durante a Fase I, as crianças participam, fazendo listas, registrando perguntas e criando redes com suas ideias. Elas primeiro observam o professor modelar o processo de escrita ou ajudar os outros a registrar a informação em suas pranchetas. Durante o Projeto Minimercado, por exemplo, o menino Cody ajudou a compilar a lista de itens necessários à construção de um minimercado. Cody sofre da Síndrome de Aspberger e tem dificuldade em memorizar palavras. À medida que as crianças chamavam os itens pelo nome, a professora Pam os escrevia em uma tabela para que depois elas os transcrevessem. Essa atividade permitiu que Cody nomeasse todos os itens usados diariamente em seu ambiente, o que era uma meta do seu Plano de Educação Individual. A única adaptação necessária foi a de dar a ele alguns livros em que constassem, impressas, as palavras estudadas, as quais funcionaram como suporte visual para que ele fizesse sua lista.

Durante a Fase II, as crianças representam o que estão aprendendo, e vários tipos diferentes de atividades de linguagem ocorrem. Com frequência, as crianças tentarão nomear as partes mais importantes de desenhos ou figuras fazendo uso das palavras afixadas na parede ou de palavras de livros especializados, seja pedindo ajuda a um adulto, seja escrevendo a seu modo. As crianças escrevem perguntas para os especialistas que visitam a sala de aula e registram as respostas desenhando ou escrevendo. Se construções que reproduzam o ambiente visitado fizerem parte das representações, as crianças, em geral, farão sinais que identificarão partes dessas construções ou informarão outro grupo de crianças sobre o trabalho que realizam. Informações em forma de desenhos ou gráficos durante as investigações são outra espécie de atividade de alfabetização/linguagem que pode ocorrer durante esta fase do projeto.

Cody era um dos integrantes do grupo que fez uma visita a um minimercado durante a Fase II do projeto nomeado justamente Projeto Minimercado. Durante a visita, as crianças ficaram responsáveis pelo desenho do leiaute do minimercado e pela classificação, nesse desenho, da padaria, da seção de carnes e da seção de laticínios. Com uma prancheta e a ajuda de um adulto, Cody participou, desenhando as diferentes seções. Enquanto o voluntário escrevia o nome das seções para Cody, este, além de ter de comunicar o nome de cada uma das seções para o adulto, tinha de planejar onde colocar cada uma delas em seu trabalho. Ser parte do projeto foi algo que o ajudou a desenvolver as metas estabelecidas em seu Plano de Educação Individual.

Na Fase III, as crianças buscam compartilhar sua aprendizagem com os outros, e as atividades de linguagem incluem fazer livros, exposições ou escrever convites para uma visita. Quando as crianças começaram a brincar na construção que fizeram na Fase II do Projeto Minimercado, os alunos da turma que ficava em frente à nossa ficaram intrigados. Enquanto assistiam a nossas crianças brincando na construção que, dia após dia, faziam do Minimercado, os alunos da outra turma ficavam cada vez mais tempo na porta de sua sala de aula olhando atentamente e esperando que fossem convidados para brincar. Cody era parte de um pequeno grupo que escreveu um convite para a turma da frente, no qual esta era convidada para vir brincar no Minimercado. As crianças sugeriam todas as palavras que deveriam constar no convite, enquanto Pam, a professora, escrevia o que diziam no computador. Os convites foram escritos e impressos em poucos minutos e, a seguir, entregues à turma da frente. Cody observava a professora digitar suas palavras no computador, o que reforçou a importante conexão entre linguagem escrita e falada. Tal fato não era apenas uma das metas do Plano de Educação Individual do aluno, mas parte do sistema de avaliação da turma como um todo. Uma amostra desses planos na área de fala e linguagem, bem como exemplos dos tipos de experiências presentes nos projetos, estão no Quadro 5.1.

DESENVOLVIMENTO COGNITIVO

Estratégia prática 3:
Estimular as crianças ao pensamento intelectual, sustentando as investigações que fazem de um assunto de alto interesse

Estratégia prática 4:
Apoiar as crianças na transferência e na representação de informações novas

Os projetos oferecem muitas oportunidades para o crescimento e para a avaliação da cognição. Quando as crianças se interessam por um assunto, elas pensam sobre ele, envolvem-se intelectualmente e buscam lembrar o que viram e aprenderam. Elas veem razões para usar as habilidades acadêmicas, tais como medir, classificar, contar, rotular, diagramar e criar gráficos. O interesse inspira-as a usar sua imaginação e a pensar de maneira criativa. À medida que reforçam suas aptidões para a curiosidade e para a investigação, elas desenvolvem um sentido mais completo e profundo de seus ambientes e experiências. Nós buscamos levar as crianças a tentar entender uma experiência; a teorizar, analisar e criar hipóteses; a fazer e verificar previsões; a buscar a exatidão; a persistir na busca de soluções para os problemas e especular sobre relações de causa e efeito. Os tipos de atividades cognitivas que se encontram com frequência em um projeto vão da lembrança de uma informação à sua organização para posterior relato e, também, à resolução de problemas. As crianças podem, por exemplo, usar o pensamento criativo para determinar como utilizar uma mola em uma construção. Quando as crianças se envolvem em um projeto, elas desenvolvem

QUADRO 5.1 Atendimento das metas do Plano de Educação Individual no desenvolvimento da fala e da linguagem

Metas do Plano de Educação Individual	Exemplos de experiências realizadas por uma criança durante um projeto
Meta 1. [A criança] Envolver-se na comunicação durante as atividades de sala de aula	• Participa de discussões em pequenos grupos para a determinação do assunto do projeto; • Elabora perguntas para entrevistar os especialistas no assunto que visitem a sala de aula durante o projeto; • Participa de discussões em pequenos grupos para listar os itens necessários para a construção.
Meta 2. Aumentar seu vocabulário	• Envolve-se no desenvolvimento do painel de palavras relativo ao projeto; • Usa novas palavras para nomear seus desenhos; • Incorpora o vocabulário aprendido nas conversas que tem sobre o projeto com adultos e colegas; • Usa a terminologia adequada durante a segunda e a terceira experiência de criação de redes.

habilidades cognitivas de alto nível. Quando aprendem sobre um assunto, elas se lembram daquilo por que passaram, do que viram e ouviram, desenvolvendo uma base de conhecimento para futuros projetos.

Durante o Projeto Veterinário, Cherise envolveu-se com a construção do consultório do veterinário. A menina tinha 4 anos e um Plano de Educação Individual que incluía várias metas cognitivas. Quando ela estava construindo sua caixa ou gaiola para transporte de animais, várias crianças lhe disseram que ela havia colocado as barras no lugar errado, isto é, do lado de fora da gaiola. Cherise correu e foi buscar uma foto. Quando voltou, correndo, disse à turma: "Viu, na gaiola de verdade as barras também ficam por fora! É para os cachorros não se cortarem". Com isso, Cherise acabava de demonstrar que se lembrava da informação, representando o que havia aprendido em sua construção e dando-nos um valioso *insight* sobre a maneira pela qual ela estava aprendendo e pensando. Nesses cinco minutos em que tudo ocorreu, também obtivemos mais informações para a avaliação do Plano de Educação Individual de Cherise, bem como para a lista de verificação do sistema de amostragem de trabalho (Edmiaston, 1998).

Os projetos dão ênfase aos interesses das crianças, o que é especialmente importante para envolver algumas delas que tenham necessidades especiais em experiências de aprendizagem cognitiva (Edmiaston, 1998). Como professores que fazem uso de projetos, é importante que observemos os interesses das crianças – em suas expressões faciais e em sua fascinação e persistência quando os resultados surgem – para as ajudarmos a expandir suas experiências.

Na Figura 5.3, apresentamos exemplos de metas do Plano de Educação Individual relacionadas ao desenvolvimento cognitivo que são geralmente encontrados nos projetos. Tais exemplos são apenas uma amostra de todas as oportunidades que naturalmente surgem em projetos que sustentem o Plano de Educação Individual.

DESENVOLVIMENTO SOCIAL E EMOCIONAL

Estratégia Prática 5:
Aumentar as oportunidades para o trabalho colaborativo e para a resolução de problemas

O trabalho colaborativo durante um projeto é muito importante e ocorre ao longo do processo, à medida que as crianças escutam o que seus colegas têm a dizer e trabalham em conjunto para atingir suas metas. Por

QUADRO 5.2 Atendimento das metas do Plano de Educação Individual no desenvolvimento cognitivo

Metas do Plano de Educação Individual	Exemplos de experiências realizadas por uma criança durante um projeto
Meta 1. Organizar e repetir novas informações	• Acompanha a sequência de uma série de fotografias para contar uma história de uma visita realizada pela turma; • Participa da realização de gráficos durante a visita; • Codifica em desenhos as informações adquiridas por meio da observação.
Meta 2. Escolher ferramentas para usar na investigação	• Escolhe as ferramentas adequadas para uma determinada atividade (uso de lente de aumento para observar formigas); • Compartilha a aprendizagem com os outros depois de realizar a investigação.

meio dos projetos, as crianças aprendem a respeitar seus colegas, criando uma comunidade na sala de aula. Rebecca Edmiaston (1998) relatou, em seu estudo sobre a utilização de projetos em salas de aula inclusivas, que os projetos constroem uma comunidade em que ninguém é diferente e ninguém é excluído. Tanto as crianças como os professores aprendem e evoluem nesse ambiente de aceitação. Enquanto estão envolvidas com os projetos, as crianças ouvem e respeitam seus colegas e, com frequência, fazem adaptações para os que tenham necessidades especiais. As crianças da turma de Pam, por exemplo, quase sempre levavam para Bill a cadeira de que ele precisava para fazer sua terapia, ou então lembravam que Emily precisava de um banquinho para atingir seu cavalete, alcançando-o a ela. Os projetos incentivam essa espécie de crescimento social e emocional à medida que as crianças aprendem a trabalhar juntas.

Durante o Projeto Pássaro, que é explicado na próxima parte deste capítulo, Brandon, um menino de 5 anos, envolveu-se com a construção de uma águia. O Plano de Educação Individual de Brandon incluía várias metas sociais e emocionais, e ele vinha de um ambiente familiar de alto risco. Para Brandon, era difícil discernir seus sentimentos, lidar com a ira e brincar com os amigos. A águia que observamos durante nossa visita ao Wildlife Park Prairie interessou-lhe muito, e ele teve a ideia de fazer uma. No primeiro dia em que trabalhou com o isopor, duas crianças ficaram interessadas e quiseram ajudá-lo. Brandon disse com firmeza, "Não dá, a ideia foi minha!". As duas outras crianças nos pediram ajuda, e nós falamos com Brandon, dizendo-lhe que os colegas poderiam ajudar e trazer mais ideias sobre como construir a águia. Os profissionais precisam estimular as crianças a se ajudar (Sandall et al., 2000). De maneira relutante, Brandon permitiu que os dois colegas participassem, o que levou à formação de um pequeno grupo. Todo dia, os três meninos trabalhavam juntos – com alguns conflitos e problemas a serem resolvidos pelo caminho –, mas no final acabaram construindo uma réplica da águia que haviam estudado. Por meio dessa experiência, Brandon melhorou sua habilidade de trabalhar com outras crianças e de resolver problemas quando há algum conflito; ambas as habilidades eram parte das metas de seu Plano de Educação Individual. As metas do Plano de Educação Individual para o desenvolvimento social e emocional, bem como as experiências que podem ajudar as crianças a atingir tais metas, estão listadas no Quadro 5.3.

HABILIDADES MOTORAS FINAS

Estratégia prática 6:
Apoiar o uso consciente e diário da escrita e dos instrumentos utilizados para trabalhos artísticos

Os projetos oferecem muitas oportunidades para as crianças praticarem e fortalecerem

QUADRO 5.3 Atendimento das metas do Plano de Educação Individual no desenvolvimento social e emocional

Metas do Plano de Educação Individual	Exemplos de experiências realizadas por uma criança durante um projeto
Meta 1. Trabalhar em colaboração com os colegas	• Participa no planejamento de pesquisas; • Constrói, com os colegas, ambientes para brincar; • Desenvolve a capacidade de dar a vez aos colegas quando estes fazem perguntas durante uma visita.
Meta 2. Usar as habilidades de resolução de problemas e de vocabulário	• Faz uso da linguagem durante o projeto; • Quando começa a brincar no ambiente do projeto, envolve-se na conversa sobre importância de alternar sua vez de brincar com a dos colegas.

suas habilidades motoras finas. Durante os projetos, as crianças desenham, escrevem, fazem diagramas, colam, usam fita adesiva, cortam, constroem e pintam para representar o que estão aprendendo. Elas se empolgam com a possibilidade de compartilhar o que aprenderam, e sua relutância em usar as habilidades motoras finas é, com frequência, suplantada pelo desejo de compartilhar o que vivenciaram.

Billy, um menino de 5 anos com metas de terapia ocupacional e física a cumprir, participou das atividades de aula pela primeira vez durante o Projeto Pássaro. Ele tem paralisia cerebral e já tinha evitado atividades que requeressem desenhos, escrita ou pintura. Durante a Fase II do Projeto Pássaro, Billy ficou fascinado com as representações gráficas dos pássaros que encontrou em um livro. Depois de vários dias olhando os livros, correndo as mãos pelas figuras e dando nomes às partes do pássaro, Billy foi convencido a pegar uma prancheta e um lápis. Sua primeira tentativa de desenhar um pássaro consistiu em um grande círculo com linhas que dele saíam, que eram as linhas que a professora Pam sempre usava para indicar o nome das partes componentes dos desenhos das crianças. Billy estava desenhando! Todo dia ele voltava a desenhar e fazia diferentes representações de pássaros. Na segunda semana, o menino ficou satisfeito com seus desenhos, mas não ousava dar nome às partes indicadas pelas linhas que havia desenhado. Pam fez isso para ele na primeira vez, e, mais tarde, Billy usou esse exemplo em sua própria cópia. A seguir, ele começou a copiar as palavras do mural criado pela professora! Durante o Projeto Pássaro, Billy ficou mais à vontade com os lápis, os marcadores e as canetas, mas, mais importante do que isso, tornou-se alguém que sabia escrever e desenhar. As suas metas do Plano de Educação Individual na área de habilidades motoras finas foram atendidas por meio de uma importante estratégia de sala de aula: interação com materiais, crianças e adultos (Sandall et al., 2000). Mais exemplos dessas experiências pelas quais as crianças provavelmente passam nos projetos que sustentam as metas do Plano de Educação Individual em habilidades motoras finas estão no Quadro 5.4.

HABILIDADES MOTORAS AMPLAS

Estratégia Prática 7:
Dar oportunidades para que o desenvolvimento das habilidades motoras amplas ocorra nas atividades de sala de aula

O desenvolvimento físico das crianças pequenas deve ser considerado no ambiente de aprendizagem e no currículo (Bredekamp e Copple, 1997). Durante os projetos, as crianças têm a oportunidade de usar seus maiores músculos para interagir com o ambiente que visitam. Mais tarde, elas usam os mes-

QUADRO 5.4 Atendimento das metas do Plano de Educação Individual no que diz respeito às habilidades motoras finas

Metas do Plano de Educação Individual	Exemplos de experiências realizadas por uma criança durante um projeto
Meta 1. Incorporar a escrita e ferramentas para atividades artísticas no dia a dia da sala de aula	• Envolve-se em fazer desenhos que requeiram observação; • Dá nome às figuras e desenhos; • Usa instrumentos de escrita para registrar informação; • Participa de atividades de pintura que representem o que foi aprendido.
Meta 2. Aumentar a capacidade de usar o manuseio de ferramentas em sala de aula	• Sabe rasgar o material para preparar a construção de um objeto; • Faz modelos com argila para representar a aprendizagem; • Corta o material para a construção de objetos.

mos músculos para construir as representações do que observaram. Muitos desafios ao desenvolvimento motor e a muitas oportunidades para praticar tarefas repetitivas ocorrem naturalmente durante os projetos.

Na Fase II do Projeto *Playground*, Carmen, de 4 anos de idade, fez parte de um grupo que construiu um *playground* com sucata. Carmen recebeu o diagnóstico de paralisia cerebral e, por isso, tinha muitas metas relativas ao desenvolvimento motor amplo em seu Plano de Educação Individual, o que incluía caminhar equilibrando-se, em uma barra. As crianças estavam trabalhando na superfície razoavelmente macia do pátio de nossa sala de aula com materiais de sucata, inclusive várias tábuas. Quando o grupo tentava arranjar as tábuas, alguém descobriu o conceito de inclinação, colocando-as contra a parede em ângulo próximo a 45 graus. As crianças começaram a subir e descer pela tábua e a buscar coisas que pudessem fazer deslizar por ela. Pam observou a todos com cuidado, esperando que Carmen tentasse caminhar na tábua também. Silenciosamente, Pam moveu a tábua de novo para o chão, e Carmen começou a caminhar sobre ela, para trás e para frente! Quando as crianças voltaram com umas bolinhas de borracha pra rolar pela tábua, Carmen ainda estava brincando. Ela havia atingido a sua meta no Plano de Educação Individual no que dizia respeito à exploração de materiais durante o projeto. Essa experiência também ilustra uma recomendação feita pelo Division of Early Childhood of the Council for Exceptional Children, segundo a qual o professor deve usar estratégias de ensino e adaptações que incentivem a participação nas atividades de sala de aula (Sandall et al., 2000). O Quadro 5.5 contém uma amostra de uma meta do Plano de Educação Individual relativa à habilidade motora ampla, bem como vários exemplos que, com frequência, ocorrem durante os projetos.

PERGUNTAS E RESPOSTAS COMUNS

Quando falávamos com outros professores sobre os benefícios da utilização dos projetos para as crianças com necessidades especiais, muitas perguntas nos foram feitas. A seguir, apresentamos respostas para muitas das perguntas mais frequentes.

As crianças que não usam a voz ou que têm baixo rendimento podem participar de projetos?

Os projetos são uma abordagem adequada quando trabalhamos com crianças dos mais diferentes níveis de desenvolvimento, pois cada uma delas ingressa no projeto no nível de compreensão em que se encontra, pro-

QUADRO 5.5 Atendimento das metas do Plano de Educação Individual no que diz respeito às habilidades motoras amplas

Metas do Plano de Educação Individual	Exemplos de experiências realizadas por uma criança durante um projeto
Meta 1. Aumentar a força muscular da parte superior do corpo	• Empilha grandes objetos durante a construção de um ambiente para brincar; • Carrega, transporta e descarrega os materiais utilizados na construção; • Segura firme um objeto para martelá-lo; • Executa o movimento repetitivo necessário à atividade de serrar; • Mantém os braços em posição adequada quando prega.

gredindo a partir desse nível. Se o assunto do projeto for, por exemplo, batatas, o professor talvez tenha uma criança que saiba que comemos batatas e outra que saiba que há muitas variedades de batata e que elas crescem na terra. Não há dúvidas de que esse projeto seria diferente para ambas. A vantagem que os projetos trazem, como abordagem colaborativa, é a de que a criança que tem mais informação sobre batatas ajudará as outras a aprender mais sobre o assunto. Quando trabalham com crianças que não verbalizam seu conhecimento, os professores precisam tornar-se exímios observadores, pois devem prestar atenção à linguagem facial e corporal da criança, buscando sinais de empolgação, intensidade e respostas que dão ao trabalho executado.

Como usar os projetos em uma turma que não conta com a possibilidade de se integrar a outras turmas para a execução de atividades?

Apesar de os ambientes que propiciam a integração das turmas serem mais bem sucedidos no atendimento das necessidades das crianças, os projetos também são compensadores em ambientes isolados. Mesmo em uma sala de aula típica e isolada para crianças com necessidades especiais, os alunos estão em níveis diferentes. No começo de um projeto, as crianças provavelmente dependerão mais do professor como um modelo, mas algumas delas naturalmente assumirão esse papel.

Como posso dar conta das metas dos Planos de Educação Individual com os projetos?

Se as metas dos Planos de Educação Individual forem desenvolvidas adequadamente, elas poderão ser atendidas pelo projeto, desde que haja um pouco de planejamento por parte do professor. O trabalho em pequenos grupos durante um projeto é também uma oportunidade para trabalhar as metas dos Planos de Educação Individual, e os professores podem organizar o trabalho em grupo para incorporar as metas necessárias a cada criança.

CONCLUSÃO

Os projetos são uma abordagem que tende a ser bem-sucedida em salas de aula cujos alunos são diferentes. Quando responde às necessidades especiais das crianças, o professor considera os níveis de desenvolvimento de cada criança e o que deveria ser aprendido a seguir, para depois planejar as atividades que levem a criança em frente no *continuum* de aprendizagem.

Muitas estratégias importantes para o ensino das crianças com necessidades especiais são atendidas pelos projetos. Tais estratégias incluem:

1. O estímulo da participação em debates feitos em pequenos grupos.
2. O incentivo ao conhecimento e ao uso de vocabulário novo.

3. O envolvimento das crianças em pensamento intelectual, por meio do apoio às investigações que fazem de um assunto de seu interesse.
4. O apoio à transferência e à representação de novas informações.
5. O aumento das oportunidades para o trabalho colaborativo e para a resolução de problemas.
6. O apoio ao uso diário da escrita e de instrumentos utilizados em atividades artísticas.
7. A possibilidade de que as crianças desenvolvam a sua habilidade motora ampla nas atividades de sala de aula.

Como foi demonstrado na descrição do Projeto Pássaro, as crianças, como participantes ativos do processo de aprendizagem, planejam e implementam essas estratégias nos projetos. Quando se envolvem com os projetos, as crianças expressam seu interesse por um assunto e dizem o que sabem sobre ele e o que gostariam de saber. Em conjunto, o grupo decide como descobrirá as respostas para suas perguntas e como representará sua aprendizagem. Observar as crianças em cada um desses passos dá aos professores a oportunidade de avaliar o crescimento delas sem romper com o envolvimento na aprendizagem ativa e significativa. Essa meta deve valer para a educação de todas as crianças.

O PROJETO PÁSSARO
Pam Scranton

O Projeto Pássaro ocorreu na sala de aula multietária da pré-escola da Bright Beginnings, no distrito escolar Congerville-Eureka-Goodfield. O distrito (com base no Relatório Escolar do Estado de Illinois) é uma área rural isolada, para a qual não há transporte público; 29% dos alunos têm acesso gratuito ou com preço reduzido ao almoço, e 7,8% são de famílias de baixa renda. O índice de mobilidade é de 8,7%, e 97,8% dos alunos são brancos. Tanto as classificadas como sendo crianças com necessidades especiais como aquelas classificadas como crianças em situação de risco são matriculadas no programa de ensino da Bright Beginnings. Vinte crianças matricularam-se em meio turno, e o espaço da sala de aula era dividido com outra turma do projeto governamental norte-americano do programa de pré-escola Head Start. A professora associada Ellen Griffin trabalhou comigo neste projeto.

O projeto ajudou-me a responder às necessidades especiais das crianças da minha sala de aula. À medida que me tornei mais experiente nos trabalhos com projetos, aprendi o quanto tal abordagem era útil para estimular as crianças com necessidades especiais a se envolver na vida da sala de aula e na aplicação de conhecimento, de habilidades e de aptidões identificadas como metas de seus Planos de Educação Individual.

Há um incentivo muito forte para que os professores realizem trabalhos com projetos na Bright Beginnings. Quando sentia que precisava de um auxílio, podia contar com pais que atuavam como voluntários. Muitos desses pais passaram a entender o valor dos projetos por meio de seus filhos mais velhos, que já haviam sido meus alunos. Na verdade, alguns dos pais já trabalhavam comigo há vários anos, e nós tínhamos travado relações fortes e positivas. Muito embora os projetos não fossem parte do aprendizado desses pais quando eram crianças, eles reconheciam o quanto a abordagem era eficaz no ensino de seus filhos. Também tivemos a sorte de dispor de dinheiro para a compra de material extra e para o transporte necessário para as visitas. A administração da Bright Beginnings também nos deu todo o apoio. Os professores e os alunos eram valorizados, assim como o desenvolvimento profissional, e, além disso, estimularam-me a continuar a aprender como usar os projetos em sala de aula.

Embora o currículo de nossa turma seja elaborado com base nos interesses das crianças, nós também tomamos cuidado em atender as diretrizes dos padrões estaduais do

Illinois Early Learning Standards. Avaliamos as crianças continuamente, o que nos ajuda a acompanhar seu progresso e desempenho. Em conjunto, esses dois procedimentos são uma garantia de que estamos trabalhando pelo bem de nossas crianças.

Na época em que o Projeto Pássaro ocorreu, três crianças com necessidades especiais estavam em minha turma, e duas delas envolveram-se profundamente com o projeto. Como já foi dito antes neste capítulo, Brandon, um menino de 5 anos, encaixava-se nos critérios de desvio comportamental. Jason, um menino de 3 anos, tinha problemas de fala. Billy, também de 5 anos, tinha paralisia cerebral. Esses meninos haviam observado, mas não participado ativamente dos projetos anteriores, e estariam, no outono seguinte, na pré-escola. Eu queria que eles se envolvessem mais amplamente neste último projeto do ano, a fim de que pudessem tornar-se aprendizes mais independentes. Tanto Brandon como Billy já haviam demonstrado dificuldades em trabalhar com outras crianças e em fazer a mesma atividade por um longo período.

FASE I: COMEÇO DO PROJETO

Eu escolhi os pássaros como tema do projeto porque eles podiam ser observados e estudados em vários ambientes acessíveis a nós. Os pássaros estavam em todo lugar – na sala de aula, no *playground*, no parque mais próximo da escola, no bairro. As crianças se interessaram por esse assunto desde o início.

Apresentamos o assunto por meio de uma caminhada e pela observação dos sinais da primavera na área próxima do Eureka College. Enquanto caminhávamos, vimos um grande pássaro marrom fazendo um ninho. As crianças imediatamente começaram a tentar adivinhar que tipo de pássaro estávamos observando e, durante a hora do lanche, conversavam sobre como chegar mais perto dele (EP5: *Aumentar as oportunidades para o trabalho colaborativo e para a resolução de problemas*). Naquele mesmo dia, durante os trabalhos feitos em pequenos grupos, eu perguntei a elas se já sabiam alguma coisa sobre os pássaros e escrevi suas respostas em forma de lista (EP1: *Estimular a participação em debates feitos em pequenos grupos*; EP2: *Incentivar o conhecimento e o uso de vocabulário novo*).

Eu queria começar a construir o conhecimento delas a respeito dos pássaros, por isso, no dia seguinte, trouxe algumas fotos de aves de rapina que encontrei em uma revista da biblioteca (EP2: *Incentivar o conhecimento e o uso de vocabulário novo*). As crianças e eu também convidamos a professora de biologia do ensino médio para nos acompanhar durante nosso próximo passeio pelo *campus*. Pedimos a ela para nos ajudar a identificar o grande pássaro marrom, e ela de fato ajudou: era uma águia marrom! A professora de biologia ajudou as crianças a encontrar as respostas em livros de referência que trouxe até a sala de aula. Além disso, ainda nos mostrou desenhos e pôsteres de pássaros. As crianças usaram as informações para desenhar pássaros (Figura 5.2; EP2: *Incentivar o conhecimento e o uso de vocabulário novo*; EP3: *Estimular as crianças ao pensamento intelectual, por meio do apoio às investigações que fazem de um assunto de seu interesse*; EP4: *Apoiar a transferência e a representação de novas informações*).

Várias famílias tinham pássaros de estimação e os trouxeram para a sala de aula, o que foi muito útil, já que eles não se importavam em deixar os pássaros conosco o dia inteiro. Isso nos deu tempo para observar, desenhar e falar sobre os pássaros (Figura 5.8; EP1: *Estimular a participação em debates feitos em pequenos grupos*; EP3: *Envolver as crianças em pensamento intelectual, por meio do apoio às investigações que fazem de um assunto de seu interesse*; EP4: *Apoiar a transferência e a representação de novas informações*). Este era o quinto ou sexto projeto para alguns dos pais, que já tinham uma boa compreensão de como os projetos funcionavam, entendendo o valor do tempo

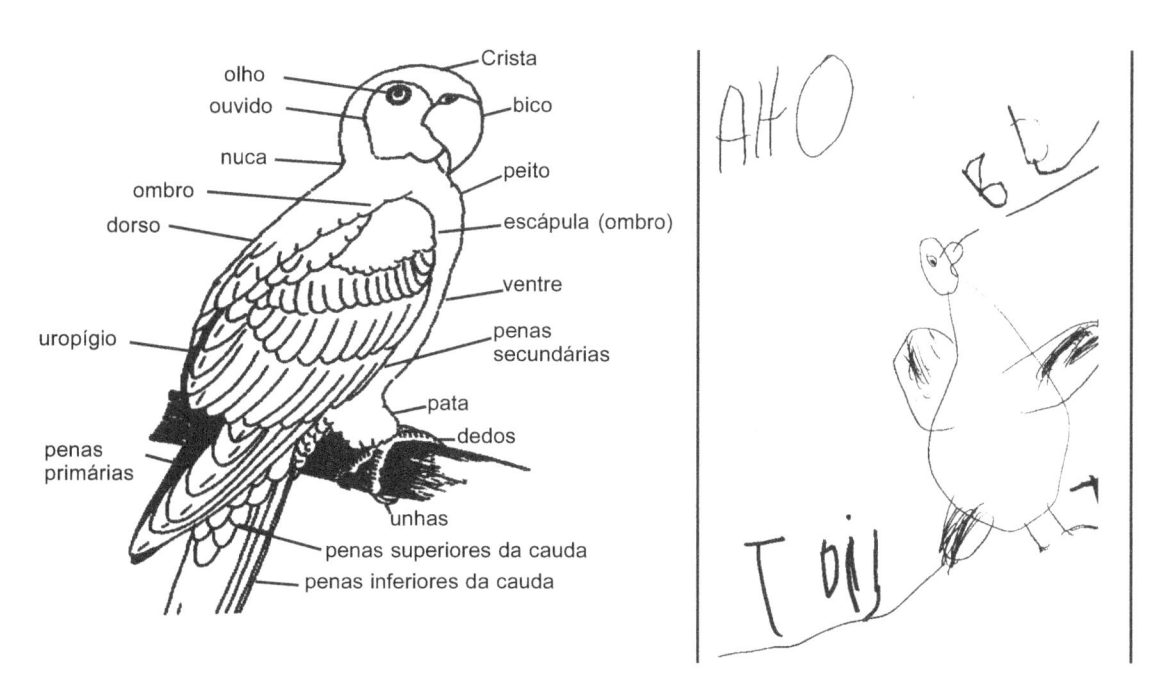

FIGURA 5.2 Desenho doado pela professora de biologia de um pássaro e desenho do mesmo pássaro feito por uma criança.

extra neles aplicado. Além de trazer pássaros para a sala de aula, muitos pais também atuaram como voluntários, ajudando em atividades em sala de aula ou acompanhando-nos em nossas caminhadas. As famílias também colaboraram na construção de gaiolas e de comedouros para as aves.

Enquanto as crianças ouviam o especialista, isto é, a professora de biologia, e observavam os pássaros de estimação, eu as observava. Pude notar que estavam interessando-se tanto pelo ambiente em que os pássaros viviam como pelos comedouros. Durante as atividades de pequenos grupos, as crianças fizeram as seguintes perguntas:

"Como os pássaros voam?"
"Por que eles gostam das árvores?"
"Onde fica o nariz deles?"
"Onde estão os pés deles?"
"Onde ficam as orelhas?"
"O que eles comem?"
"De que são feitas as asas?"
"Eles têm rabo?"
"Como eles falam?"
"Como eles cantam?"
"Por que eles são tão coloridos?"
"Como é que eles dormem?" (EP1: *Estimular a participação em debates feitos em pequenos grupos;* EP3: *Sustentar as investigações*)

FASE II: INVESTIGAÇÃO

As crianças aprenderam sobre os pássaros e os seus ambientes por meio do estudo e da representação deles (EP4: *Apoiar a transferência e a representação de novas informações*). Muitas das crianças envolveram-se com a construção dos comedouros e das gaiolas, incluindo Brandon (EP5: *Aumentar as oportunidades para o trabalho colaborativo e para a resolução de problemas*). Como referência para as construções, as crianças usaram livros informativos, fornecidos pelos especialistas, fotografias tiradas dos animais e levadas à sala de aula e animais de estimação. Tais registros do trabalho das crianças são, em

FIGURA 5.3 As crianças observam e desenham um pássaro de estimação pertencente à família de um dos alunos.

truir uma águia marrom (Figura 5.5). Eu fiquei satisfeita com o fato de Brandon e Billy fazerem parte do grupo. A construção tomou-lhes quase duas semanas; eles usaram diversos materiais e depois escreveram uma história sobra as características da águia (EP4: *Apoiar a transferência e a representação de novas informações*; EP5: *Aumentar as oportunidades para o trabalho colaborativo e para a resolução de problemas*; EP6: *Apoiar o uso diário da escrita e de instrumentos para atividades artísticas*; EP7: *Possibilitar que as crianças desenvolvam a sua habilidade motora ampla nas atividades de sala de aula*).

geral, muito valiosos porque as ajudam a lembrar o que aprenderam. Brandon e Billy interessaram-se por pintar um mural representando o ambiente da águia marrom que havíamos observado em nossas caminhadas, o que indica que fizeram uso do material de referência (Figura 5.4; EP6: *Apoiar o uso diário da escrita e de instrumentos para atividades artísticas*).

Durante a Fase II, convidamos uma especialista em pássaros do Wildlife Prairie Park para visitar a turma e responder às perguntas das crianças (EP3: *Envolver as crianças em pensamento intelectual, por meio do apoio às investigações que fazem de um assunto de seu interesse*). A especialista trouxe várias aves de rapina vivas, inclusive uma águia. As crianças observaram o padrão de voo, ajudaram a medir a amplitude das asas e chegaram perto o suficiente das aves para ver suas unhas (garras) e bicos. Depois dessa visita, três dos meninos decidiram cons-

FIGURA 5.4 Mural que representava o ambiente da águia marrom.

FIGURA 5.5 As crianças usaram material de referência para construir a águia marrom.

As crianças envolveram-se totalmente com o seu trabalho. À medida que progrediam em sua investigação, compartilhavam suas descobertas com a turma e convidavam as pessoas para visitar a sala de aula, onde poderiam ver e ouvir os resultados de suas pesquisas (EP1: *Estimular a participação em debates feitos em pequenos grupos*; EP4: *Apoiar a transferência e a representação de novas informações*). As crianças *explicavam* o que acontecera no processo de construção. Na verdade, elas estavam tão envolvidas com a construção da águia que chegavam a se emocionar quando chegavam a um consenso sobre o que fazer e como fazer isso ou aquilo. Por exemplo, ouvi um menino dizer: "A águia vai ter que ter penas, porque as águias de verdade têm!" (EP1: *Estimular a participação em debates feitos em pequenos grupos*).

É sempre animador observar que os problemas estão sendo resolvidos pelos próprios alunos durante os projetos. Brandon, por exemplo, estava muito determinado a colocar um cérebro dentro da cabeça da águia. Ele tentou três métodos diferentes antes de se decidir pelo que lhe parecia o melhor e conversou com as outras crianças sobre como fazê-lo. Primeiro tentou inserir um desenho de um cérebro que ele mesmo havia rabiscado. Depois tentou fazer um cérebro com massa de modelar, mas não gostou do resultado. A solução que achou foi trabalhar com um chumaço de papel de seda cinza até considerá-lo parecido com um cérebro (EP4: *Apoiar a transferência e a representação de novas informações*; EP5: *Aumentar as oportunidades para o trabalho colaborativo e para a resolução de problemas*). Brandon disse que o cérebro era necessário "porque as águias são pássaros muito espertos, Sra. Scranton". Seu comentário refletia uma disposição crescente para respeitar os pássaros.

Enquanto estudavam e construíam a águia, os meninos aprendiam mais sobre ela. Por exemplo, aprendiam que uma águia encolhe suas patas durante o voo e só as estica na hora de pousar, da mesma forma como faz um avião quando suas rodas saem do trem de pouso (EP2: *Incentivar o conhecimento e o uso de vocabulário novo*). Os meninos representaram, no que construíram, sua aprendizagem. Eles utilizaram varetas e bobinas para criar as garras e depois fizeram um buraco no ventre da águia para acomodá-las (EP6: *Apoiar o uso diário da escrita e de instrumentos para atividades artísticas*; EP7: *Possibilitar que as crianças desenvolvam a sua habilidade motora ampla nas atividades de sala de aula*).

Durante o Projeto Pássaro, as crianças também ficaram motivadas a aprender e a usar um conhecimento relevante, bem como habilidades e aptidões relacionadas à alfabetização. Criamos um mural dedicado aos pássaros o qual as crianças usavam como referência. Pelo fato de o utilizarem com frequência, elas começaram a reconhecer muitas palavras relacionadas aos pássaros nos livros e nas histórias que eu lia (EP2: *Incentivar o conhecimento e o uso de vocabulário novo*).

Fiquei satisfeita em ver Billy envolver-se com o projeto. Como foi dito antes, Billy, em geral, evitava as atividades motoras finas; por isso, várias das metas de seu Plano de Educação Individual voltavam-se a essa área. O seu interesse pelos pássaros levou-o a participar de mais atividades motoras finas. Billy tentou desenhar e classificar pela primeira vez; por exemplo, desenhou a representação da anatomia de um pássaro e desenhou linhas que poderiam ser usadas para classificar as partes por elas indicadas, contribuindo várias vezes para a construção do painel (EP2: *Incentivar o conhecimento e o uso de vocabulário novo*; EP6: *Apoiar o uso diário da escrita e de instrumentos para atividades artísticas*). Observei Billy atingir muitas das suas metas do Plano de Educação Individual. O Projeto Pássaro motivou-o a participar em muitas atividades motoras finas, e eu observei uma grande melhora em sua escrita (Figura 5.6). Na verdade, a escrita de Billy melhorou tanto que outra criança, Spencer, fez um comentário durante o trabalho no mural: "Billy está escrevendo como eu, né, Sra. Scranton?".

O projeto também ajudou algumas das crianças a aprender em conjunto. A construção de uma gaiola, por exemplo, aconteceu como uma resposta ao interesse das crianças pelos ambientes dos pássaros selvagens. As metas do Plano de Educação Individual de Brandon voltavam-se ao seu desvio comportamental. Ele, às vezes, tinha dificuldades em se comportar, mas queria desesperadamente trabalhar na construção de uma gaiola, pois adorava ferramentas, que lhe davam uma forte motivação para cumprir o desafio de trabalhar colaborativamente e de compartilhar as próprias ferramentas com outras crianças (Figura 5.7; EP5: *Aumentar as oportunidades para o trabalho colaborativo e para a resolução de problemas*). Sua liderança na construção da águia também rendeu a ele a admiração das outras crianças da turma. Eu ouvi algumas delas dizerem: "Puxa, Brandon! Que águia legal!". Brandon apenas sorriu, muito orgulhoso do que havia feito.

Outras questões sobre pássaros foram geradas ao longo do Projeto Pássaro, especialmente depois que o especialista do Wildlife Prairie Park trouxe aves de verdade para

FIGURA 5.6 Billy escreveu *birdhouse* (gaiola) e *feathers* (penas) no mural.

nossa sala de aula. O grupo de meninos que construiu a águia interessou-se pela comida dos pássaros e pelo modo como eles caçavam. Duas perguntas que eles fizeram: "Como eles mastigam a comida?" e "A comida deles está morta?". As crianças também ficaram curiosas sobre os tipos de aves presentes ao redor da escola, no *campus* da faculdade Eureka. Ao longo do projeto, fizemos várias visitas ao *campus*, o que nos ajudou bastante, pois pudemos observar várias espécies ao mesmo tempo e tirar boas fotografias digitais (EP3: *Envolver as crianças em*

FIGURA 5.7 As crianças trabalharam em conjunto para utilizar o martelo na construção da gaiola.

pensamento intelectual, por meio do apoio às investigações que fazem de um assunto de seu interesse).

As crianças produziram muitas coisas durante o Projeto Pássaro: um desenho feito em um momento e o mesmo desenho feito depois (Figura 5.8), gaiolas e comedouros para os pássaros, figuras ilustrativas das aves, um mural com palavras sobre pássaros e a construção da águia marrom (EP4: *Apoiar a transferência e a representação de novas informações*). A construção da águia marrom foi muito importante para mim, porque dois de meus alunos com necessidades especiais participaram do projeto. Foi maravilhoso vê-los envolvidos com um assunto e, mais importante, sentirem-se orgulhosos do que aprenderam.

FASE III: CONCLUSÃO DO PROJETO

As crianças envolveram-se bastante com a documentação desse projeto (EP4: *Apoiar a transferência e a representação de novas informações*). Escreveram histórias que explicavam seu trabalho, as quais refletiam o que haviam aprendido sobre o assunto (EP2: *Incentivar o conhecimento e o uso de vocabulário novo*; EP6: *Apoiar o uso diário da escrita e de instrumentos para atividades artísticas*). A história sobre a água marrom narrada por Brandon demonstra o quanto os meninos aprenderam sobre as características desses pássaros:

> Fizemos uma águia. O A. J. fez o rabo dela e colocou penas. O Spencer fez as garras. As garras servem para pegar peixes, mas ela também

FIGURA 5.8 Desenhos do tipo "Momento 1" e "Momento 2" de um periquito, feitos em um intervalo de quatro dias. Observe o maior número de detalhes e a melhor proporção.

come ratos. Ela tem asas, para ajudar a voar. Nossa águia gosta de viver em árvores muito, muito altas em montanhas também muito, muito altas. Eu fiz a cabeça dela e coloquei uma coisa cinza dentro, o cérebro. Essa águia tem que ter cérebro, porque é um pássaro muito inteligente.

Na fase final do projeto, os trabalhos das crianças eram expostos. O mural foi colocado em sala de aula, e a história sobre a águia marrom ficou junto à águia que construíram. Colocou-se alpiste em recipientes adequados para a alimentação de aves, os quais foram espalhados pelo campus. Colocou-se a casa dos pássaros em uma árvore que ficava do outro lado da rua em relação à nossa sala de aula, para que pudéssemos observar os pássaros fazerem ninhos. A águia marrom que os meninos fizeram foi pendurada no teto da sala, para que desse a impressão de estar voando. O trabalho produzido pelas crianças revelou que haviam aprendido muito. Como atividade de culminância, as crianças convidaram alunos de outras duas turmas para fazer um *tour* pelos locais em que seus trabalhos estavam expostos. Fizeram também um livro para mostrar aos pais e enviaram um diário em que se descrevia o trabalho do grupo que construiu a águia à professora que havia ajudado no projeto (EP4: *Apoiar a transferência e a representação de novas informações*).

REFLEXÕES DO PROFESSOR

As crianças aprenderam muito com este projeto! Aprenderam sobre o ambiente no *campus* da Eureka e por que tantas espécies diferentes de pássaros são encontradas nas velhas árvores de lá; aprenderam sobre a anatomia dos pássaros, seus hábitos e o papel que desempenham no nosso ecossistema; aprenderam a usar materiais para criar construções. Porém, acredito que os maiores ganhos foram os referentes à capacidade de observação. Pareceu-me que, pela primeira vez, o grupo de crianças realmente *observou* e *ouviu* o que as cercava, o que foi muito estimulante para mim.

Outro ponto forte desse projeto foi a maneira como as famílias se envolveram com ele. Elas ficaram, por exemplo, mais cientes da existência de nosso mural de palavras, o qual, ao final do Projeto Pássaro, era realmente impressionante, com muitas palavras novas. As famílias também ficaram impressionadas com o nível de interesse das crianças durante a construção da águia marrom.

O que foi, talvez, mais significativo para mim durante o projeto foi o crescimento que percebi em meus alunos com necessidades especiais. Houve uma mudança substancial no comportamento de Brandon e em sua capacidade de trabalhar e de brincar com outras crianças. Também fiquei muito satisfeita com o interesse de Billy e com a melhoria de sua escrita e de seus desenhos.

Por meio desse projeto, aprendi que, mesmo uma criança que enfrenta os desafios mais difíceis, é capaz de ter sucesso. A dedicação e o trabalho intenso inerentes aos projetos permite que os pontos fortes, mas obscuros, dessas crianças passem a brilhar.

REFERÊNCIAS BIBLIOGRÁFICAS

Accomodating all children in the early childhood classroom. (1999). Retrieved January 2001 from University of Kansas Web site: http://www.circleofinclusion.org/

Bredekamp, S. e Copple, C. (Eds.). (1997). *Developmentally appropriate practice in early* childhood *programs* (Rev. ed.). Washington DC: National Association for the Education of Young Children.

Department of Education, U. S. (2000). *Twenty-second annual report to Congress on the implementation of the Individuals with Disabilities Education Act*. Washington, DC: U.S. Department of Education.

Edmiaston, R. (1998). Projects in inclusive early childhood classrooms. In J. H. Helm (Ed.), *The project approach catalog 2 by the project approach study group* (sec. 1, p. 23-26). Champaign, IL: ERIC Clearinghouse on Elementary and Early Childhood Education.

Farran, D. (2000). Another decade of intervention. In J. Shonkoff e S. Meisels (Eds.), *Handbooks of early childhood intervention* (2nd ed.) (p. 510-548). Cambridge, UK: Cambridge University Press.

Klein, N. e Gilkerson, L. (2000). Personal preparation for early childhood intervention programs. In J. Shonkoff e S. Meisels (Eds.), *Handbooks of early childhood intervention* (2nd ed.) p. 454-483). Cambridge, UK: Cambridge University Press.

Sandall, S., McLean, M. e Smith, B. (2000). *DEC recommended practices in early intervention/early childhood special education*. Denver, CO: Council for Exceptional Children, Divisions for Early Childhood.

Shonkoff, J. e Meisels, S. (Eds.). (2000). *Handbook of early childhood intervention*. Cambridge, UK: Cambridge University Press.

Villa, R. A., Klift, E. V. D., Udis, J., Thousand, J. S., Nevin, A. I., Kunc, N. e Chapple, J. W. (1995). Questions, concerns, beliefs, and practical advice about inclusive environments. In R. A. Villa e J. S. Thousand (Eds.), *Creating an inclusive school* (p. 136-61). Alexandria, VA: Association for Supervision and Curriculum Development.

Wolery, M. e Wilburns, J. S. (1994). Introduction to the inclusion of young children with special needs in early childhood programs. In M. Wolery e J. S. Wilbers (Eds.), *Including children with special needs in early childhood programs* (p. 1-22). Washington, DC: National Association for the Education of Young Children.

Wolery, R. A. e Odom, S. L. (2000). *An administrator's guide to preschool inclusion*. Chapel Hill: University of North Carolina, Frank Porter Graham Child Development Center, Early Childhood Research Institute on Inclusion.

O apoio aos aprendizes de uma segunda língua

Judy Harris Helm e Rebecca A. Wilson

A DEFINIÇÃO DO DESAFIO
Judy Harris Helm e Rebecca A. Wilson

Há aprendizes de uma segunda língua em todos os lugares dos Estados Unidos. Essas crianças podem estar em salas de aula convencionais, em programas bilíngues de transição ou em programas de inglês como segunda língua para crianças que estejam aprendendo inglês. O número de crianças aprendendo uma segunda língua cresceu significativamente durante a última década. De acordo com o National Clearinghouse on Bilingual Education (Antunez e Zelasco, 2001), os programas de ensino para os aprendizes de inglês estão agrupados sob duas categorias principais com base na(s) língua(s) usada(s) no ensino. Na educação bilíngue, o ensino é ministrado tanto em inglês como na língua nativa do aluno, enquanto os alunos desenvolvem sua proficiência em inglês. Nos programas de inglês como segunda língua, todo o ensino é ministrado apenas em inglês. A maior parte dos programas bilíngues nos Estados Unidos inclui um componente dos programas de inglês como segunda língua. A maneira como esses programas são implementados varia muito. Os programas bilíngues duais ensinam em ambas as línguas para todas as crianças da turma. Os programas de inglês como segunda língua podem ensinar diretamente em inglês, como parte do currículo convencional de sala de aula, ou, então, ajudar as crianças em separado, usando, também, apenas o inglês. Em geral, as escolas fazem uma combinação de modelos de ensino que incluem alguns elementos de educação bilíngue e de inglês como segunda língua. Algumas crianças da turma talvez sejam falantes de inglês que estejam aprendendo uma segunda língua. Na educação infantil, esses aprendizes de uma segunda língua estão, em geral, em um programa bilíngue no qual aprendem a segunda língua enquanto desenvolvem sua leitura e escrita em inglês.

Há confusão e debates sobre como as crianças aprendem uma segunda língua. Embora muitos professores acreditem que aprender uma segunda língua seja fácil para as crianças, isso provavelmente não é verdade. As crianças não têm acesso a técnicas de memorização e a outras estratégias que aprendizes mais experientes podem usar ao adquirir vocabulário e ao aprender as regras gramaticais de uma língua (McLaughlin, 1992).

Há muitos educadores hoje cujos alunos estão aprendendo uma segunda língua, mas poucos foram treinados a estimular o seu desenvolvimento ou a saber sobre o processo de aprendizagem dela. As crianças que aprendem o inglês como segunda língua enfrentam muito mais dificuldades nas escolas em que ele é a única língua utilizada no ensino. Essas crianças também estão mais propensas a ter problemas de disciplina e a desistir da escola antes de finalizar sua escolaridade.

O bilinguismo, contudo, também traz vantagens para as crianças. Ser bilíngue é vantajoso do ponto de vista econômico e aumenta as oportunidades profissionais (McLaughlin, 1995). Para que isso aconteça, porém, é importante que a língua materna seja preservada caso as crianças aprendam somente inglês na escola. As crianças que estejam em salas de aula onde o inglês é a língua dominante também experimentam conflitos culturais, porque as rotinas de comunicação talvez não sejam as mesmas com que estejam acostumados a aprender. Alguns padrões de comunicação que estão relacionados à cultura são: fazer silêncio, não participar de determinadas atividades de sala de aula ou chamar atenção para si mesmo, expressar alegria ou emoções de várias formas e o próprio ritmo das atividades. Um aspecto importante da cultura e que pode afetar o ensino e a aprendizagem envolve o modo como os professores usam a língua quando ensinam: "Por exemplo, se a cultura familiar valoriza a autoridade rígida dos adultos sobre as crianças e se as crianças só devem falar quando se fala com elas, essas mesmas crianças provavelmente relutarão em participar das atividades" (Peregoy e Boyle, 1993, p. 10). A receptividade da turma e o fato de a criança sentir-se à vontade com o professor também influenciam na aquisição da linguagem.

Há muita variação na motivação das crianças no que diz respeito a aprender uma nova língua. É importante que a língua seja significativa para elas. As crianças que falam em casa uma língua diferente do inglês, além de terem de aprender o próprio inglês como segunda língua, talvez tenham pais imigrantes cuja alfabetização seja deficiente. A leitura e a escrita, mesmo na primeira língua, podem não ser parte da cultura prevalente na casa dessa criança, o que pode causar um impacto à sua motivação para se tornar alfabetizada em ambas as línguas ou à participação na comunidade escolar.

A tarefa de obter materiais relevantes e significativos para a alfabetização é especialmente difícil para os professores que trabalham com turmas bilíngues ou de inglês como segunda língua. Muitos professores acham necessário passar uma boa parte do tempo fazendo livros, cartazes e outros materiais que possam ser utilizados na alfabetização dos aprendizes do inglês como segunda língua.

ESTRATÉGIAS PRÁTICAS
Rebecca A. Wilson

Descobri que os projetos funcionam muito bem para os aprendizes de uma segunda língua. Na minha turma bilíngue da pré-escola na West Liberty Elementary School, em Iowa, todos os alunos estão aprendendo uma segunda língua. Os falantes de espanhol aprendem inglês, e os falantes de inglês aprendem espanhol. Uma turma bilíngue é uma das muitas maneiras de se atender as necessidades dos aprendizes de uma segunda língua.

Os projetos permitem que eu conecte o conteúdo acadêmico às experiências das crianças, além de integrar as metas do currículo. Como disse Eugene Garcia (citado em Ovando e Collier, 1998, p. 86).

> Quanto mais diferentes cultural e linguisticamente forem as crianças, mais os professores devem aproximar o conteúdo acadêmico do ambiente e da experiência delas.
> Quanto mais diferentes as crianças, mais integrado deve ser o currículo...
> Quanto mais diferentes as crianças, maior a necessidade de situações ativas, e não passivas...
> Quanto mais diferentes as crianças, mais importante será oferecer a elas oportunidades para que apliquem o que aprendem em um contexto significativo.

Várias recomendações sobre o ensino de uma segunda língua podem ser integradas facilmente aos projetos. Lily Wong Fillmore estudou os processos pelos quais as crianças adquirem o inglês como segunda língua nas escolas públicas. A autora salienta a importância de as crianças manterem sua primeira língua enquanto adquirem uma segunda. O ambiente dos projetos, por ser rico em linguagem, permite que isso aconteça. Wong Fillmore (1985) propôs um modelo para o ensino de uma segunda língua que se aplica a muitos tipos de turma e recomenda que os professores adotem as seguintes estratégias:

- usar demonstrações;
- servir como modelo e interpretar papéis;
- apresentar novas informações no contexto das informações já conhecidas;
- repetir palavras e padrões frasais;
- adaptar as questões aos diferentes níveis de competência linguística e de participação.

A seguir, com base em minha experiência na utilização de projetos em minha turma bilíngue da pré-escola, explicarei como cada uma dessas recomendações pode ser incorporada aos projetos. Também mostrarei como um professor pode maximizar a experiência com projetos para os aprendizes de uma segunda língua.

Além das recomendações de Wong Fillmore (1985), gostaria de acrescentar duas outras estratégias importantes para o ensino de uma segunda língua: a valorização da língua materna do aluno e o incentivo à participação dos pais. Um estudo de caso recente, feito com oito escolas hispânicas de alto desempenho do Texas, concluiu que o sucesso se devia a três razões principais:

1. Havia trabalho conjunto com grupos e empresas da comunidade.
2. As relações de trabalho com os pais e com a comunidade como um todo eram fortes.
3. Como se tratava de escolas para a comunidade local, as próprias escolas integraram os valores culturais locais na cultura da escola (Reyes e Halcon, 2000).

Embora muitos exemplos deste capítulo focalizem as turmas bilíngues, as estratégias podem ser utilizadas em qualquer sala de aula em que haja um ou mais aprendizes de uma segunda língua.

Estratégia Prática 1:
Usar demonstrações

Os aprendizes de uma segunda língua poderão compreender muito melhor determinado conceito se a informação for apresentada visualmente, e não apenas por meio da língua. Aprender por meio de situações reais também é muito eficaz. A pesquisa demonstra que a qualidade da exposição, e não somente a quantidade, é importante para a aprendizagem eficaz. A informação em segunda língua deve ser compreensível para incentivar a sua aquisição (Krashen, 1996). Que maneira seria melhor para ensinar um conceito do que demonstrá-lo?

Os professores podem elaborar demonstrações sobre o assunto do projeto; muitas vezes, os especialistas convidados e as pessoas que guiam os alunos no local das visitas de campo também podem apresentar demonstrações. Os professores devem estimular as crianças a se lembrarem da demonstração, levando à sala de aula objetos que façam menção às visitas realizadas. Na Figura 6.1, Mimi, uma falante nativa de chinês que aprendia inglês, manipula e estuda um objeto trazido para a sala de aula depois de uma visita. O objeto permite que Mimi participe da investigação do assunto do projeto, os dentes, sem ter de depender apenas das informações verbais. O crescimento do conhecimento e da compreensão de Mimi pode ser percebido se compararmos os desenhos que fez dos dentes antes e depois da visita (Figura 6.2). Mimi também se motivou a copiar uma palavra inglesa em seu trabalho.

Durante os projetos, faço demonstrações relacionadas aos aspectos que suscitam maior interesse das crianças. Se a demonstração for baseada no interesse dos aprendizes de uma segunda língua, eles prestarão mais atenção na demonstração, mesmo que seja na segunda língua. Se os professo-

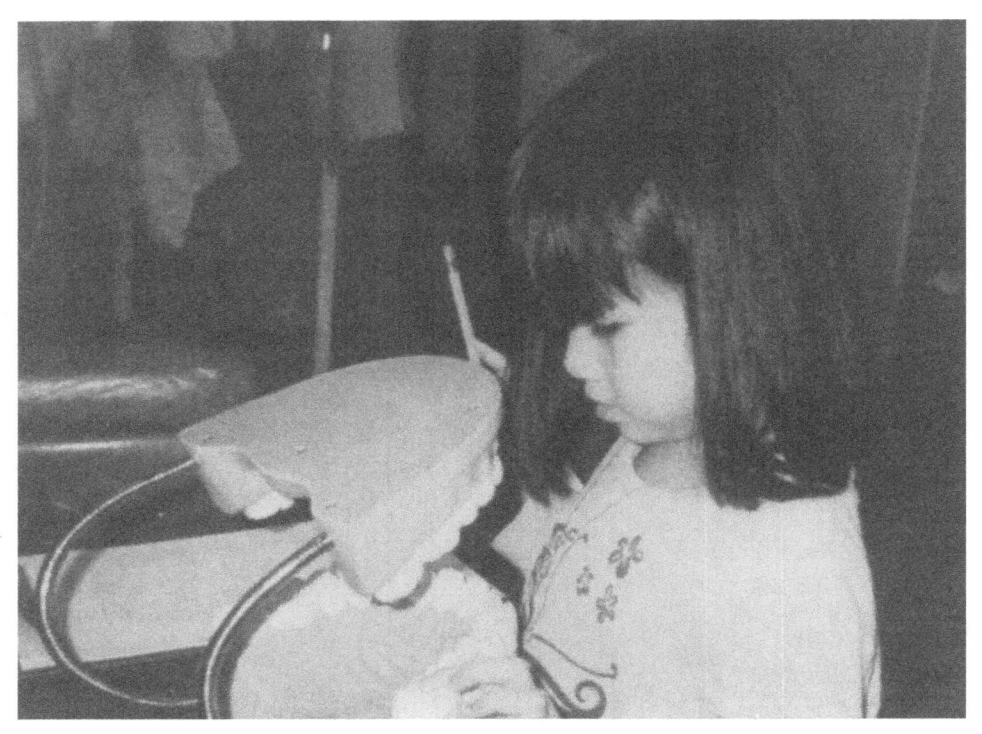

FIGURA 6.1 Mimi estuda um molde dental.

res não falam a língua nativa dos alunos, poderão perceber sinais não verbais de que a criança está interessada. Quando, por exemplo, uma criança se aproxima do professor quando ele lê uma história e mostra figuras sobre um determinado assunto, ou quando a criança leva um objeto para a aula, como o ninho de um pássaro encontrado no pátio, e fica todo o tempo apontando para ele, está demonstrando interesse. O professor que conduz um projeto pode observar o brinquedo ou as conversas das crianças para ver qual assunto poderia ser um bom tema para demonstração. O Projeto Restaurante originou-se de um grupo de crianças que, com frequência, brincavam de "restaurante" na nossa área destinada à interpretação dramática. Elas fingiam ser garçons e clientes. Assim, em nossa visita a um restaurante, eu pedi que um garçom demonstrasse como anotar um pedido em espanhol. O garçom ajudou Joel e Jorge a perguntar o que outro aluno, Ariel, queria comer e também os ajudou a escrever o pedido. Isso levou meus alunos falantes de inglês a entenderem a expressão ¿*Qué quieren comer?*. Se eu ensinasse essas palavras isoladamente em sala de aula, as crianças poderiam ter dificuldades em entendê-las, mas, ao ver a demonstração, elas as compreenderam quase que imediatamente.

As demonstrações funcionam igualmente bem para os falantes de espanhol que aprendem inglês. Durante uma visita, no Projeto Colheitadeira, um agricultor demonstrou como colhia soja, operando sua máquina em um lugar que todos podíamos ver. Ele fez um trajeto bem no meio da plantação para demonstrar como os pés de soja iam sendo colhidos. Isso ajudou as crianças da minha turma a entender melhor o conceito de *colheita*. Também ajudou meus alunos falantes de espanhol a aprender as palavras inglesas *combine* (colheitadeira) e *soybeans* (soja; grãos de soja). Falar sobre o

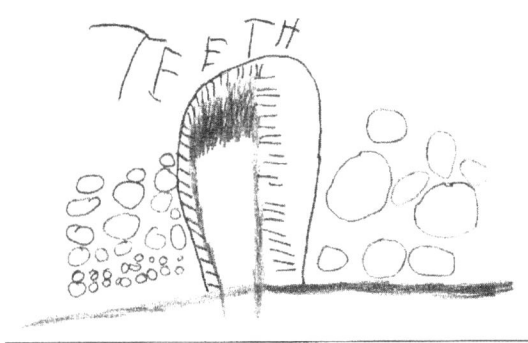

FIGURA 6.2 O primeiro desenho que Mimi fez dos dentes é simples. No segundo desenho, ela incluiu as partes que compõem um dente e também copiou a palavra *teeth* (dentes, em inglês).

processo de colheita, usando um auxílio visual, tal como fotos de um livro, não teria proporcionado uma compreensão tão profunda como a que meus alunos tiveram depois de ver a própria máquina colheitadeira em ação. Mesmo quando há apenas uma criança na turma que não fala inglês, essa criança o entenderá melhor por meio da demonstração visual.

Para o benefício máximo das crianças, as demonstrações podem ser apresentadas novamente na sala de aula por meio de videoteipes e/ou trazendo à sala as ferramentas utilizadas durante a demonstração. Em outra situação do Projeto Colheitadeira, os parafusos de uma roda de trator foram removidos. Essa demonstração foi selecionada porque as crianças interessaram-se bastante pelas rodas das colheitadeiras e dos tratores. As crianças puderam examinar as chaves de roda e verificar como os parafusos se encaixavam nelas. Foi um projeto rico em linguagem e que promoveu conversas longas entre falantes de espanhol e de inglês.

Estratégia Prática 2:
Servir como modelo e interpretar papéis

Servir como modelo e interpretar são maneiras naturais de os aprendizes de uma segunda língua praticarem-na – e interpretar é quase inevitável nos projetos. As crianças envolvem-se tanto na investigação de um determinado projeto que usam até seu tempo livre para a construção de cenários. A criação de ambientes para a interpretação dramática estimula a interpretação de papéis e o uso de linguagem relacionada ao assunto, especialmente se as crianças estiverem envolvidas na criação do ambiente ou da estrutura onde interpretarão/brincarão (Helm e Katz, 2001).

Os professores que trabalham com alunos que aprendem uma segunda língua sentirão que é importante dar bastante tempo para a interpretação durante os projetos. Com isso, os alunos mais relutantes serão incentivados a se envolver por meio do modelo representativo apresentado pelo professor. A interpretação também está presente na preparação para as visitas aos especialistas. Os professores e as crianças podem também ensaiar as perguntas que farão a eles durante as visitas. Na nossa turma, ensaiar as perguntas antes das visitas ajudou muitos alunos a fazê-las de maneira independente, na segunda língua.

Interpretar e ensaiar o que se vai fazer dá às crianças a oportunidade de interagir significativamente com sua segunda língua. Durante o Projeto Corpo de Bombeiros, elas criaram um caminhão de bombeiros, com mangueiras, na sala de aula. Notei que os alunos interpretavam bastante. Um dia, um grupo composto por alunos falantes de inglês e por alunos falantes de espanhol estava interpretando/brincando de apagar incêndios. Houve muita comunicação em segunda língua. Uma criança falante de inglês ficava no computador e no rádio que eles construíram, gritando o nome da rua em que ocorrera o incêndio às duas crianças vestidas de bombeiro, um deles falante de inglês, e o outro falante de espanhol. Enquanto apagavam o fogo com as mangueiras que eles mesmos haviam criado, ouvi-os dizendo, em inglês, "Traga a mangueira aqui" e "O fogo está aumentando!". Quando o aluno falante de espanhol disse, em inglês, que o fogo estava aumentando, a criança que estava no rádio disse que o fogo havia se deslocado para outra rua: "Vão para a rua 15 agora!". Duas outras crianças, uma falante de espanhol e uma falante de inglês, alternavam-se entre dirigir o caminhão e fazer o fogo – localizado próximo do quadro-negro da sala – "crescer" por meio de rabiscos que traçavam no quadro. Essa última criança falante de espanhol demonstrou receber melhor o inglês, pois interpretou as palavras inglesas corretamente ao fazer os rabiscos que indicavam que o fogo crescia quando os colegas falaram, em inglês, que o fogo estava aumentando. Quando terminaram de apagar o incêndio, os dois bombeiros relataram o acontecido aos motoristas, que, então, usaram o apagador para eliminar o fogo que haviam desenhado no quadro-negro.

Durante os projetos, a interpretação de papéis pode ser observada tanto nas turmas de inglês como segunda língua quanto nas turmas bilíngues. Em outra turma de pré-escola, havia um menino cuja língua materna era o laosiano. Para ele, era proveitoso participar das interpretações, tendo a chance de testar palavras que ouvia na sala de aula.

Posso honestamente dizer que nunca vi um envolvimento tão grande na interpretação de papéis em minhas turmas de pré-escola quanto nos projetos. As crianças estavam tão envolvidas que mal me percebiam observando-as. Esse alto nível de interação (isto é, de papéis mais complexos, de linguagem correspondente com tais papéis e de um número cada vez maior de participantes) deriva da extensão do projeto e do interesse das crianças. Eu não acredito que tal interação ocorresse em uma situação totalmente dirigida pelo professor e em tempo menor. O alto nível de interação que ocorre nos projetos ajuda os aprendizes de uma segunda língua a entender o uso significativo da linguagem. Ao mesmo tempo, por causa da natureza espontânea das interpretações, as crianças, em geral, continuam a usar sua primeira língua, o que também estimula o desenvolvimento dela. As situações de interpretação ricas em linguagem podem ajudar as crianças a atingir um nível maior de bilinguismo.

Estratégia prática 3:
Apresentar novas informações no contexto das informações já conhecidas

Oferecer novas informações no contexto das informações já conhecidas é algo que se incorpora facilmente nos projetos. A organização gráfica, uma estratégia frequentemente utilizada pelos professores de uma segunda língua, é utilizada em quase todos os projetos. Essa organização inclui a utilização de redes de planejamento, listas de perguntas, murais de palavras, projetos para a construção de livros e dicionários – itens que ajudam os aprendizes de uma segunda língua, bem como as crianças que estejam aprendendo a ler, a organizar e a processar informações.

Quando começo um projeto, crio uma rede de informações com meus alunos para registrar o que já sabemos sobre o assunto a ser estudado. Eu aceito as respostas das crianças em qualquer língua, mas eu as repito na língua que está sendo falada em sala de aula. Isso ajuda os aprendizes de uma segunda língua a se sentirem à vontade e aptos a contribuir para a discussão, mas também os ajuda a desenvolver sua segunda língua pelo fato de ouvirem a mesma palavra traduzida e, depois, escrita na rede. Além disso, esse processo desenvolve a aprendizagem da primeira língua e incentiva o verdadeiro bilinguismo.

Quando os professores usam redes em seus projetos, em geral colocam uma figura próxima da palavra para que os alunos possam entender o que está sendo discutido. Durante, por exemplo, o Projeto Corpo de Bombeiros, nossa turma estava fazendo uma rede, e a linguagem utilizada na sala de aula naquele momento era o espanhol. Um aluno, falante de espanhol, sugeriu que eu escrevesse *camión* (caminhão) na rede. Uns dias depois, estávamos falando espanhol novamente, e as crianças estavam fazendo um livro sobre as coisas que tinham visto no corpo de bombeiros. Drake, um falante nativo de inglês, perguntou-me: "Como é mesmo que se diz caminhão em espanhol?". Apontei então para a rede e disse o som da primeira letra, o que o fez lembrar que a palavra era *camión*. A rede legitima o conhecimento de todas as crianças e dá a elas a oportunidade de ampliar a informação que já possuem. Os alunos, com frequência, reportam-se à rede quando estão trabalhando de maneira independente em seus diários ou querem escrever uma determinada palavra. Se o professor não falar a língua da criança, poderá aceitar a contribuição dela pedindo-lhe para desenhar, na própria rede, o que quis dizer. Isso funciona bem se outras crianças também estiverem desenhando na rede.

Da mesma forma, os aprendizes de uma segunda língua beneficiam-se quando fazemos listas e quando as palavras são registradas em um mural. Pelo fato de a maioria das crianças da minha turma estarem aprendendo a ler, eu tomo o cuidado de também incluir um desenho ao lado das palavras. Durante um projeto sobre oficina de automóveis, um grupo de crianças passou vários dias trabalhando na confecção de livros ou dicionários em que estavam presentes as palavras que mais lhes interessavam do mural. Trabalhamos alguns dias no dicionário, quando falávamos espanhol e quando falávamos inglês. As crianças ajudavam-se, indicando aos colegas as palavras que conheciam nas duas línguas.

Estratégia Prática 4:
Repetir palavras e padrões frasais

Pelo fato de os projetos concentrarem-se em um assunto por um longo período de tempo e em profundidade, é fácil para os professores de uma segunda língua repetirem palavras ou sequências de palavras. É importante que os aprendizes de uma segunda língua tenham a oportunidade de ouvir as palavras várias vezes e de repeti-las em situações significativas. Uma das maiores diferenças que eu notei entre os projetos e outras abordagens é que o vocabulário utilizado nos projetos é mais rico. Às vezes, o vocabulário utilizado pelas crianças é impressionante, considerando que elas só têm 5 anos. Em meio ao Projeto Colheitadeira, visitamos uma revendedora local de tratores para obtermos respostas para as perguntas mais minuciosas das crianças. Caminhamos por uma grande sala onde os veículos estavam sendo consertados, e um dos meus alunos logo disse: "Olha, professora, uma verruma!". No Projeto Jardim, as crianças falavam em um "ancinho de três dentes" e no Projeto Restaurante, as crianças falavam muito em *caixa registradora*, *menus* e *preços*. Durante a construção do corpo de bombeiros, ouvi uma criança dizer: "Espere, eu vou colocar mais um *veículo*".

O vocabulário rico presente nos projetos dá sustentação aos aprendizes de uma segunda língua por dois motivos. Primeiro, eles ouvem as palavras repetidamente, já que se interessam por determinadas partes do projeto. Durante uma visita ao Projeto Restaurante, por exemplo, quase todas as pessoas da turma sabiam a palavra "menu" tanto em espanhol como em inglês. Segundo, durante os projetos, todos se envolvem com a aprendizagem de vocabulário novo. As crianças falam sobre palavras diferentes, fazendo perguntas sobre o que essas palavras significam e escrevendo ou desenhando figuras relacionadas a palavras recém-adquiridas. As crianças que estejam aprendendo uma segunda língua se adaptam muito bem a isso, porque todos estão envolvidos com a aprendizagem de vocabulário novo. Além disso, não se sentem envergonhados ou em situação embaraçosa, mesmo quando o vocabulário que estejam aprendendo seja simples, e não necessariamente especializado.

Estratégia Prática 5:
Adaptar as questões aos diferentes níveis de competência linguística e de participação

Wong Fillmore (1985) recomenda que as questões sejam adaptadas aos diferentes níveis de competência linguística e de participação. O questionamento é uma das partes mais importantes dos projetos. Uma maneira rápida de saber se as crianças estão de fato envolvidas em um projeto é a lista das perguntas que fazem. Os professores devem estimular todas as crianças da turma a fazerem perguntas; algumas talvez requeiram um simples "sim" ou um simples "não" como resposta. Durante o Projeto Jardim, por exemplo, uma aluna falante de espanhol sentiu-se à vontade para perguntar a um especialista em jardinagem: "Você tem uma mangueira?". A aluna entendeu a resposta: "sim", e a registrou em seu caderno. No Projeto Corpo de Bombeiros, outro falante de espanhol fez uma pergunta mais complicada: "Como é que você liga as sirenes?". Ambas as perguntas foram aceitas e registradas. Da mesma forma como ocorre com a construção da teia em nossas aulas bilíngues, eu aceito a intervenção da criança em qualquer língua e repito a sua pergunta na língua em que a turma está falando no momento. Eu também frequentemente desenho algo ao lado da palavra para lembrar aos aprendizes de uma segunda língua e aos alunos que estão começando a ler o que a pergunta quer dizer.

Em uma turma em que o professor não fala a mesma língua de um aluno, este aluno pode ser abordado em separado pelo mesmo professor, que lhe mostra algumas fotos ou desenhos sobre o tema estudado pedindo à criança para apontar algo de seu interesse. Durante o Projeto Colheitadeira, por exemplo, se eu não falasse espanhol, teria podido trabalhar com os falantes nativos de espanhol em separado, mostrando-lhes algumas fotos da colheitadeira. Eu tentaria levá-los a me dizerem o que gostariam de saber por meio de perguntas simples e pela repetição delas com gestos. Poderia, por exemplo, mostrar-lhes várias fotos de diferentes aspectos do objeto estudado. Em um projeto sobre colheitadeiras, mostraria uma foto de uma roda, uma da frente da máquina e outra do painel, ou, então, da parte traseira, por exemplo. Apenas com um gesto, Gabriela poderia apontar-me as rodas da máquina ou as luzes, o que me levaria em direção a seus interesses. Mesmo que o professor não fale a língua da criança, durante os projetos ele poderá ter uma ideia de qual será a área de questionamento que ela escolherá.

Pelo fato de os projetos ocorrerem durante um período longo, as crianças têm muitas oportunidades de fazer perguntas. As perguntas são, em geral, usadas como indicativos para saber que rumo o projeto deve tomar. Com isso, os professores podem fazer os projetos reflitirem os interesses das crianças, o que é especialmente valioso para os aprendizes de uma segunda língua. Como foi indicado antes, a criança provavelmente prestará atenção ao que for dito em uma segunda língua se estiver interessada no assunto trabalhado.

Estratégia Prática 6:
Valorizar a primeira língua do aluno

As pesquisas demonstram que a valorização da língua nativa de uma criança ajudará a abrir caminho para o sucesso acadêmico futuro. Os estudos afirmam que os alunos bilíngues de origem hispânica/latina são melhores leitores em inglês e têm maiores aspirações do que os alunos de origem hispânica/latina que só falam uma língua, seja ela espanhol ou inglês. Isso sugere que os alunos que tenham desenvolvido ou valorizado sua primeira língua têm melhor desempenho na escola, tanto em espanhol como em inglês, do que aqueles que não o tenham feito (Tse, 2001).

Os projetos dão muitas oportunidades para que os professores valorizem a língua nativa dos alunos que aprendem por meio de uma segunda língua. Quando assuntos culturalmente relevantes são escolhidos, os aprendizes de uma segunda língua são valorizados. Ao examinar um assunto cuidadosamente antes de começar um projeto, eu levo em consideração se ele é mencionado diariamente nas conversas e nas brincadeiras dos alunos. É importante levar alguns projetos, durante o ano escolar, a focalizar um assunto que se relaciona à cultura ou à vida em família de pelo menos alguns dos aprendizes de segunda língua da turma. Se possível, os professores podem fazer uma visita de campo que contemple falantes nativos da língua dos alunos.

Estratégia Prática 7:
Envolver os pais dos aprendizes de segunda língua nos projetos

Uma vantagem dos projetos para as crianças que aprendem uma segunda língua é o maior nível de envolvimento dos pais nas salas de aula. Embora esse envolvimento seja extremamente importante para todas as crianças, o incentivo aos fortes laços entre a escola e a casa do aluno é benéfico, especialmente, para os aprendizes de uma segunda língua (Goldenberg, 1993). Ainda assim, comunicar-se com os pais pode ser um desafio para os professores. Espinosa (1995) aponta que panfletos ou boletins enviados para os pais podem ser ineficazes com as famílias de origem hispânica, mesmo quando traduzidos para o espanhol, porque muitos falantes do espanhol preferem a comunicação oral à escrita. As estratégias recomendadas por Espinosa são a de adotar uma abordagem pessoal e a de fazer uma comunicação em que não haja crítica ou julgamentos. A autora afirma que talvez sejam necessárias "várias reuniões até que os pais se sintam confiantes em participar ativamente" (p. 3). A comunicação não verbal que sustente os pontos fortes dos pais, em vez de focalizar o que se perceba como falhas, é também extremamente importante.

As estratégias sugeridas por Espinosa podem ser atendidas se utilizarmos os projetos, que dão aos pais muitas oportunidades para visitarem pessoalmente a sala de aula, e não só comparecerem a reuniões com os professores. Durante os projetos, os pais podem participar de encontros em que se lhes passam informações e de encontros especiais dedicados às famílias. Além disso, também podem ajudar nas visitas feitas pelos alunos.

Outra maneira de envolver os pais é escolher assuntos culturalmente relevantes, atraindo e sustentando os pontos fortes daqueles cujos filhos constituam uma minoria linguística. Esses pais podem servir como consultores ou contribuírem com objetos para as crianças desenharem. No Projeto Restaurante Mexicano, por exemplo, os pais puderam compartilhar suas próprias histórias de culinária e realizar demonstrações com as crianças.

Muitas ocasiões, tais como os encontros em que os pais são informados do que se faz em sala de aula, estimulam os que pertencem a uma minoria linguística a se sentirem mais à vontade, interagindo com outras famílias. Outra maneira de aumentar o nível de bem-estar das famílias linguisticamente minoritárias é levar seus filhos a lhes mostrarem a escola, levando à aprendizagem conjunta de pais e filhos. Na nossa turma, um dia antes da apresentação de um projeto, como treinamento, as crianças apontam quais foram suas contribuições para que possam, no dia seguinte, melhor compartilhá-las com suas famílias.

Os pais dos alunos que aprendem por meio de uma segunda língua podem também contribuir com o projeto, trazendo, de casa, materiais de que as crianças precisam, bem como contribuindo com palavras de sua língua que sejam relacionadas ao projeto. Durante o projeto sobre uma oficina mecânica, as crianças decidiram que precisavam de uma camiseta azul para o aluno que fizesse o papel de mecânico. Um dos pais, falante de espanhol, ensinou-me a palavra espanhola para *hoist* (içar, levantar), que eu não conseguira achar em meu dicionário espanhol-inglês.

Se o professor não fala a língua da criança, a escola em geral pode encontrar alguém na comunidade que traduza quaisquer de suas comunicações. Se o pai só conseguir encontrar-se uma vez com o professor, este poderá pelo menos descobrir como escrever os dias da semana na língua daquele, o que facilita a comunicação acerca de eventos importantes da sala de aula. Se isso não for possível, boletins e informações sobre projetos devem ser feitos em inglês, reduzindo a mensagem apenas ao que é mais importante e fazendo uso de muitas ilustrações. Um convite mais detalhado pode, por exemplo, ser modificado para algo como "Apresentação de projetos – Quinta-feira, 14 de março, 18h" com algum *clipart* ou desenho de uma família entrando na escola. Outra maneira de ajudar é colocar, com um alfinete, um bilhetinho na camisa das crianças quando elas forem para casa na tarde imediatamente anterior à apresentação.

Na minha turma bilíngue, notei que houve um aumento no envolvimento dos pais desde que comecei a utilizar os projetos. Uma das maneiras de os professores estimularem o envolvimento com os projetos é por meio de uma reunião com os pais no começo do ano. Essa reunião pode ser em inglês e na outra língua que se fala em sala de aula. Também descobri que é útil oferecer um serviço de atendimento às crianças enquanto os pais vêm à reunião. Durante a reunião, eu listo os modos como os pais podem envolver-se em nossos projetos, incluindo maneiras de eles ajudarem tanto em casa como na escola. Como resultado da reunião realizada durante o ano escolar 2000-2001, dois pais candidataram-se para ajudar na escola uma vez por semana, 12 das 21 famílias participaram da primeira noite de apresentação dos projetos, e 20 participaram da segunda.

Em nossa escola, em geral, cerca de 50% dos pais participam dos eventos realizados, e, na minha turma, somente 9 famílias vieram à reunião de abertura do ano escolar. Os pais parecem esforçar-se mais em participar de eventos relacionados aos projetos, e sua participação continua sendo alta em minha turma.

CONCLUSÃO

Os projetos são um modo eficaz de atender as necessidades dos aprendizes de segunda língua e oferecem o tipo de experiência que está de acordo com o que indicam as pesquisas sobre minorias linguísticas.

> A pesquisa voltada ao desempenho das minorias linguísticas em turmas bilíngues, de inglês como segunda língua e da escola fundamental, e naquelas em que se ensina por meio da aprendizagem colaborativa, utilizando conteúdos significativos, cognitivamente complexos e interdisciplinares, aponta que a aprendizagem ativa acelera o crescimento acadêmico dessas minorias (Ovando e Collier, 1998, p. 65).

Em resumo, há muitas oportunidades nos projetos para que se apliquem essas estratégias, recomendadas e práticas, para a aprendizagem de uma segunda língua.

1. Usar demonstrações.
2. Utilizar modelos e interpretações de papéis.
3. Apresentar novas informações no contexto das informações já conhecidas.
4. Repetir palavras e padrões frasais.
5. Adaptar as questões ao nível linguístico das crianças
6. Valorizar a língua nativa.
7. Envolver os pais dos aprendizes de segunda língua nos projetos.

Os projetos oferecem muitas oportunidades para que os aprendizes de uma segunda língua participem em sala de aula. São muito poucos os ajustes necessários; os professores só têm de estar cientes das estratégias já existentes e adaptá-las. Como está demonstrado na descrição a seguir do Projeto Restaurante Mexicano, os projetos fizeram uma grande diferença na educação dos alunos de segunda língua de minha turma bilíngue; a mesma abordagem utilizada neste projeto pode ser aplicada em muitos outros programas de ensino bilíngues.

O PROJETO RESTAURANTE MEXICANO
Rebecca A. Wilson

O Projeto Restaurante Mexicano ocorreu na escola fundamental West Elementary, parte da West Liberty Community Schools, em West Liberty, Iowa. Embora essa seja uma área rural, possui muitas características em geral associadas às áreas urbanas. Trinta e oito por cento das crianças da escola pertencem a famílias de baixa renda, e 51% são de origem latina. Os pais têm a opção de enviar as crianças para uma escola infantil em que se fala apenas inglês ou para uma turma bilíngue, onde esse projeto foi realizado. O projeto começou no final de janeiro e terminou no começo de março de 2001. Teresa Salazar e Berta Esquivel, profissionais auxiliares, ajudaram-me na sua execução.

FASE I: COMEÇO DO PROJETO

Em janeiro, percebi que muitas das crianças estavam brincando de restaurante nas atividades dramáticas de sala de aula. Decidi fazer uma breve unidade sobre comida para estimular essa brincadeira. Como a brincadeira continuava, decidi que um projeto sobre restaurantes poderia ser bem-sucedido (EP2: *Utilizar modelos e interpretações de papéis*). Começamos por fazer uma rede do que as crianças já sabiam sobre restaurantes. Todas elas já haviam estado em um restaurante, e eu providenciei livros sobre o assunto em inglês e em espanhol. As crianças produziram uma lista de questões:

"Como se fazem *tacos*?"
"Quanto tempo leva para fazer comida?"
"Como se faz comida?"
"Como se fazem *tortillas*?"
"Como se fazem os menus?"
"Quantas pessoas trabalham aí?"
"Quanto custa a comida?"
"Quanto custam as tortas?"
"Como as pessoas pagam a comida?"
"Quanto custam os abacates?"
"Onde se consegue o molho chile?"
"Como é que se faz sorvete?"

As perguntas das crianças ajudaram-me a criar um foco para as atividades que planejei. Eu usei as questões para, por exemplo, organizar os grupos para a visita ao restaurante (EP5: *Adaptar as questões ao nível linguístico das crianças*).

FASE II: INVESTIGAÇÃO

A Fase II começou com uma visita ao Restaurante La Mexicana. Escolhi o La Mexicana porque se trata de um restaurante conhecido tanto dos falantes de espanhol como dos falantes de inglês. O restaurante era da família Elizondo, e era administrado pelos filhos maiores e pelos pais. Eles foram prestativos e ajudaram no projeto, muito embora não tivessem nenhuma conexão anterior com a minha turma. Jose, o filho mais velho do proprietário, fez, conosco, um *tour* pelo restaurante e respondeu às questões que as crianças haviam elaborado antes da visita. Jose também ajudou Jorge e Joel a anotar um pedido de um aluno (Figura 6.3; EP1: *Usar demonstrações*).

No salão do restaurante, onde ficam as mesas, as crianças fizeram desenhos com base no que observavam; contudo, interessaram-se mais por contar e copiar. Elas contaram o número de pernas das mesas, o nú-

FIGURA 6.3 O Sr. Elizondo, proprietário do restaurante La Mexicana, ensinou Jorge a fazer um pedido.

mero de mesas e cadeiras do salão e o número de talheres nas mesas. Algumas delas passaram um bom tempo copiando palavras do menu (EP4: *Repetir palavras e padrões frasais*). Elas queriam ter certeza de que tinham informações suficientes para fazer seu próprio restaurante na sala de aula (EP2: *Utilizar modelos e interpretações de papéis*). Enquanto estavam envolvidas nessas atividades, elas fizeram as seguintes perguntas a Jose:

"Como você faz os menus?"
"¿*Cuántas personas trabajan allí?*" (pergunta feita em espanhol)
"Quantas pessoas trabalham aqui?" (pergunta feita em inglês) (EP5: *Adaptar as questões ao nível linguístico das crianças*)

A Sra. Elizondo é a cozinheira do restaurante. Ela mostrou às crianças a cozinha, onde viram a comida e os pratos e o procedimento para receber os pedidos (EP1: *Usar demonstrações*). As crianças desenharam o fogão, os talheres e utensílios de cozinha, rótulos, receitas, potes e panelas (EP3: *Apresentar novas informações no contexto das informações já conhecidas*). Enquanto estavam na cozinha, fizeram as seguintes perguntas:

"Como você faz *tacos*?"
"Quanto tempo demora para a comida ficar pronta?"
"Onde você guarda sua roupa de cozinheira?"
"Você usa alguma roupa especial para cozinhar?"
"¿*Cómo hacen los tacos?*"
"Como você faz a comida?"
"Como você faz as *tortillas*?" (EP5: *Adaptar as questões ao nível linguístico das crianças*)

O Sr. Elizondo, o proprietário, mostrou às crianças a caixa registradora, a maneira de encerrar a conta de um cliente (o que faz soar uma campainha na caixa) e o local onde ele colocava o dinheiro (EP1: *Usar demonstrações*). Nesta área do restaurante, as crianças desenharam muito detalhadamente a caixa registradora, inclusive com os números dos botões. Elas também desenharam o telefone que estava mais próximo da caixa e os talonários para os pedidos dos fregueses (EP3: *Apresentar novas informações no contexto das informações já conhecidas*). As crianças fizeram as seguintes perguntas ao Sr. Elizondo:

"Quanto custa a comida?"
"¿*Cuántos cuestan las tortas?*"
"¿*Cómo paga la gente para la comida?*" (EP5: *Adaptar as questões ao nível linguístico das crianças*)

As crianças fizeram desenhos de muitas das coisas que viram no restaurante (Figura 6.4). A máquina de refrigerantes da cozinha foi o que mais as fascinou (Figura 6.5). Jose demonstrou como fazer para servir o refrigerante e falou com as crianças sobre os símbolos presentes na máquina, que indicavam as opções de bebida (EP1: *Usar demonstrações*).

A parte frontal do restaurante La Mexicana era uma espécie de mercearia. Muitas das crianças copiaram os rótulos do que viram nas prateleiras (EP4: *Repetir palavras e padrões frasais*). Elas também fizeram desenhos das prateleiras e contaram quantas

O Poder dos Projetos 113

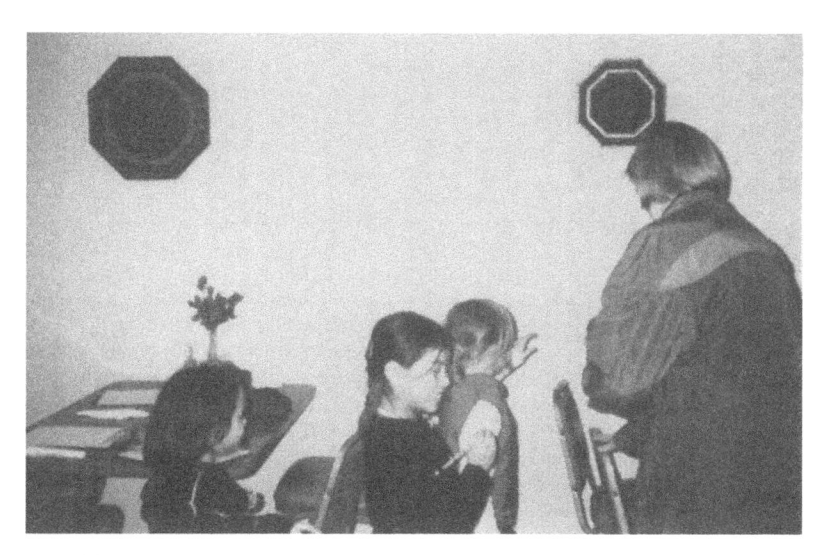

FIGURA 6.4 Bianca coleta dados, observando as mesas. Ela fez um desenho que representava as mesas e o número 12, que indicava a quantidade de mesas do restaurante.

havia; contaram alguns dos suprimentos e olharam seus preços; observaram que a comida era organizada por categoria (Figura 6.6; EP3: *Apresentar novas informações no contexto das informações já conhecidas*). As perguntas feitas nesta parte da loja foram:

"*¿Cuántos cuestan los aguacates?*" (pergunta feita por Anahi)

"Onde você consegue o molho *chile*?" (Morgan)
"*¿Cómo hacen las paletas frias?*" (EP5: *Adaptar as questões ao nível linguístico das crianças*)

As crianças ficaram fascinadas com o que estavam fazendo. Durante a visita, concentraram-se em seus desenhos e nas per-

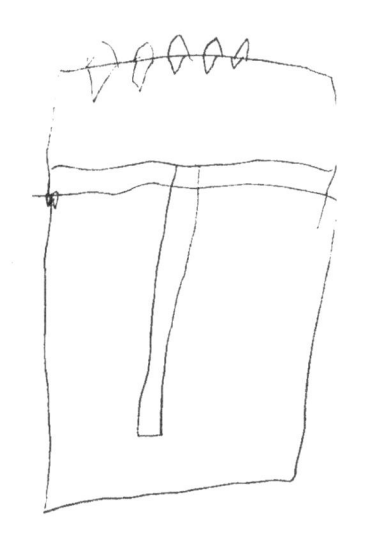

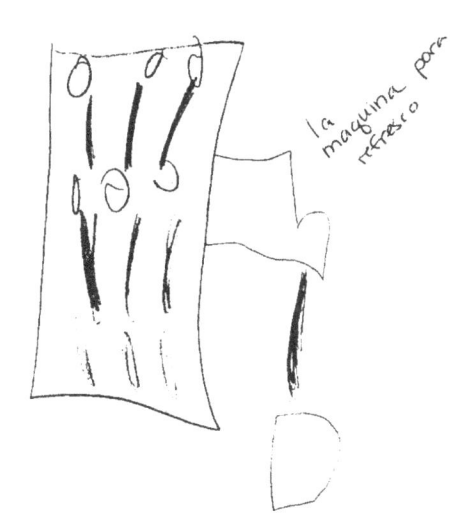

FIGURA 6.5 As crianças acharam a máquina de refrigerantes muito interessante, e muitas fizeram desenhos com base em suas observações.

FIGURA 6.6 As crianças fizeram desenhos dos enlatados da mercearia do La Mexicana.

guntas por meia hora, e não queriam voltar à escola quando o ônibus apareceu para pegá-las. Também ficaram muito contentes com as fotos da visita e gostaram de explicar o que estavam fazendo nelas. Daniel, por exemplo, disse: "Eu estava escrevendo as letras das garrafas de refrigerante". Ariel disse: "Ele está fazendo um pedido. Você tem que olhar as palavras para fazer um pedido". Jessica disse: "Eu estou na loja do La Mexicana, lendo os nomes das coisas".

Os alunos começaram a trazer materiais de casa. Uma garota trouxe fotos de comida que tinha recortado de revistas em casa. Naquele dia, ela e uma amiga passaram 50 minutos de aula legendando todas as comidas que puderam, para que pudessem utilizá-las no restaurante da turma. Uma garota fez as etiquetas em inglês, e a outra, em espanhol (EP4: *Repetir palavras e padrões frasais*; EP6: *Valorizar a língua nativa*).

As crianças pensaram bastante sobre o que tinham visto no La Mexicana, e isso as ajudou a decidir o que fazer em seu próprio restaurante (EP2: *Utilizar modelos e interpretações de papéis*). Fez-se uma lista do que se precisava para construir o restaurante da turma, e as crianças inscreveram-se em diferentes grupos para construí-lo. Conforme as crianças começaram a fazê-lo, produziam muitos desenhos, objetos e símbolos (Figuras 6.7 e 6.8). Durante muitos dias, elas fizeram desenhos para o restaurante e os penduraram acima do local destinado à montagem dele, bem como no corre-

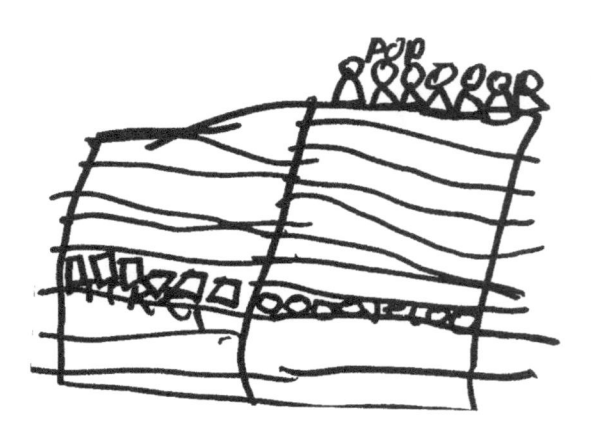

FIGURA 6.7 Morgan incluiu o desenho que fez das prateleiras na nota de agradecimento que fez ao Sr. Jose Elizondo.

O Poder dos Projetos **115**

FIGURA 6.8 McKayla desenhou a mercearia e as prateleiras, utilizando apenas sua memória.

preços. Várias outras crianças interessaram-se pelo processo e também começaram a fazer menus, o que lhes deu muita prática em escrever letras e números (Figura 6.12; EP4: *Repetir palavras e padrões frasais*). As crianças entenderam a noção de que o cliente deve ler as palavras do menu, para ver qual comida o restaurante produz, e de que o menu ajuda os clientes a decidir o que vão pedir. Fazer um pedido utilizando o menu era parte integrante e recorrente da interpretação dramática ou brincadeira que as crianças realizavam em seu restaurante (EP2: *Utilizar modelos e interpretações de papéis*). Por meio dessa atividade dramática, as crianças conheceram o poder da utilização das palavras escritas para o registro daquilo que as pessoas pediam. No restaurante La Mexicana, quando Jose ajudou dois dos alunos a fazer um pedido, um deles pediu um Sprite. Quando voltamos à nossa sala de aula, essas duas crianças descobriram como representar a palavra *Sprite*, no papel, pela letra "S".

dor próximo à porta da sala de aula. Elas também fizeram menus, uma máquina de refrigerante, uma caixa registradora e prateleiras. Depois disso as crianças fizeram uma lista do que deveriam pôr no restaurante, eu dei às equipes diferentes caixas de papelão com isopor dentro (para o caso de quererem utilizá-lo na construção). Além das caixas, também havia muitos outros materiais, como papel, lápis e canetas para as crianças utilizarem.

As crianças interessaram-se bastante por fazer menus. Elas estudaram os do La Mexicana por um bom tempo e depois começaram a fazer seus próprios menus (Figura 6.9; EP4: *Repetir palavras e padrões frasais*; EP6: *Valorizar a língua nativa*). Kathy tornou-se uma especialista em menus e começou a fazer vários (Figuras 6.10 e 6.11). Todos os menus continham exatamente a mesma comida e exatamente os mesmos

FIGURA 6.9 McKayla usou o menu do La Mexicana como referência para elaborar o seu.

FIGURA 6.10 A capa do menu que Kathy fez.

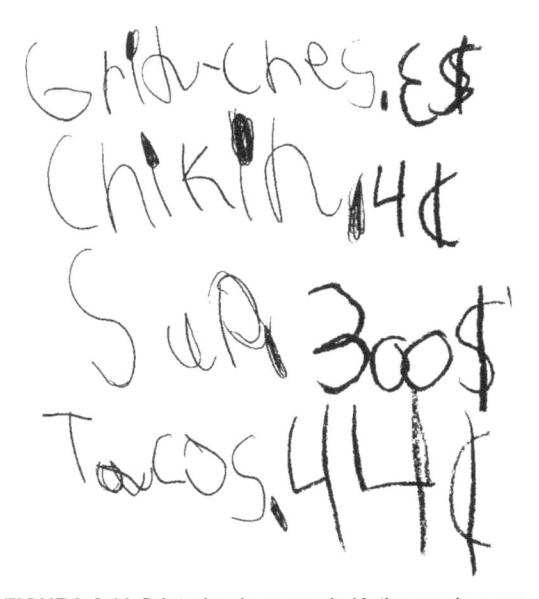

FIGURA 6.11 O interior do menu de Kathy revela a maneira inventiva pela qual expressou as letras, bem como a compreensão de como se devem representar os valores monetários.

FIGURA 6.12 Irving observa as crianças copiarem palavras da máquina de refrigerantes para o menu.

A construção das prateleiras da mercearia foi uma experiência que permitiu que as crianças resolvessem problemas. Foi uma oportunidade para pensarem de maneira diferente, "fora do programado", com a finalidade de encontrar uma solução. Primeiro, elas decidiram usar isopor para fazer as prateleiras (Figura 6.13). Seu plano era montá-las dentro de uma caixa alta, aberta de um dos lados, mas o fato é que já haviam cortado o isopor em pedaços menores. Tentaram, então, muitos métodos para fazê-las ficarem no lugar, usando fitas adesivas e percevejos, mas as soluções não funcionaram. A próxima tentativa foi a de colar as prateleiras, segurando-as no lugar enquanto a cola secava, mas, apesar de sua paciência, elas caíam quando as crianças as soltavam. Finalmente, depois de vários dias de tentativa e erro, elas descobriram que, se cortassem uma prateleira exatamente do tamanho da abertura da caixa, ela ficaria no lugar por si só (Figura 6.14). Fiquei muito impressionada com o apoio que as crianças deram umas às outras, quando precisaram enfrentar o problema das prateleiras, e com o fato de *todos* os integrantes da equipe se envolverem. Paquito, por exemplo, uma criança

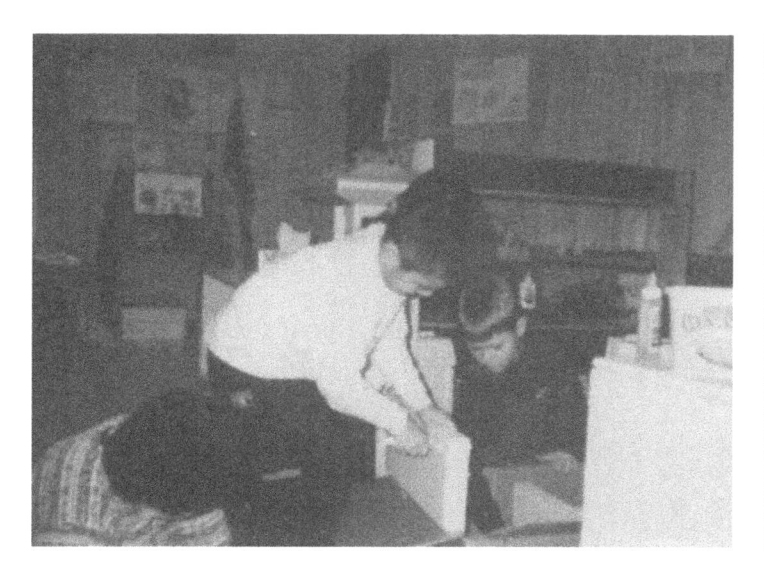

FIGURA 6.13 (esquerda) Jorge e Christian tentam cortar prateleiras que não cairão.
FIGURA 6.14 (direita) Foi necessária muita experimentação para descobrir como fazer para que as prateleiras não caíssem.

com atraso linguístico considerável, contribuiu para os esforços da equipe, frequentemente indicando aos colegas quando as prateleiras caíam e ajudando-os a apanhá-las do chão. Ele também tentou segurá-las para as outras crianças enquanto a cola secava. A participação de Paquito foi um grande exemplo de como os projetos estimulam as crianças a se envolverem com os colegas e apoiá-los.

Muitas das perguntas feitas pelas crianças durante a visita envolveram dinheiro e situações de compra e venda. Algumas das crianças ficaram curiosas sobre o lugar em que o dinheiro era guardado. Esse grupo estudou a caixa registradora do La Mexicana. Foi, então, bastante natural que tenham querido trabalhar em conjunto na criação de uma caixa registradora para o restaurante da turma (EP1: *Usar demonstrações*). Morgan ficou bastante entusiasmada com o uso de moedas e veio para a escola dizendo "Professora, fiz vários George Washingtons e Abraham Lincolns para a nossa caixa registradora!". Como antes eu havia mostrado às crianças as datas de aniversário de antigos presidentes dos Estados Unidos, Morgan estava agora fazendo conexões entre uma antiga experiência de aprendizagem e as moedas ou notas que traziam a efígie dos presidentes. A construção da caixa registradora incluía uma gaveta e etiquetas com números, que foram utilizadas nas interpretações dramáticas. A visita ao La Mexicana também ajudou as crianças a entender que precisavam de conhecimentos de matemática para comprar e vender no restaurante da turma (EP2: *Utilizar modelos e interpretações de papéis*).

FASE III: CONCLUSÃO DO PROJETO

As crianças envolveram-se com a documentação do projeto quando narraram o que estava acontecendo nas fotos tiradas durante a visita ao restaurante La Mexicana. Eu fiz uma exposição com suas citações, e elas quiseram convidar suas famílias para vê-la e fazer uma festa para celebrar a construção do restaurante (Figura 6.15). Nós decidimos fazer um encontro especial para as famílias (EP7: *Envolver os pais dos aprendizes de segunda língua nos projetos*). As crian-

(Ariel escreveu "mesa" [em espanhol] por conta própria!)

(Kennedi escreveu "Eu gostei de quando Joel e Jorge foram garçons.")
(*Kennedi escribió, "Me gusto cuando Joel y Jorge eran camareros."*)

FIGURA 6.15 Documentação das palavras e pensamentos das crianças apresentada no encontro que celebrou a construção do restaurante.

ças conversaram sobre quem queriam convidar e fizeram os convites. O restaurante La Mexicana trouxe os lanches para o encontro (Figura 6.16).

REFLEXÕES DO PROFESSOR

O Projeto Restaurante Mexicano permitiu que os falantes de espanhol de minha turma se sentissem como especialistas (EP6: *Valorizar a língua nativa*). Muitos dos meus alunos haviam comido no restaurante, mas os que falavam espanhol já conheciam a mercearia que ficava na parte da frente do La Mexicana porque iam até lá com seus pais para comprar comida. Eles sabiam os nomes, em espanhol, para os produtos vendidos lá, por isso sabiam

fazer muitas perguntas em espanhol e responder a muitas das perguntas dos alunos que falavam apenas inglês, o que ajudou a firmar sua autoconfiança. Essa experiência ajudou os falantes de inglês a perceber que aprender espanhol ajuda na comunicação com as pessoas da comunidade.

O restaurante foi um grande tema. Ele refletia a cultura dos meus alunos e de sua comunidade. Além disso, deu destaque a uma família falante de espanhol da comunidade e permitiu que meus alunos vissem

(Você está convidado para a inauguração do nosso restaurante na escola!)
Quarta, 7 de março
5:15-6:00
Comida do La Mexicana
Entrada Franca

FIGURA 6.16 As crianças escreveram uma carta convidando suas famílias para a festa de inauguração do restaurante da turma.

os colegas de língua espanhola como "especialistas" (EP6: *Valorizar a língua nativa*). As crianças satisfizeram muitas metas de aprendizagem durante o projeto. Praticaram os conhecimentos de matemática, como escrever números e usar a relação um para um enquanto preparavam as mesas. Usaram os sons das letras quando escreveram bilhetes de agradecimento a Jose, e os menus serviram para reforçar sua compreensão de que o que se escreve tem um significado (EP2: *Utilizar modelos e interpretações de papéis*).

O ato de dar nome às fotos das comidas permitiu que os alunos aprendessem o alfabeto e o som das letras (EP4: *Repetir palavras e padrões frasais*). As crianças demonstraram persistência e flexibilidade quando pensaram como fazer as prateleiras e usaram a metacognição quando refletiram e falaram sobre a sua visita ao La Mexicana.

Talvez o aspecto mais significativo deste projeto tenha sido a maneira como uma empresa da cidade participou dele. Quando Jose Elizondo ensinou como se fazia um pedido, ele, de fato, pediu uma *quesadilla* para cada uma das crianças. Elizondo não era pai de nenhuma delas, mas queria ajudar a aprendizagem que ali ocorria. Foi maravilhoso ver todos trabalharem juntos para a educação de nossas crianças.

Este projeto também me fez lembrar da importância de observar o comportamento das crianças na sala de aula e de fazer os assuntos escolhidos refletirem seus interesses. Percebi que as crianças estavam mais interessadas em restaurantes do que em comida e mudei meus planos para que refletissem o interesse delas. Como resultado, elas se envolveram muito neste projeto.

REFERÊNCIAS

Antunez, B. e Zelasko, N. (2001, August). *What program models exist to serve English language learners?* (FAQ). Washington, DC: National Clearinghouse for Bilingual Education.

Espinosa, L. M. (1995). *Hispanic parent involvement in early childhood programs* (Non-Classroom Use ERIC Document No. EDO-PS-95-3). Urbana, IL: ERIC Clearinghouse on Elementary and Early Childhood Education.

Goldenberg, C. (1993). The home-school connection in bilingual education. In U. Casanova (Ed.), *Bilingual education: Politics, practice, and research* (p. 225-50). Chicago: University of Chicago Press.

Helm, J. H. e Katz, L. G. (2001). *Young Investigators: The Project Approach in the Early Years*. New York: Teachers College Press.

Krashen, S. D. (1996). *Under attack: The case against bilingual education*. Culver City, CA: Language Education Associates.

McLaughlin, B. (1992). *Myths and misconceptions about second language learners: What every teacher needs to unlearn*. Santa Cruz, CA: National Center for Research on Cultural Diversity and Second Language Learning.

McLaughlin, B. (1995). *Fostering second language development in young children: Principles and practices*. Santa Cruz, CA: National Center for Research on Cultural Diversity and Second Language Learning.

Ovando, C. J. e Collier, V. P. (1998). *Bilingual and ESL classrooms: Teaching in multicultural contexts*. Boston: McGraw-Hill.

Peregoy, S. e Boyle, O. (1993). *Reading, writing, and learning in ESL: A resource book for K-8 teachers*. White Plains, NY: Longman.

Reyes, M. d. l. L. e Halcon, J. J. (Eds.). (2000). *The best for our children: Critical perspectives on literacy for Latino students*. New York: Teachers College Press.

Tse, L. (2001). *"Why don't they learn English?": Separating fact from fallacy in the U. S. language debate*. New York: Teachers College Press.

Wong Fillmore, L. (1985). Second language learning in children: A proposed model. In J. Provinzano (Ed.), *Issues in English language development*. Rosslyn, VA: National Clearinghouse for Bilingual Education.

A resposta eficaz aos padrões de ensino

7

Judy Harris Helm, Sallee Beneke e Marilyn Worsley

A DEFINIÇÃO DO DESAFIO
Judy Harris Helm e Sallee Beneke

Os desafios discutidos nos quatro capítulos anteriores estão intimamente ligados ao assunto deste capítulo – atender adequadamente aos padrões. As escolas estão lutando para superar o desafio de atender as crianças com necessidades especiais, as que estejam aprendendo uma segunda língua, as que tenham dificuldades em aprender a ler e as que vivam em situação de pobreza. Em função das dificuldades de vencer esse desafio, as escolas encontram-se sob forte observação. O foco do quinto e último desafio é o processo educacional e a responsabilidade final por esse processo.

A DEFINIÇÃO DOS RESULTADOS DESEJADOS

Dois aspectos do esforço que se faz para identificar os padrões de ensino e a avaliação desses mesmos padrões interessam muito aos educadores. O primeiro é a falta de acordo sobre o que se ensina, e se o que se ensina é aquilo que de fato se precisa aprender. O país como um todo quer levar os pais e as escolas a focalizarem diferentemente a aprendizagem, para determinar o que as crianças sabem e para pensar sobre quais conhecimento, habilidades e aptidões devem ser desenvolvidos. Como saberemos se as crianças estão aprendendo o que precisam aprender, se não chegamos a um acordo sobre o que devemos ensinar a elas?

Nos últimos 15 anos, muitos educadores concentraram-se no desenvolvimento adequado das experiências de aprendizagem e no ambiente de aprendizagem. Em resposta a uma inadequada imposição de materiais e de métodos para as séries iniciais, os profissionais que trabalham com crianças passaram a prestar cada vez mais atenção à inadequação ou à adequação do que fazemos como professores. No livro *Developmentally Appropriate Practice* (Bredekamp, 1986), as diretrizes disponíveis aos professores têm como base as características de desenvolvimento das crianças pequenas – características relacionadas à idade e à individualidade. Nove anos depois, em *Developmentally Appropriate Practice in Early Childhood Programs*, Bredekamp e Copple (1997) atualizaram tais diretrizes. Em 1995, Bredekamp e Rosegrant abordaram o currículo e as questões de avaliação, a adequação do contexto à aprendizagem e a cultura da criança.

Até há bem pouco tempo, o conteúdo do currículo ou o conhecimento desse conteúdo não se constituía como algo importante para os educadores que trabalham com a primeira infância. Assim, os professores da pré-escola não tinham muito a quem recorrer para determinar qual conteúdo valia a pena ser ensinado. Em geral, esse vazio era preenchido com livros de atividades, para finais de semana e artísticas, e unidades retiradas de livros encontrados no comércio. Embora tais atividades fossem apresentadas de um modo adequado ao desenvolvimento (isto é, fossem ativas, práticas e de acordo com a idade), elas não focalizavam necessariamente o que era significativo para as crianças ou o que lhes era mais importante para que conhecessem o sucesso escolar. Em muitos programas de ensino para a pré-escola, a seleção de experiências tinha como base o que era mais "bonitinho", o que os pais apreciariam ou o que era mais fácil de fazer, e não o que ajudaria as crianças a atingir as metas curriculares. Embora tais atividades não fossem prejudiciais às crianças, elas não contribuíam para dar conta dos desafios descritos nos capítulos anteriores. Em uma sala de aula da primeira infância observada por um de nós, 21 atividades diferentes para o Halloween desenvolvidas pelas crianças foram expostas nos painéis da sala de aula. Em alguns casos, o planejamento e a preparação desse tipo de atividade – e não o conhecimento, as habilidades e as aptidões da criança – tornavam-se o ponto principal da atenção do professor.

Na educação infantil e no ensino fundamental, os professores tendiam mais a ter um conjunto de metas e objetivos, mas o foco não era o conhecimento, as habilidades ou as aptidões dos alunos. Em algumas salas de aula, a meta principal era "dar toda a matéria", cobrir os assuntos, finalizar textos, exercícios ou atividades no computador. Depender dessas atividades pode levar o professor a sentir que seu trabalho foi bem-sucedido simplesmente por ter dado todo o conteúdo. As crianças que requerem atividades ou estratégias diferentes não são contempladas tão facilmente.

Esta situação levou à necessidade de padrões de ensino elaborados pelas associações profissionais, o que começou pelo National Council of Teachers of Mathematics e se expandiu para todas as outras áreas. O National Education Goals Panel faz uma distinção entre dois tipos de padrões de ensino (Bredekamp e Rosegrant, 1995): os *padrões de conteúdo* e os *padrões de desempenho*. Os *padrões de conteúdo* especificam o que os alunos devem saber fazer. Os *padrões de desempenho* aferem até que nível os padrões de conteúdo são atendidos, isto é, o nível de habilidade ou de competência do aluno. Como resultado, muitos desses padrões foram, então, incorporados às normas e à legislação referentes às escolas públicas. Muitos Estados estão estabelecendo padrões para a educação infantil.

A AVALIAÇÃO DA APRENDIZAGEM

O estabelecimento dos padrões leva a uma segunda preocupação: uma vez definido o que as crianças devem aprender, como saberemos se estão aprendendo e se os professores e escolas estão sendo eficazes? Como sabemos se as crianças estão aprendendo se não dedicamos tempo à avaliação de sua aprendizagem e ao desempenho individual delas? A boa avaliação das crianças pequenas, contudo, é um desafio em si mesmo em função do modo como elas aprendem em seus primeiros anos de vida. A maior parte dos professores está ciente da importância das experiências de aprendizagem ativas, envolventes e significativas e do fato de as crianças construírem seu próprio conhecimento pela interação com o ambiente e com os outros. O trabalho de Piaget (Opper, Ginsberg e Opper Brandt, 1987) demonstrou a importância das experiências sensoriais e das atividades de aprendizagem concretas. A NAEYC (1990) confirmou a importância das atividades diretas, de primeira mão e interativas na educação da primeira infância. A aprendizagem ativa e prática não pode ser facilmente avaliada por meio de testes padronizados ou de testes de verificação aplicados ao grupo, especialmente com crianças que não são ainda proficientes na leitura e na escrita. O interesse pela introdução de padrões nas escolas voltadas à primeira infância parece centralizar sua atenção no modo como a aprendizagem será avaliada:

A pressão para que se demonstre eficácia por meio do desempenho das crianças em testes padronizados não apenas modifica o modo como os professores ensinam e o que as crianças aprendem mas também parece modificar a nossa própria compreensão da natureza da aprendizagem, do que as crianças conseguiram aprender. Os testes de verificação aplicados a um grupo de alunos têm como foco a aquisição de fatos corriqueiros, a memorização superficial e conhecimentos de nível mais baixo, sendo provas isoladas de que algo foi aprendido. Os testes podem inclusive servir como uma forma de abuso de autoridade. É preocupante que eles retirem dos professores o seu sentido de julgamento sobre como fazer as crianças desenvolverem seu potencial ao máximo. (Meisels, 1995, p.1)

O desafio para os professores é, então, determinar o que ensinar e como avaliar o progresso das crianças de maneira adequada – em outras palavras, como determinar a eficácia das salas de aula de desenvolvimento adequado e que envolvem o aluno naquilo que aprendem.

ESTRATÉGIAS PRÁTICAS
Sallee Beneke

REFLEXÕES PESSOAIS

No início, achei intrusiva a implementação de padrões impostos pelo Estado no programa de ensino para a infância que eu dirigia. Para mim, assim como para muitos outros professores, a sala de aula é o lugar em que minha equipe e eu fazemos o melhor para transformar teoria em prática. Nossa sala de aula é a manifestação concreta de nossas ideias sobre ensino e aprendizagem. Escolhemos a combinação de atividades e situações que acreditamos atenderem melhor as necessidades das crianças, individualmente e em grupo. Consequentemente, quando fiquei sabendo que o Estado de Illinois estava planejando implementar padrões de ensino para as turmas da primeira infância, tive uma atitude de defesa. Vínhamos usando os projetos e o sistema de avaliação por amostra de trabalhos (Work Sampling Assessment System) havia seis anos e, na minha opinião, estávamos fazendo um trabalho eficaz de ligação entre o currículo e a avaliação para atender as necessidades individuais das crianças. Eu temia que esses novos padrões pudessem dar ênfase apenas ao ensino de sala de aula, às habilidades isoladas e às unidades segmentadas de conhecimento. Depois de examinar os padrões do Estado de Illinois, contudo, percebi que eles sustentavam a necessidade que as crianças têm de uma aprendizagem ativa, envolvente e significativa. Passei a considerar que tais padrões, quando elaborados e usados adequadamente (Bowman, Donovan e Burns, 2000), podem encaixar-se perfeitamente em um planejamento curricular voltado à criança, como é o caso dos projetos, melhorando a qualidade da educação. Os padrões oferecem diretrizes aos professores sobre qual conteúdo é considerado importante e adequado à idade das crianças, e os projetos oferecem um contexto nos quais as crianças são motivadas a aprender e a aplicar esse conteúdo de um modo integrado e significativo.

MAXIMIZANDO OS BENEFÍCIOS DOS PROJETOS

Estratégia Prática 1:
Planejar o atendimento dos padrões estabelecidos

Embora os projetos não sejam propriamente parte do currículo (Helm e Katz, 2001), eles têm o potencial de oferecer às crianças muitas oportunidades para que atendam os padrões relativos ao conhecimento, às habilidades e às aptidões. Se o professor souber antever e planejar, esse potencial será aumentado em muito. Primeiro, os professores devem estimular as crianças a investigar assuntos que tenham o potencial de desenvolver e aplicar as habilidades presentes no currículo. Como Marylin Worsley explica a seguir, nossos professores, por exemplo, escolheram, entre muitos outros assuntos apontados pelas crianças, fazer um projeto sobre *pizzas* porque acharam que era o de maior potencial para propiciar experiências relacionadas a todas as áreas da aprendizagem. Os professores sabiam que as crianças teriam muitas oportunidades de expandir e aplicar seu conhecimento.

Em segundo lugar, os professores precisam antever o que as crianças poderão aprender com a investigação. Uma maneira muito útil de organizar essa informação é criar uma rede inicial onde se coloca tudo o que poderia ser aprendido. Helm e Katz (2001) explicam de maneira muito clara esse processo de criação de uma rede de antecipação em *Young investigators*. Quando dois ou mais professores planejam em conjunto o processo de criação de redes descrito por Chard (1998), também pode ser muito útil. Por exemplo, os professores e os professores em treinamento do Illinois Valley Center criaram uma rede que previa o que ocorreria no Projeto *Pizza*, a qual incluía uma parte em que os ingredientes eram listados (veja uma simplificação dessa rede na Figura 7.1).

Conforme os professores aumentavam a lista de ingredientes na rede, eles começaram a antever o que poderia ser aprendido se as crianças mostrassem interesse pelo projeto, e esse potencial de aprendizagem também foi acrescentado à rede. Se analisarmos uma parte da rede em seus pormenores, compreenderemos melhor como se dá esse processo (Figura 7.2).

Acrescentar pontos de referência e padrões à rede ajuda o professor a antecipar quais são as metas que poderão ser atendidas ao longo da execução do projeto e quais experiências de aprendizagem devem ser planejadas. A Figura 7.3 demonstra como foi possível acrescentar à rede atividades centradas nos padrões de referência para a aprendizagem infantil do Estado de Illinois (Illinois Early Learning Standards). À medida que os professores se acostumam com esses padrões, o processo se torna mais na-

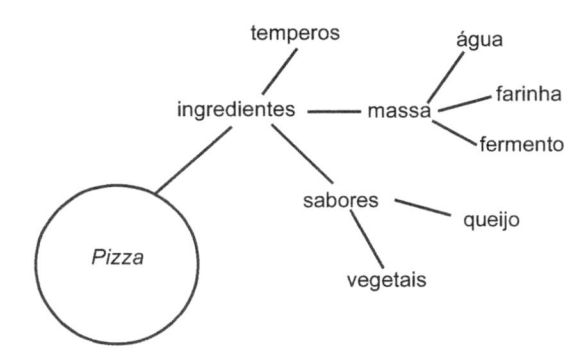

FIGURA 7.1 Esta parte da primeira rede que fizemos para o Projeto *Pizza* ajudou os professores a pensar sobre os ingredientes que poderiam ser estudados.

tural, tomando-lhes menos tempo. É bom ter à mão uma lista dos padrões utilizados. Uma cópia da lista pode, por exemplo, estar no plano de aula do professor, outra no mural da sala de aula e, outra ainda, no local em que a equipe geralmente se encontra para planejar atividades.

O processo de criação de redes pode ser ainda mais profundo, incluindo uma lista de materiais necessários para as várias atividades, e o professor pode pensar sobre como documentar o processo de atendimento dos padrões por parte dos alunos. O professor talvez queira, por exemplo, planejar a utilização de uma câmera para fotografar, documentando assim o que ocorre (Figura 7.3), além de fazer uma fotocópia da lista de regras de segurança gerada pelas crianças. Exemplos de muitos desses métodos e tipos de do-

FIGURA 7.2 Estes acréscimos à rede do Projeto *Pizza* ajudaram os professores a pensar sobre o que se poderia aprender com a investigação dos ingredientes da *pizza*.

faça pôsteres das receitas, utilizando gravuras que indiquem "ralar" e "fatiar"

disponibilize raladores e fatiadores para que as crianças possam desenhá-los

Padrão de referência 1.A.ECa – Compreensão de que as figuras e símbolos têm significado:

Padrão de referência 25.A.EC.d – Investigação dos elementos das artes visuais:

O queijo pode ser ralado ou fatiado

Padrão de referência 6.A.ECB – Contagem consciente e identificação de quantidades em conjuntos de objetos:

conte e compare o número de buracos existentes em diferentes raladores

Padrão de referência 11.B.ECa – Utilização de ferramentas durante a investigação:

Padrão de referência 15.A.EC – Identificação de trabalhadores da comunidade e dos serviços que eles fornecem:

descubra como se rala queijo em uma pizzaria de verdade

experimente ralar e fatiar diferentes materiais (argila, cera, queijo)

Padrão de referência 32.A.ECa – Começo da compreensão das regras:

Padrão de referência 19.B.EC – Coordenação dos movimentos para a execução de tarefas complexas:

disponibilize blocos de parafina e raladores em local adequado

converse com as crianças e elabore uma lista de regras de segurança para a utilização de raladores e fatiadores

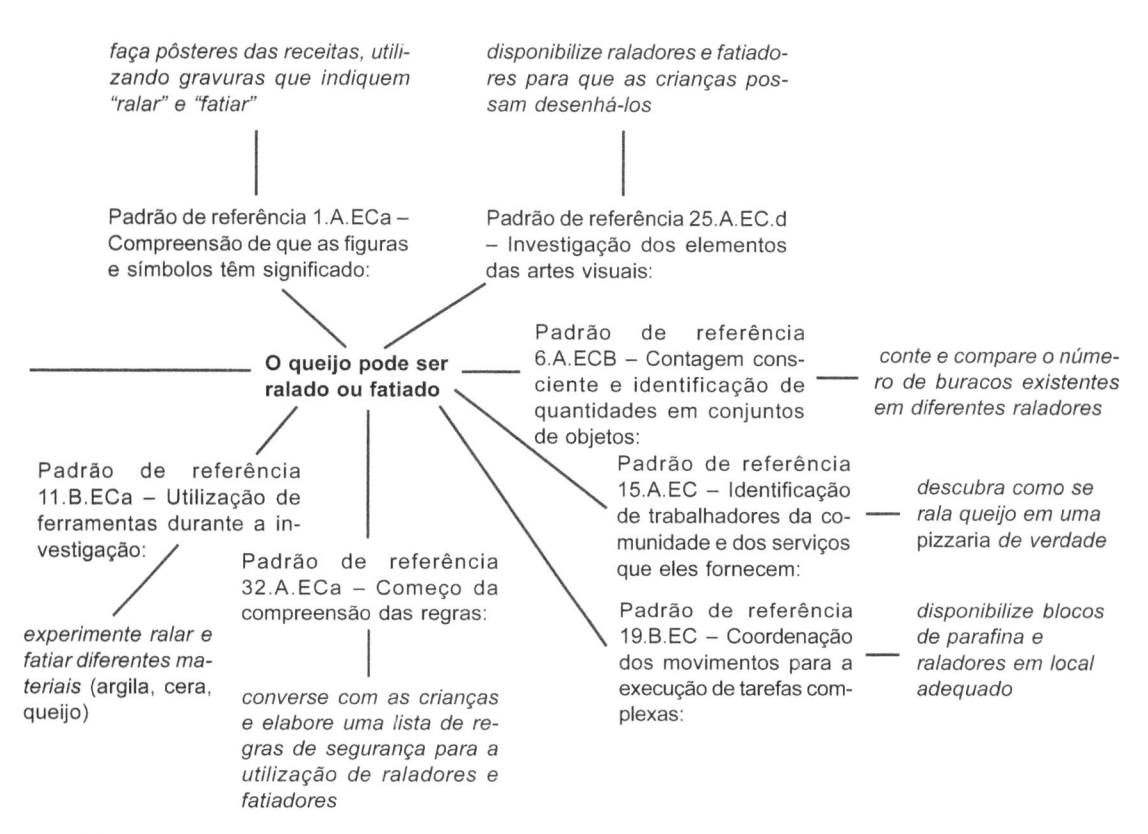

FIGURA 7.3 A inclusão dos padrões de referência no Projeto *Pizza*.

cumentação utilizados para demonstrar a aprendizagem das crianças podem ser vistos na descrição do Projeto *Pizza*, a seguir.

Fazer redes antes de os projetos começarem é uma rotina do planejamento de projetos no Illinois Valley Center. Embora tome algum tempo, em um contexto mais amplo se torna, na verdade, algo que ajuda a economizar tempo. O professor pode planejar aqueles padrões que provavelmente não serão atendidos no projeto, pode identificar atividades, pode gerar listas de materiais necessários, além de planejar e identificar métodos de documentar a aprendizagem. Para os professores que não se sintam à vontade com a criação de redes, uma tabela pode servir como substituto (Quadro 7.1). Embora esse formato não seja tão flexível quanto o da teia, talvez tenha a preferência dos professores.

A câmera digital também é útil. As fotos podem ser organizadas e atualizadas re-

QUADRO 7.1 Embora este formato não seja tão flexível como o da teia, poderá ser utilizado para antecipar a aprendizagem e os padrões que podem ser atendidos na investigação de um determinado assunto

Conteúdo do assunto	O que as crianças podem aprender	Qual padrão de referência pode ser atendido	Quais atividades podem ser planejadas	Materiais a coletar	Método de documentação

gularmente no computador; embora criar uma rotina para preparar e para organizar a documentação de um projeto tome bastante tempo e dê trabalho, será bastante útil no momento de preparação de *portfolios* do trabalho das crianças e na catalogação de sua aprendizagem.

A utilização de uma copiadora pode ajudar na organização e na economia de tempo. Por exemplo, antes de uma visita, o professor pode fazer cópias de uma série de páginas em que se incluam, no cabeçalho, o nome da criança, a data e o local a ser visitado. O professor coloca, então, essas páginas no caderno ou prancheta de cada criança, o que depois facilitará a avaliação de cada uma delas.

Em resumo, é útil que os professores que queiram explorar o potencial de um projeto para atender os padrões façam o seguinte:

1. familiarizem-se com os próprios padrões;
2. selecionem um assunto com potencial de atender os padrões do currículo;
3. criem uma rede que antecipe tudo o que poderá ser aprendido durante o estudo;
4. criem uma rede que identifique os padrões que poderiam ser atendidos durante o projeto;
5. acrescentem à rede atividades que interessarão às crianças e as ajudarão a atingir os padrões identificados;
6. acrescentem à rede materiais e contatos de que as crianças precisem para completar tais atividades;
7. acrescentem à rede recursos que serão necessários para documentar a aprendizagem;
8. aprofundem a rede à medida que a investigação das crianças se estreita;
9. maximizem o potencial do equipamento disponível para economizar tempo e para organizar o material;
10. tenham uma rotina e um sistema para recepção e organização da documentação das conquistas das crianças.

Estratégia prática 2:
Preservar um contexto de trabalho significativo para as crianças

As crianças possuem uma tendência natural a tentar compreender o mundo que está ao seu redor, sendo também mais propensas a adquirir e praticar o conhecimento, a habilidade ou a aptidão que necessitam utilizar para satisfazer sua curiosidade natural. Aprender dessa maneira é algo que as leva a se sentirem motivadas a realizar o melhor trabalho possível. Os projetos propiciam um contexto que permite ao professor planejar atividades que respondam aos interesses das crianças e os desenvolvam. Pela observação que faz da criança enquanto ela trabalha em um projeto, o professor poderá observar quais padrões de ensino foram atendidos e quais precisam de maior desenvolvimento. Propiciar esse contexto é algo que começa na Fase I e continua ao longo do projeto. O assunto de um projeto, em geral, começa com a observação que o professor faz das crianças enquanto brincam. Os instrumentos musicais, por exemplo, foram escolhidos como assunto de um projeto porque os professores observaram que muitas crianças gostavam de fingir tocar um instrumento durante as interpretações dramáticas.

Faz sentido dizer que a aprendizagem mais significativa será aquela em que há uma dose de participação das crianças, seja no planejamento, seja no desenvolvimento de tal aprendizagem. Nos projetos, as crianças podem direcionar o trabalho de acordo com suas perguntas e investigações. No Projeto Instrumentos Musicais, por exemplo, os professores trouxeram muitos instrumentos para a sala de aula, a fim de que as crianças os examinassem e os incorporassem a suas brincadeiras. Como ficou claro que as crianças gostaram mais das guitarras e dos instrumentos de corda, o assunto escolhido foi "guitarras". Ao final do processo, cada criança projetou e construiu sua própria guitarra. Embora o interesse comum fosse o mesmo, cada guitarra expressou o interesse individual das crianças. Uma garotinha disse: "A minha é uma guitarra de princesa!". Ao longo do projeto, as crianças trabalharam todos os domínios da aprendizagem, atendendo ou superando muitos dos padrões estabelecidos.

Estratégia Prática 3:
Fazer relações com o que as crianças aprendem

Os projetos podem ajudar as crianças a perceber a interconexão da aprendizagem intrinsecamente dentro de um mesmo domínio ou área, e extrinsecamente entre domínios distintos. Da mesma forma, elas em geral percebem a conexão do que aprendem com o mundo real, já que os projetos lhes impõem a resolução de problemas. Para fazer tais conexões, precisam do apoio de professores que antevejam a aprendizagem potencial presente nos problemas com os quais elas se deparam e que reconheçam os padrões que podem ser atendidos. Quando, por exemplo, as crianças disseram que gostariam de fazer suas próprias guitarras, os professores perceberam os problemas que elas teriam de resolver. Perceberam também que, à medida que tentassem resolver os problemas, teriam de fazer uso de conhecimentos e de habilidades que correspondem a vários padrões de ensino. Uma lista desses problemas e dos correspondentes domínios de aprendizagem e padrões do Estado de Illinois (*Illinois Early Learning Standards* – Illinois State Board Of Education, 2002) inclui:

- "Onde posso ver guitarras de verdade?" Padrão de referência 15. *Ciências sociais: Identificação de trabalhadores da comunidade e dos serviços que eles fornecem.*
- "Como faço para construir algo que fará um som de guitarra?" Padrão de referência 11. *Ciências: Utilização dos sentidos para explorar e observar materiais e fenômenos naturais.*
- "Como faço um desenho (projeto) de minha guitarra?" Padrão de referência 3. *Letras e Artes: Utilização de desenhos e da escrita para expressar significados e informações.*
- "Como faço para unir as partes?" Padrão de referência 7. *Matemática: Demonstração do começo da compreensão das unidades de medida, utilizando unidades não-padronizadas.*
- "Como uso a serra para cortar?" Padrão de referência 19. *Desenvolvimento Físico: Coordenação dos movimentos para a execução de tarefas complexas.*
- "Como faço para os parafusos entrarem na madeira e para prender os fios?" Padrão de referência 19. *Desenvolvimento Físico: Coordenação dos movimentos para a execução de tarefas complexas.*
- "Como ter paciência para trabalhar durante muito tempo com esse projeto?" Padrão de referência 31. *Desenvolvimento social/emocional: Demonstração de persistência e criatividade na busca de soluções para os problemas.*
- "Como faço para enfeitar minha guitarra?" Padrão de referência 25. *Belas artes: Investigação dos elementos das artes visuais.*
- "Como explicar aos adultos o que eu quero fazer?" Padrão de referência 4. *Letras e artes: Comunicação das necessidades, ideias e pensamentos que respondem às questões.*

Quando os professores avaliam o potencial de um assunto para o envolvimento do pensamento das crianças e para o estímulo de sua aprendizagem, é útil considerar os domínios da aprendizagem e a interconexão de domínios que a criança poderá explorar ao longo do projeto quando estiver resolvendo problemas.

Estratégia Prática 4:
Conectar o currículo à avaliação

Quando os professores que trabalham com a primeira infância pensam em incorporar os padrões aos seus programas de ensino, com frequência perguntam-se como planejar o atendimento desses padrões sem sacrificar a qualidade. Para planejarmos experiências que continuarão a estimular o desenvolvimento, precisamos avaliar o crescimento e a aprendizagem das crianças com base no que está ocorrendo na vida da sala de aula. Em geral, as avaliações embutidas no currículo, e que consistem em observações contínuas da criança na sala de aula, têm maiores chances de propiciar um resultado preciso do que as avaliações por demanda ("obrigatórias"), tais como os testes padronizados (Meisels, 1995). Da mesma forma, amostras do trabalho criado pela criança sob circunstâncias típicas de sala de aula tendem a representar melhor as habilidades da criança do que as avaliações por demanda.

As práticas inadequadas de avaliação podem ser evitadas se os professores observarem e documentarem o que as crianças dizem, fazem e produzem quando estão envolvidas em atividades de sala de aula que lhes são interessantes. O progresso e o desempenho das crianças no que diz respeito aos padrões de ensino são mais bem documentados quando se usa um sistema de avaliação que esteja alinhado com tais padrões, como fez o Estado de Illinois.

o ajudavam, abrindo portas e segurando sua prancheta. Quando a pesquisa terminou, ele contou as marcações e representou cada total com um número. Pela observação de seu comportamento e de seu trabalho, notei que seu conhecimento de matemática era mais avançado do que o de muitas das outras crianças de 3 anos da turma. Preparei, então, atividades que seriam como um desafio para ele e percebi seu interesse pela criação de gráficos. Em um currículo no qual o professor planeja as atividades com base no desenvolvimento médio de uma determinada idade, é difícil identificar e responder às habilidades e aos interesses individuais das crianças cujo desempenho esteja significativamente acima ou abaixo de tal desenvolvimento. Essa dificuldade se complica ainda mais pelo fato de que uma criança pode não se encaixar no nível médio em vários domínios da aprendizagem. Como professores, nossa obrigação para com as crianças é planejar um ensino que desafie suas capacidades. Não é suficiente levar uma criança a atender um determinado padrão ou referência; devemos ser capazes de ajudá-las a aprenderem algo novo.

Estratégia Prática 5:
Individualizar o ensino

Há uma relação vantajosa entre os projetos e as avaliações autênticas, como as do Work Sampling Assessment System (Sistema de avaliação por amostra de trabalhos). Os projetos propiciam o surgimento de muitas oportunidades para os professores observarem o que as crianças dizem e fazem, bem como para coletar amostra de seus trabalhos. Durante o Projeto Campo Aberto, três crianças realizaram uma pesquisa para ver qual inseto, entre três, os adultos preferiam. Duas das crianças tinham 4 anos, e uma, 3. Enquanto caminhavam pelo nosso prédio, perguntando às pessoas quais eram seus insetos preferidos, observei que o menino de 3 anos fazia marcações nas colunas de sua folha de pesquisa, e as garotas de 4 anos

Estratégia Prática 6:
Sustentar a motivação das crianças

As crianças tendem a aplicar o conhecimento e as habilidades espontaneamente quando estão envolvidas nos projetos. Os professores podem observar o que elas entendem sobre como e quando usar seu conhecimento e também seu nível de desempenho quando estão altamente motivadas. Os resultados desse tipo de avaliação podem mostrar ao professor como as crianças estão progredindo em relação aos padrões de ensino, podendo ser utilizados para dar forma ao próprio ensino. O professor entenderá o que cada criança já conhece e sabe fazer, bem como aquilo que está começando a aprender. As experiências e os materiais que ajudam a construir essa nova aprendizagem podem ser incorporados aos projetos ou ensinados como um acréscimo a eles. Dessa forma, os professores aumentam a qualidade da educação. Quando, por exemplo, Sam, um menino de 4 anos, começou a frequentar nossa escola, sua mãe mostrou-se preocupada com a falta de interesse do menino por desenhar e escrever. Contudo, constatamos que, quando ele estava motivado pelo projeto que ocorria em sala de aula, como no Projeto Biblioteca, foi capaz tanto de desenhar como de escrever. Depois de várias visitas à biblioteca, algumas crianças decidiram construir uma. Sam candidatou-se a fazer o computador. Ao final do processo, os alunos e os professores levaram a biblioteca construída pelos alunos até a biblioteca da escola, para ser exibida lá. Sam fez questão de etiquetar toda e qualquer parte do computador, de forma que os espectadores pudessem entender o que a construção representava. Ele pediu à professora para escrever, e, então, copiou cada palavra, como *monitor*, *CPU* e *impressora*.

Os projetos permitem que os professores atendam os interesses individuais das crianças, proporcionando-lhes experiências que sejam um desafio e ajudando-os a dar conta e a suplantar os padrões relacionados à sua faixa etária. Quando envolvidas com os projetos, as crianças ficam intrinsecamente motivadas a fazer o melhor (Figuras 7.4 e 7.5)

CONCLUSÃO

Além de apresentar um novo desafio para os educadores da primeira infância, os padrões de ensino também oferecem possibilidades positivas para as crianças. Primeiro, se conjugados com um currículo voltado à criança, tais como os projetos, e se avaliados com um método intrínseco ao próprio currículo, os padrões podem aumentar a qualidade da educação infantil. Segundo, os padrões formais na educação da primeira infância podem trazer um diálogo construtivo a esta área de ensino, em que o foco e a qualidade da educação variam imensamente. Esse diálogo pode resultar em um nível

FIGURA 7.4 Crianças da turma da professora Jean Thieman fazem experiências com a pressão da água no Projeto Água para o rio.

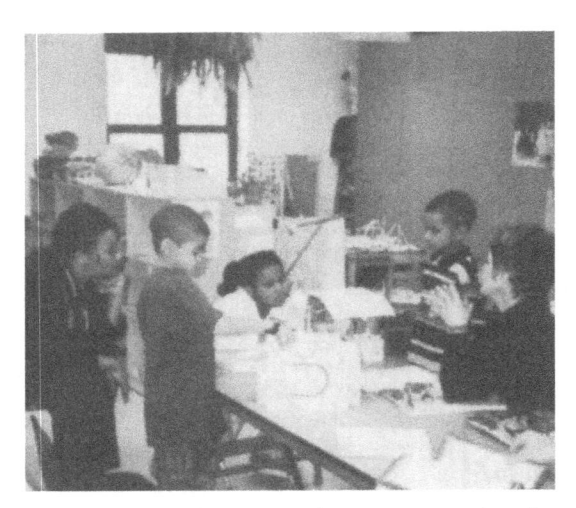

FIGURA 7.5 As crianças envolvem-se e se sentem desafiadas enquanto realizam uma experiência de construção de uma ponte durante o Projeto Água para o Rio.

mais alto de programação para um número maior de crianças. Algumas das estratégias para atender os padrões por meio dos projetos são:

1. Planejar o atendimento dos padrões estabelecidos.
2. Preservar um contexto de trabalho significativo para as crianças.
3. Fazer relações com o que as crianças aprendem.
4. Conectar o currículo à avaliação.
5. Individualizar o ensino.
6. Sustentar a motivação das crianças.

A preocupação inerente à adoção dos padrões educacionais para as crianças pequenas é a de que tais padrões levem a um currículo mais restrito, compartimentado e fechado. Se os padrões causarem a implementação de um currículo simplificado, então as crianças provavelmente perderão a oportunidade de desenvolver a compreensão das relações e conexões mais ricas que ocorrem entre ideias e habilidades. Elas podem de fato não entender quando, ou por que, os conceitos devem ser usados. Já ouvi as pessoas se referirem aos padrões de ensino para a infância como se fossem um mapa para a aprendizagem. Se aceitarmos essa metáfora, pode ser útil pensar nos padrões como se fossem os destinos para os quais nos dirigimos nesse mapa. Assim como em um mapa rodoviário, há muitas rotas para um mesmo destino. Algumas não são tão rápidas como as outras, mas oferecem uma paisagem mais bonita e mais oportunidades para aprender sobre as pessoas, a cultura e as características regionais. Aqueles que viajam nessa rota têm uma compreensão mais profunda dos lugares por onde passaram e por onde passarão. Poderão encontrar o caminho de volta mais facilmente do que se tivessem ido por um caminho mais rápido, mais direto. Uma vez atingido o destino, provavelmente continuarão gostando de fazer essa espécie de viagem prazerosa novamente. Poderão planejar conhecer novos destinos e usar suas experiências anteriores para ajudar no caminho. Há também muitos veículos que podem ser utilizados. Se um jato é mais rápido, não oferece o mesmo tipo de perspectiva e profundidade de compreensão que uma viagem de bicicleta. À medida que os professores começam a implementar os padrões de ensino nos programas de educação infantil, é importante que continuemos a dar oportunidades para que as crianças experimentem a jornada de aprendizagem em profundidade, façam as conexões dentro de uma disciplina e entre disciplinas e sintam-se estimuladas e satisfeitas com os desafios e com o domínio da aprendizagem.

Eu levantei a hipótese de que os padrões de ensino podem ser atendidos por meio dos projetos, e a melhor maneira de testar isso é examinar os padrões à luz de um projeto que de fato aconteceu. Como se demonstra na próxima parte deste capítulo, o Projeto *Pizza* foi desenvolvido no centro de educação infantil do Illinois Valley Community College, na primavera de 2001. Durante o projeto, a equipe prestou atenção a quais pontos dos padrões estavam sendo atendidos. No passado, havíamos utilizado o Work Sampling System em sete áreas da aprendizagem. Pelo fato de esse sistema ter sido uma das grandes influências para os criadores dos padrões de ensino, constatamos que se poderia planejar e avaliar o atendimento de tais padrões da mesma forma como estávamos fazendo com o sistema anterior.

O PROJETO *PIZZA*
Marilyn Worsley

O Projeto *Pizza* ocorreu no Centro de Educação Infantil do Illinois Valley Community College, próximo de Oglesby, Illinois. Kathie Zecca e Mary Ann Vollmer colaboraram comigo neste projeto, bem como Veronica Flori, Lupe Granados e Kaleena Riollano. O Centro de Educação Infantil funciona das 7h30min às 17h30min durante o ano inteiro. Os filhos dos alunos da faculdade, dos professores, dos empregados e dos membros da comunidade estudam nesta escola. Nossa turma multietária atende crianças de 3 a 5 anos. O padrão de frequência das crianças é variável: algumas crianças vêm apenas uma, duas ou três vezes por semana. Embora o público varie de semestre para semestre, uma média de 30 a 50% das crianças são de famílias de baixa renda, de acordo com as diretrizes do Child Care Food Program.

Nosso programa de ensino tem muitos pontos fortes. Fomos estimulados e apoiados pela administração a implementar os projetos e práticas de documentação, incluindo o Work Sampling Assessment System. Os projetos e a documentação complementam-se reciprocamente. A administração apoia o desenvolvimento profissional contínuo nessa abordagem, incluindo a participação no Illinois Project Group. Também temos a felicidade de dispor de transporte para as visitas que realizamos com os alunos e de fundos para cobrir alguns materiais extras necessários aos projetos. Outro ponto forte de nosso programa é o interesse dos pais por nosso trabalho e a disponibilidade de voluntários e de professores assistentes para ajudar nas visitas. Os grupos multietários são outro motivo para a realização de projetos; sempre há alunos mais experientes, que não estão em seu primeiro ano na escola, atuando como modelos para os alunos mais jovens.

No momento em que estava começando o Projeto *Pizza*, recebi uma cópia dos novos padrões de ensino do Estado de Illinois. Tive o prazer de constatar que o Work Sampling System era usado como referência para muitos dos pontos ali abordados. Já usávamos tal sistema há alguns anos, e minha expectativa era a de que essa familiaridade nos ajudasse a incorporar os padrões em nosso planejamento. Quando demos continuidade ao Projeto *Pizza*, decidimos analisá-lo sob a ótica dos novos padrões, a fim de verificar se nosso currículo, baseado em projetos, precisaria ser alterado.

FASE I: COMEÇO DO PROJETO

Começamos o Projeto *Pizza* de uma forma que era nova para nós. No passado, geralmente selecionávamos nosso assunto de acordo com o interesse comum que percebíamos nas crianças, ou escolhíamos um determinado assunto para ver o quanto seria bem-sucedido com elas. Na primavera de 2001, porém, decidimos deixar que as crianças fizessem sugestões e votassem em um assunto para investigação. (EP2: *Preservar um contexto de trabalho significativo para as crianças*). Em uma reunião com elas, pedi-lhes ideias sobre possíveis assuntos para investigação. Elas sugeriram o seguinte: caminhões, calculadoras, *pizzas*, dinossauros, a cabeça humana e, finalmente, caixas de papelão. A lista diminuiu para dois itens, por meio de duas votações. Nesse processo, as crianças puderam perceber a utilidade de contar e dos gráficos (EP3: *Fazer relações com o que as crianças aprendem*). Primeiro, os professores votaram em seus dois itens favoritos da lista: caminhões e *pizzas*. No dia seguinte, as crianças colocaram seus votos, com o uso de etiquetas adesivas amarelas, em um pôster. Entre caminhões e *pizzas*, escolheram este último assunto.

Depois de contar os votos e de as *pizzas* terem sido escolhidas, demos às crianças a oportunidade de contar o que sabiam sobre o assunto. Criamos uma rede, que passamos a utilizar nos dias seguintes (Figura 7.6; EP3: *Fazer relações com o que as crianças aprendem*). Uma vantagem desse assunto foi a de que as crianças tinham conhecimento anterior sobre *pizzas*. Algumas falaram sobre frequentar uma pizzaria ou pedir uma *pizza* por telefone para comemorar algum aniversário. Também organizamos nosso plano de aula para que as crianças pudessem desenhá-las e falar sobre elas. A maior parte fez desenhos de *pizzas* inteiras, embora outros desenhassem apenas a representação de um determinado sabor. (Figura 7.7; EP5: *Individualizar o ensino*).

Queríamos dar às crianças uma oportunidade de "virar o assunto de cabeça para baixo", porque esperávamos entender qual direção seus interesses tomariam durante a investigação (EP2: *Preservar um contexto de trabalho significativo para as crianças*). Com frequência, começamos as investigações estimulando as crianças a explorar as ferramentas associadas com o assunto. Neste caso, tivemos sorte de contar com uma professora assistente, Veronica Flori, que também trabalhava como gerente de uma pizzaria na cidade vizinha, Ottawa, Illinois. O proprietário dessa pizzaria permitiu que Veronica trouxesse fôrmas, chapéus de *chef* e utensílios de cozinha, incluindo os "rolos furadores de massa". Veronica apresentou todas as ferramentas aos alunos, que, depois,

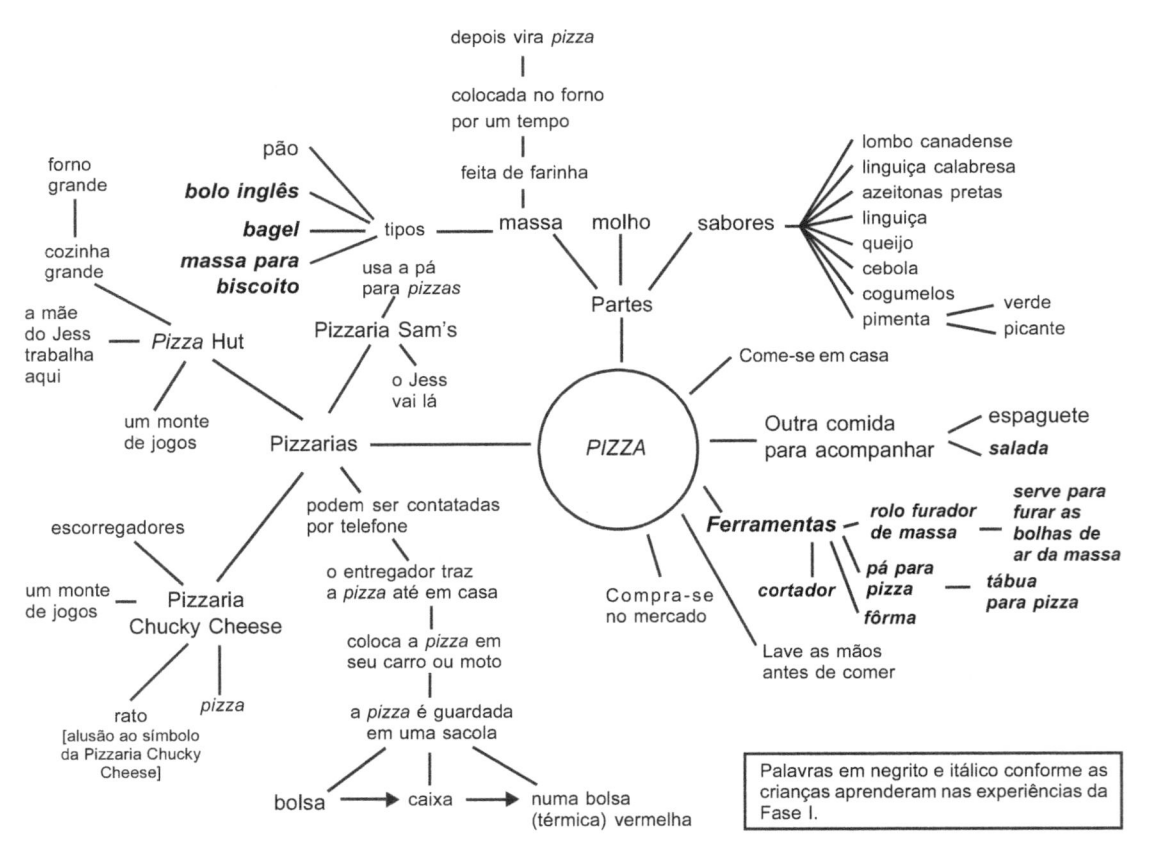

FIGURA 7.6 Rede de conhecimento que as crianças tinham sobre pizzas no início do Projeto *Pizza*. Observe que as crianças acrescentaram muitas informações no item ferramentas, pois tiveram oportunidade de "virar o assunto de cabeça para baixo".

O Poder dos Projetos   133

FIGURA 7.7 Os desenhos da Fase I do Projeto *Pizza* demonstram o conhecimento inicial das crianças sobre o assunto. Eles também refletem os vários níveis de desenvolvimento da turma.

tiveram a oportunidade de brincar com elas. Também trouxemos vários tipos de raladores de queijo e de cortadores de *pizza* para que as crianças os conhecessem e examinassem. As crianças tocaram, desenharam, construíram cópias, etiquetaram e usaram todos eles. Os ingredientes utilizados para preparar os diferentes sabores das *pizzas* foram sentidos, contados, cheirados, cortados e preparados, observando-se também o que acontecia com eles quando não eram refrigerados. Apresentou-se também alguma literatura sobre a produção de *pizza*. Muitos experimentos com escrita e matemática resultaram dessa primeira fase. Breanna, por exemplo, uma garota de 5 anos, deu os seguintes nomes aos seus desenhos: *rolo de massa* e *bandeja para pizza*. Suas letras estavam bem feitas e tinham um tamanho uniforme (Figura 7.8). Alex, de 3 anos, também deu nome ao desenho que fez de um ralador de queijo. A sua escrita trazia formas similares às letras e um "E" invertido (Figura 7.9). O interesse de Alex e a sua habilidade para etiquetar/legendar objetos continuaram a se desenvolver durante o projeto. As crianças, em geral, desenham grupos de ferramentas na mesma folha de papel (Figura 7.10; EP4: *Conectar o currículo à avaliação*; EP5: *Individualizar o ensino*).

Perguntamos às crianças o que queriam aprender sobre *pizzas* (EP2: *Preservar um contexto de trabalho significativo para as crianças)*. Fizemos uma lista de suas perguntas e a colocamos no mural destinado ao projeto. Mais perguntas foram acrescentadas ao longo do projeto. As primeiras perguntas foram:

"Do que se faz a massa da *pizza*? De pão?"
"Em que outro lugar, diferente da pizzaria, podemos encontrar *pizza*?"
"O que é aquela pá para colocar *pizzas* no forno?"

FIGURA 7.8 Breanna escreveu o nome do desenho que fez de um rolo de massa (*rolling pin*).

FIGURA 7.9 Alex, 3 anos, desenhou um ralador de queijo e deu nome ao desenho. Observe o "E" invertido do lado esquerdo do cabo do ralador.

"Como são os fornos das pizzarias?"
"Como é que o tomate vira molho?"
"Qual é o nome da pessoa que compra *pizzas*?"

Durante o projeto, as crianças fizeram sugestões de novas ideias para investigação que foram inspiradas no brincar e na experimentação. Durante uma atividade nas quais estavam derretendo queijo, uma delas sugeriu que deveríamos tentar derreter outros tipos de queijo. Ela queria ver como o processo de derretimento variava de acordo com o queijo (EP6: *Sustentar a motivação das crianças*).

Muitas das atividades desenvolvidas na Fase I do Projeto *Pizza* estavam de acordo com as diretrizes dos padrões do Estado de Illinois. As habilidades relativas à alfabetização e à ciência foram muito bem cobertas nesta fase. Assim como aprendi a incorporar os padrões em meu planejamento, acho útil continuar a fazer um planejamento antecipado e a acrescentar os padrões que podem ser atendidos à minha rede inicial (EP1: *Planejar o atendimento dos padrões estabele-*

cidos). Sempre se cria uma rede inicial para todo projeto iniciado em nossa escola. Até o Projeto *Pizza*, porém, nossas redes continham apenas informações sobre o assunto, atividades potenciais e possível documentação. Pela inclusão dos padrões que podem, ou não, ser atendidos pelo projeto, serei capaz de julgar quais atividades preciso trabalhar fora dele. Incluir os padrões no processo de criação da rede ajuda os professores a oferecer um currículo mais completo.

FASE II: INVESTIGAÇÃO

As crianças interessaram-se pelo modo como se faz uma *pizza* e pelo processo de entrega. Elas haviam brincado de entregadores durante a interpretação dramática e por meio de uma versão da história *Hi, Pizza Man!* (Walter, 1998). Contudo, queríamos dar a elas a oportunidade de passar de verdade por esse processo. Veronica conseguiu arranjar duas visitas a Pizzaria Bianchi, onde trabalha. Na primeira visita, as crianças observaram, olharam o local e ouviram as informações que lhes foram passadas. Elas levaram suas pranchetas e algumas perguntas de caráter geral. Suas perguntas foram respondidas,

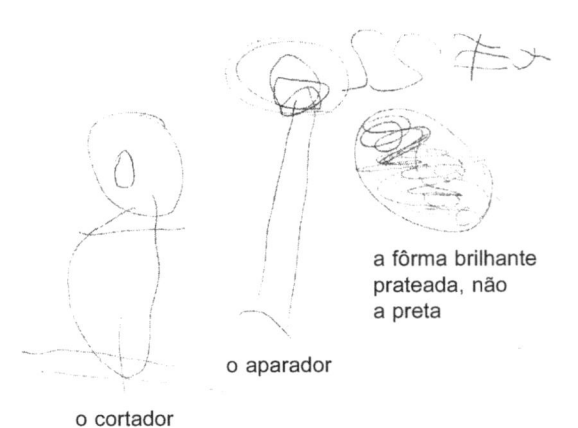

FIGURA 7.10 Desenho de uma criança, representando três equipamentos para *pizza*: o cortador, o aparador e a fôrma. Esses desenhos foram um modo de a criança colher informações, e não uma atividade artística.

e o interesse parecia estar em uma máquina utilizada para moer carne e queijo e no forno. Pensamos que seria útil fazer primeiro uma visita de reconhecimento para que as crianças tivessem informações suficientes para aumentar sua curiosidade (EP6: *Sustentar a motivação das crianças*).

Enquanto estavam na Pizzaria Bianchi, as crianças viram um equipamento muito grande, utilizado para ralar queijo. Quando voltamos à sala de aula, começamos a falar com elas sobre o que haviam visto e o que gostariam de saber mais a respeito (EP2: *Preservar um contexto de trabalho significativo para as crianças*). Antes da visita, Veronica preparou um álbum com fotografias da pizzaria, para dar às crianças uma ideia do que poderiam ver lá. Com esse álbum, sua experiência em interpretações e em primeiras visitas, as crianças planejaram a segunda viagem até o local. Fizeram uma lista das coisas que pensavam ser possível encontrar lá: forno, uma grande geladeira, comida, massa para *pizza*, grampos, molhos, queijo, pimenta, molho bolognesa, cozinha, saladas, rolo de massa, laranjas, *pizza*, caixas, cogumelos, embalagens, salsichas, furador de massa, serviço de entrega da Pizza Hut, *chef,* gerentes, cozinheiros, pias máquinas de lavar, cestos para lixo, misturadores, alface e cerejas. Parecia óbvio que elas já sabiam bastante sobre os equipamentos, o pessoal e a operação de uma pizzaria (EP4: *Conectar o currículo à avaliação*), mas a segunda visita de fato aprofundou a compreensão das crianças, desafiando-as a aprender e a usar um novo conhecimento, novas habilidades e novas aptidões (EP6: *Sustentar a motivação das crianças*).

A segunda visita realizou-se uma semana depois. Naquela oportunidade, muitas crianças dedicaram-se a desenhar a máquina de moer, que as fascinava (Figura 7.11; EP2: *Preservar um contexto de trabalho significativo para as crianças*). Na primeira visita, elas viram a máquina produzir muito queijo fatiado, e, na segunda, a máquina estava fazendo salsichas. Várias crianças ajudaram a colocar na máquina os temperos utilizados para a salsicha. As crianças puderam olhar o topo da máqui-

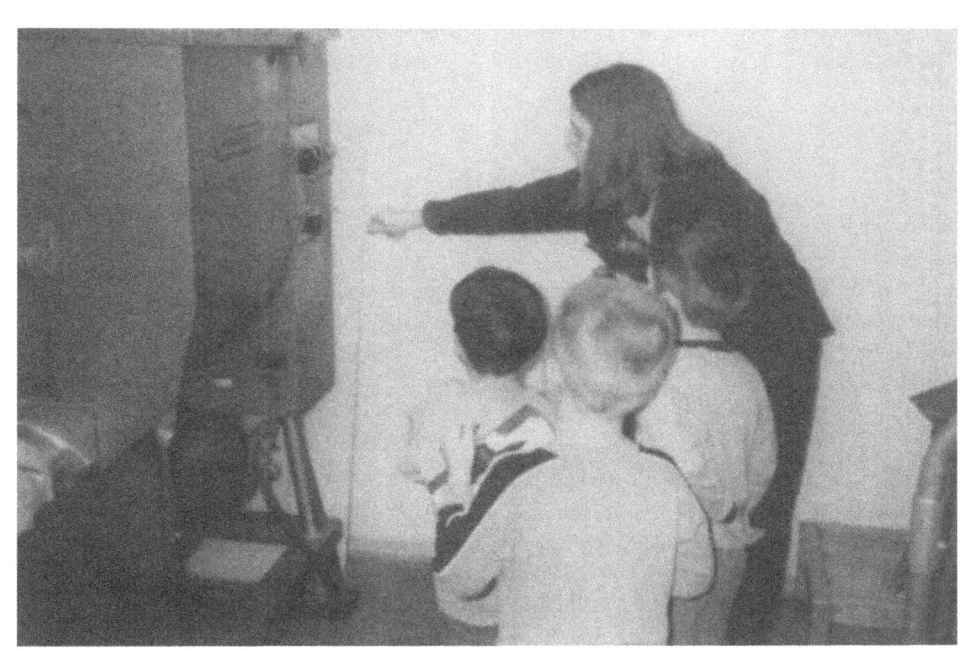

FIGURA 7.11 A professora Marilyn Worsley mostrou detalhes da máquina de moer.

na, vendo a salsicha sair em uma extremidade do equipamento. Muitas das crianças desenharam a máquina. Jess, um menino de 4 anos, desenhou os recipientes em que caíam as salsichas, contou-os e os numerou (Figuras 7.12 e 7.13; EP3: *Fazer relações com o que as crianças aprendem*). Contar e escrever os numerais eram atividades novas para Jess. Aprender e aplicar esses conhecimentos de maneira integrada ajudou-o a entender sua utilidade (EP5: *Individualizar o ensino*). Outras crianças desenharam o aquecedor de *pizza*, as latas grandes das prateleiras, a batedeira industrial, a pia e a máquina de lavar. Várias crianças se interessaram pelo ralo da cozinha e o desenharam, contando o número de furos (EP6: *Sustentar a motivação das crianças*).

Antes de sairmos da Pizzaria Bianchi, as crianças prepararam a massa para suas próprias *pizzas*. Elas usaram os mesmos equipamentos profissionais que Veronica havia trazido para a sala de aula: o rolo furador de massa e o aparador (Figura 7.15). Mais tarde, Veronica trouxe as *pizzas* já prontas para a escola. As crianças estavam ansiosas por comer as *pizzas* que elas mesmas haviam feito (EP3: *Fazer relações com o que as crianças aprendem*). Nos dias que se seguiram, visitamos a pizzaria novamente e filmamos nossa passagem por lá.

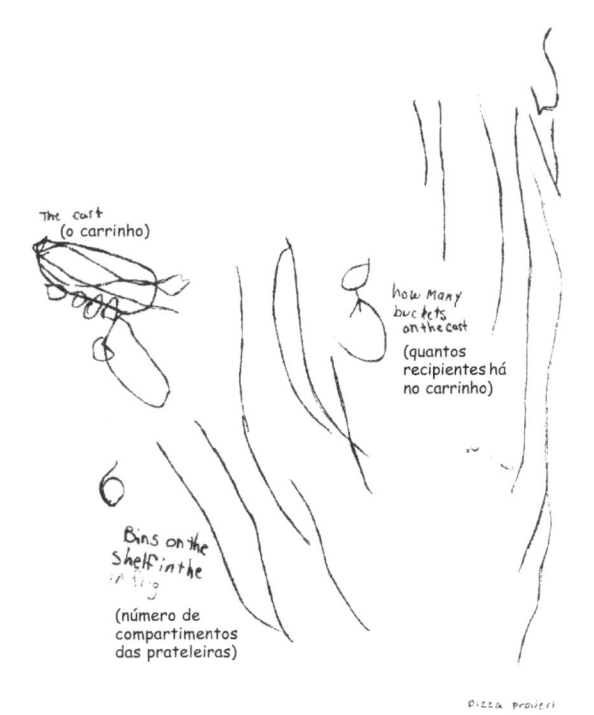

FIGURA 7.13 Jess desenhou o carrinho e contou o número de recipientes nele transportados, bem como o número de compartimentos das prateleiras. Após contar suas próprias marcações, anotou o numeral correspondente.

Depois que as crianças voltaram da visita, fizemos uma lista do que elas haviam visto (EP3: *Fazer relações com o que as crianças aprendem*). Antes, as crianças haviam começado a transformar a área em que brincavam em uma pizzaria. Exatamente como eu previra, quando voltaram da Pizzaria Bianchi, disseram-me que queriam fazer algo bem parecido com o que haviam visto lá. Elas, então, ditaram-me uma lista dos itens que queriam construir (EP6: *Sustentar a motivação das crianças*). Conversamos sobre o que fazer primeiro, quem trabalharia com qual item e sobre os materiais necessários (EP3: *Fazer relações com o que as crianças aprendem*). Os

FIGURA 7.12 Jess, de 4 anos, inclinou-se para ter uma visão melhor da máquina de moer.

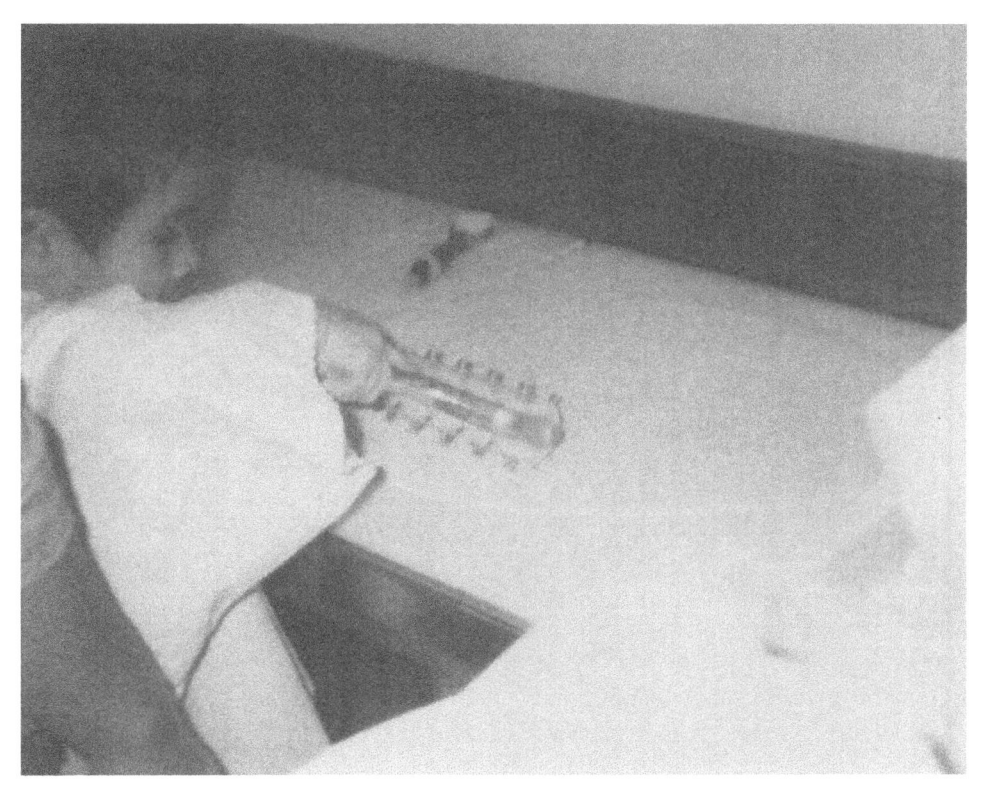

FIGURA 7.14 Justin furou, com o rolo, a massa da *pizza* na Pizzaria Bianchi.

dois equipamentos que as crianças de fato construíram até o fim foram a máquina de moer e o aquecedor de *pizzas*. Embora passassem de uma atividade a outra, havia grupos que pareciam permanecer mais concentrados em uma das construções. Apesar de a construção do aquecedor ter sido interessante, falarei mais detalhadamente sobre a máquina de moer. Jess, Robbie e Justin eram os principais responsáveis pela construção. Foi interessante vê-los resolver problemas e aprender (EP4: *Conectar o currículo à avaliação*). Eu sugeri que dessem uma olhada nas fotografias que Veronica havia tirado da máquina de moer. Eles as usaram para desenhar o plano de sua construção (EP3: *Fazer relações com o que as crianças aprendem*).

Entre os materiais que havíamos coletado estavam várias caixas grandes de papelão. Eu presumi que as crianças usariam uma das caixas, fazendo alguns buracos nela para representar as aberturas da máquina. Em vez disso, elas usaram uma serra para separar os quatro lados da caixa. Depois, com uma fita métrica, determinaram qual seria a altura ideal da máquina. Robbie usou um bastão com cerca de 1 metro de comprimento para fazer uma tira de papel que teria o comprimento que utilizariam para determinar a altura da máquina. Colar as paredes dessa máquina foi um desafio. Eles usaram vários métodos, incluindo cola, antes de tentar usar fita adesiva. Durante esse processo, descobriram que seria melhor se um deles segurasse os lados da máquina enquanto os outros passavam a fita. Fiquei muito impressionada com a sua determinação e habilidade em montar a máquina. Eles serraram, cortaram, colaram, gramparam, desenharam, pintaram e dobraram. À primeira vista, o produto final parecia-se com uma velha caixa, um pouco engraçada, pois estava coberta com fita e com o fundo de uma garrafa plástica de água saindo da parte de cima da caixa. Olhando mais de perto, contudo, podia-se observar que muitos detalhes estavam presentes. Os meninos haviam feito até o buraco para colocar temperos no topo da máquina, assim como haviam visto na pizzaria.

Vários padrões de ensino foram atendidos durante a Fase II do Projeto *Pizza* (EP4: *Conectar o currículo à avaliação*). Habilidades linguísticas e artísticas, ciências sociais, matemática e desenvolvimento social/emocional foram proeminentes nesta fase. Na área de linguagem e artes, vimos que as crianças praticavam a escrita das letras quando faziam os rótulos para seus desenhos e construções. Fiquei muito satisfeita em ver o progresso de um menino de 3 anos que, ao longo do projeto, passou de um estágio em que sequer escrevia seu nome para outro em que escreveu *máquina de moer*. Na área de ciências sociais, as crianças adquiriram um conhecimento mais profundo dos trabalhos e dos negócios da comunidade. Em matemática, tiveram muitas oportunidades de aplicar conceitos numéricos e de medida em um contexto significativo. Ficaram mais cientes das formas geométricas, fizeram experiências com objetos tridimensionais, criaram padrões e fizeram prognósticos. Também demonstraram que haviam atendido os padrões sociais e emocionais estabelecidos pelo Estado de Illinois (2002). A equipe que construiu a máquina de moer estava ansiosa e curiosa sobre como construí-la; persistiu e mostrou iniciativa; foi capaz de trabalhar em equipe e expressou suas frustrações de maneira adequada; estava tão atenta ao seu trabalho que nunca houve problemas com regras ou transições. As crianças, de fato, passaram a pensar em si mesmas como uma equipe, e acho que o laço que foi criado por essa construção continuou a existir mesmo depois do encerramento do projeto. Ao trabalhar em conjunto, elas comunicaram suas ideias livremente e levaram em consideração as ideias dos colegas.

FASE III: CONCLUSÃO DO PROJETO

Quando as construções terminaram, o semestre também estava se encerrando. Juntamente com as crianças, decidimos fazer uma festa para comemorar o final do semestre e para mostrar às famílias o que seus filhos haviam aprendido durante o Projeto *Pizza*. Planejar essa festa foi outra oportunidade que as crianças tiveram para resolver problemas (EP3: *Fazer relações com o que as crianças aprendem*). Fizemos um levantamento de quantas pessoas viriam de cada família, que tipo de *pizza* gostavam de comer e o número de fatias de *pizza* que normalmente comiam, para que pudéssemos determinar quantas *pizzas* pedir. Foi empolgante ver como as crianças souberam prever os tipos e quantidades de *pizza* necessários.

Tivemos um grande número de participantes na festa, e acho que os pais ficaram muito impressionados com o trabalho das crianças. As famílias comeram as *pizzas* da Pizzaria Bianchi, assistiram ao vídeo de uma visita da turma à pizzaria e viram as exposições dos trabalhos das crianças: desenhos, pinturas, atividades de escrita e de construção de objetos. Antes da festa, as crianças ditaram-me uma lista dos elementos de seu trabalho no Projeto *Pizza* que faziam questão de que seus pais vissem. Acho que ter feito essa lista ajudou-as a refletir sobre todos os lugares que haviam visitado, sobre as representações que haviam criado e as experiências de que haviam participado (EP3: *Fazer relações com o que as crianças aprendem*). Também ajudou a lembrá-los de levar seus pais a ver os trabalhos expostos em diferentes áreas da sala de aula. A festa foi uma atividade de culminância maravilhosa para o projeto.

REFLEXÕES DO PROFESSOR

Neste projeto, assim como em todos os outros de que participei, fui uma coaprendiz. Acredito que, para ajudar as crianças a aprender e a investigar, é essencial ver o mundo com a mesma sensação de admiração e empolgação com que elas veem. Compartilhar com elas meu interesse genuíno e minha satisfação de aprender sobre determinado assunto é uma poderosa ferramenta de ensino. Eu acho que o assunto *"pizza"* foi muito bem escolhido. As crianças já tinham algum conhecimento básico sobre o assunto e puderam relacioná-lo a suas próprias vidas. Houve muitas oportunidades para que fizessem experiências práticas com equipamentos reais, bem como se abriram janelas para que pudessem aprender sobre a comunidade. O projeto também lhes deu oportunidade de representar por meio de desenhos, de pinturas, de construções e de interpretações dramáticas. Fiquei satisfeita por termos conseguido observar muitas situações em que as crianças atendiam os padrões de aprendizagem estabelecidos pelos padrões de ensino infantil de Illinois (Illinois Early Learning Standards) em todos as áreas de ensino. O Projeto *Pizza* foi especialmente útil para os padrões de matemática e de ciências (Figura 7.16).

Olhar esse projeto pelas lentes dos padrões estabelecidos ajudou-me a pensar sobre como planejar atividades com tais padrões em mente. No futuro, eu conti-

QUADRO 7.2 Exemplos de maneiras como as crianças atenderam os padrões de referência na área de matemática com as atividades do Projeto *Pizza*. *(continua)*

Padrões de referência na área de matemática conforme estabelecidos pelo Estado de Illinois	Atividades do Projeto *Pizza*
Padrão 6.A.Eca. A criança utiliza conceitos que incluem o reconhecimento dos números, a contagem e a correspondência entre dois valores ou objetos distintos	• As crianças fizeram desenhos dos utensílios e equipamentos de cozinha; • Brincaram com um jogo em que tinham de relacionar um número a fatias de *pizza* com quantidades diferentes de pedaços de calabresa; • Usaram receitas simples e pôsteres para fazer *pizzas*.
Padrão 6.A.Ecb. A criança conta conscientemente e identifica quantidades em conjuntos de objetos	• As crianças contaram as rodas de um carrinho na Pizzaria Bianchi e o recriaram na sala de aula; • Usaram marcações para contar as coisas observadas durante as visitas, tais como o número de recipientes de salsicha e o número de rodas do carrinho da pizzaria.
Padrão 6.B.EC. A criança resolve problemas matemáticos simples	• As crianças decidiram que tamanho deveriam ter os pedaços de papelão e de papel que serviriam como modelos para construírem o aquecedor de *pizzas* e a máquina moedora de carne/queijo; • Decidiram quantas *pizzas* pedir para a festa que ofereceram aos familiares.
Padrão 6.C.Eca. A criança trabalha com quantidades e números	• As crianças brincaram com um jogo em que tinham de relacionar um número a fatias de *pizza* com quantidades diferentes de pedaços de calabresa; • Fizeram marcações nos desenhos, para registrar o número de recipientes, latas e rodas que viram durante a visita à pizzaria; • Usaram fita métrica para construir o aquecedor e a máquina moedora de carne/queijo; • Decidiram quantas *pizzas* pedir para a festa que ofereceram aos familiares.

(continuação)

Padrões de referência na área de matemática conforme estabelecidos pelo Estado de Illinois	Atividades do Projeto Pizza
Padrão 6.C.Ecb. A criança relaciona as palavras que indicam quantidades (os números) ao que elas representam, por meio de modelos e representações	• As crianças votaram para escolher o assunto e registraram o resultado em uma tabela; • Usaram fita métrica para construir o aquecedor e a máquina moedora de carne/queijo; • Decidiram quantas *pizzas* pedir para a festa que ofereceram aos familiares; • Brincaram com um jogo em que tinham de relacionar um número a fatias de *pizza* com quantidades diferentes de pedaços de calabresa; • Usaram uma receita para determinar as quantidades necessárias para fazer a massa e o molho da *pizza*.
Padrão 6.D.EC. A criança compara quantidades	• As crianças votaram para escolher o assunto e registraram resultado em uma tabela; • Ralaram blocos de parafina e compararam o tamanho daquilo que foi ralado; • Marcaram numa tabela os tipos de *pizza* para a festa.
Padrão 7.A.Eca A criança demonstra começar a compreender as unidades de medida, utilizando unidades não padronizadas	• Usaram fita métrica para determinar o comprimento de um papel que representaria o aquecedor de *pizzas*.
Padrão 7.A.Ecb. A criança constroi uma noção de tempo por meio da participação em atividades diárias	• As crianças participaram de um projeto longo e planejaram e construíram objetos compostos por várias partes; • Fizeram e implementaram os planos para a festa dos pais.
Padrão 7.B.EC. A criança demonstra entender e usar palavras comparativas	• As crianças ralaram blocos de parafina e compararam o tamanho daquilo que foi ralado; • Discutiram a tabela de votos e decidiram qual assunto havia sido mais votado; • Discutiram o tamanho e a largura que deveriam ter o aquecedor de *pizzas* e o moedor de carne/queijo; • Construíram um aquecedor de *pizzas* e um moedor de carne/queijo usando medidas predeterminadas.
Padrão 7C.Eca. A criança usa ferramentas para medir	• As crianças mediram e construíram um aquecedor de *pizzas* e um moedor de carne/queijo usando uma fita métrica.
Padrão 7.C.Ecb. A criança incorpora estimativas e atividades de medição em suas brincadeiras	• As crianças ralaram blocos de parafina e usaram xícaras e colheres; • As crianças ralaram blocos de parafina e usaram xícaras e colheres; para medir quantidades; • Usaram receitas, xícaras, fôrmas de *pizza* e tigelas.
Padrão 8.A.EC. A criança separa e classifica objetos por meio das variadas propriedades desses objetos	• As crianças fizeram uma colagem, que representava uma *pizza*; • Brincaram de adivinhar qual vegetal estavam tocando, sem olhar; • Brincaram com *pizzas* e ingredientes feitos de tecido; • Adivinharam os ingredientes pelo cheiro.
Padrão 8.B.Eca. A criança reconhece, duplica e amplia padrões simples, tais como as sequências de sons e outras formas	• As crianças leram livros simples como *Hi, Pizza Man!*; • Desenharam equipamentos para *pizza* tais como raladores e furadores de massa.

(continuação)

Padrões de referência na área de matemática conforme estabelecidos pelo Estado de Illinois	Atividades do Projeto Pizza
Padrão 8.C.EC. A criança resolve problemas usando os sistemas numéricos e suas propriedades	• Decidiram quantas *pizzas* pedir para a festa que ofereceram aos familiares.
Padrão 8.D.EC. A criança explica a mudança qualitativa, tal como a do crescimento	• Usaram fermento para compreender como ele faz a massa crescer; • Observaram que os tomates estragados ficavam cada vez mais murchos; • Notaram mudanças nos ingredientes quando estes foram ao forno (o queijo derreteu e fez bolhas, a massa trocou de cor)
Padrão 9.B.EC. A criança encontra e nomeia locais por meio de relações simples, como "perto"	• As crianças falaram sobre o que viram na Pizzaria Bianchi; • Planejaram a colocação dos itens na pizzaria que construiriam em sala de aula; • Falaram sobre as fotografias dos equipamentos e das áreas de trabalho na Pizzaria Bianchi.
Padrão 10.A.Eca. A criança representa dados usando objetos concretos, figuras e gráficos	• As crianças votaram para escolher o assunto e registraram o resultado em uma tabela; • Registraram o número de rodas de um carrinho e de recipientes que viram na visita; • Desenharam aquilo que viram durante a visita; • Desenharam equipamento para *pizza*; • Esboçaram planos para a construção de um aquecedor de *pizzas* e de um moedor de carne/queijo; • Indicaram qual tipo de *pizza* cada família comeria e quantas fatias cada pessoa provavelmente comeria.
Padrão 10.A.Ecb. A criança faz prognósticos sobre o que ocorrerá	• As crianças previram o que aconteceria se os tomates fossem deixados fora da geladeira e depois testaram suas hipóteses, deixando-os apodrecer; • Previram o que aconteceria se o queijo fosse aquecido no forno.
Padrão 10.B.EC. A criança faz perguntas e coleta dados sobre si própria e o que está ao seu redor	• As crianças previram o que veriam na Pizzaria Bianchi; • Elaboraram perguntas para fazer durante a visita; • Desenharam esboços de ferramentas, equipamentos e suprimentos durante a visita.

nuarei a incorporar o planejamento à primeira rede antecipatória que faço em um projeto. À medida que me familiarizo com esses padrões, acredito que mais os projetos ajudarão a atendê-los.

REFERÊNCIAS

Bowman, B. T., Donovan, M. S. e Burns, M. S. (Eds.). (2000). *Eager to learn*. Washington, DC: National Academy press.

Bredekamp, S. (Ed.). (1986). *Developmentally appropriate practice*. Washington, DC: National Association for the Education of Young Children.

Bredekamp, S. e Copple, C. (Eds.). (1997). *Developmentally appropriate practice in early childhood programs* (Rev. ed.). Washington Dc: National Association for the Education of Young Children.

Bredekamp, S. e Rosegrant, T. (1995). *Reaching potentials: Transforming early childhood curriculum and assessment* (Vol. 2). Washington, DC: National Association for the Education of Young Children.

Chard, S. C. (1998). *The project approach: A practical guide 1*. New York: Scholastic.

Helm, J. H. e Katz, L. G. (2001). *Young Investigators: The Project Approach in the Early Years*. New York: Teachers College Press.

Illinois State Board of Education. (2001). *Work sampling assessment, Illinois: Preschool-4 guidelines*. New York: Rebus, Inc.

Illinois State Board of Education, Division of Early Childhood. (2002). *Illinois early learning standards*. Springfield, IL: Illinois State Board of Education.

Meisels, S. J. (1995). *Performance assessment in early childhood education: The work sampling system. ERIC digest*. Urbana, IL: ERIC Clearinghouse on Elementary and Early Childhood Education.

National Association for the Education of Young Children. (1990). Guidelines for appropriate curriculum content and assessment in programs serving chioldren ages 3 through 8. In S. Bredekamp e T. Rosegrant (Eds.), *Reaching potentials: Appropriate curriculum and assessment for young children* (Vol. 2). Washington, DC: National Association for the Education of Young Children.

Opper, S., Ginsberg, H. P. e Opper Brandt, S. (1987). *Piaget's theory of intellectual development*. Englewood Cliffs, NJ: Prentice Hall, Inc.

Walter, V. (1998). *Hi, Pizza Man!* New York: Orchard Press.

A importância da documentação

8

Judy Harris Helm

A documentação é parte importante do projeto. Observar as exposições das crianças frequentemente inspira os professores a começar a usar os projetos em suas próprias aulas. As escolas de Reggio Emilia, na Itália, são bastante conhecidas por suas exposições artísticas dos projetos das crianças, que são preparadas profissionalmente. Entretanto, as exposições não se constituem na única ou mesmo na mais importante forma de documentação; a documentação dá aos educadores informações sobre a aprendizagem das crianças e oferece dados para a tomada de decisões. A documentação ou a evidência da aprendizagem que ocorre por meio de um projeto pode ter muitas formas, incluindo narrativas sobre o projeto e a produção, as observações, os *portfolios* e as reflexões das crianças (Helm, Beneke e Steinheimer, 1998). Uma das razões que mais justificam o uso de tempo e o esforço empreendido para realizar a documentação é o modo como essa atividade pode moldar o ensino.

PRÁTICA REFLEXIVA

Quando Rebecca Wilson, coautora do Capítulo 6, estava no ensino médio, passou parte de um verão trabalhando como voluntária em uma sala de aula do Valeska Hinton Early Childhood Education Center. Foi então que ela descobriu sua paixão pelo ensino e decidiu ser professora bilíngue na pré-escola. Nesse período em que interagiu com as crianças e observou a professora Beth Crider-Olcott, ela compartilhou as suas reflexões de menina de 16 anos sobre o ensino:

> Você sabe que algumas pessoas dizem que lecionar para crianças é fácil. Tudo o que se faz é brincar com elas. Não é. Eu observo a Beth dando aula e penso que ela está desempenhando duas tarefas em dois locais ao mesmo tempo. Uma delas é quando está sentada no chão, com as crianças, e não as perde de vista, organizando atividades, prestando atenção em quem está no banheiro e em quem precisa ir lá, ou enchendo as latinhas de tinta para pintura. Mas, além disso, ela está fazendo outra tarefa, que é como se estivesse no teto da sala, olhando para baixo. Nesta tarefa, ela observa e analisa, calculando quem sabe o que e quem está se esforçando para decifrar algo. Está pensando no que fazer a seguir para ajudar as crianças a aprender.

Começamos a chamar essa segunda atividade de "trabalho de teto". Ela inclui todas as atividades reflexivas que os professores fazem: fixar metas, observar, avaliar e ajustar seu apoio e liderança às necessidades de cada criança. É por meio desse trabalho que os professores examinam e reexaminam o significado das experiências de aprendizagem das crianças pequenas, a eficácia de suas práticas e o impacto a longo prazo das atividades em sala de aula sobre o desenvolvimento das crianças. Por tal trabalho também determinamos como fornecer experiências significativas e produtivas que colaboram para a construção do conhecimento, das habilidades e das aptidões e que fazem bom uso do tempo da criança e do professor.

Planejamento significativo

Os professores que usam os projetos para enfrentar os desafios descritos neste livro muito fazem o chamado "trabalho de teto". Embora um bom projeto frequentemente pareça, a quem observa de fora, ser conduzido pelas crianças sem nenhum esforço do professor, este faz muito para que o projeto seja significativo para as crianças. Ao longo das explicações dos projetos deste livro, os professores criaram muitas referências para o planejamento. No Capítulo 7, Sallee Beneke descreveu o uso da rede planejada antecipadamente como uma forma de incorporar padrões aos projetos. Esse processo é explicado em detalhes em *Young Investigators* (Helm e Katz, 2001). Em geral, os professores são surpreendidos por esse processo organizado de planejamento em uma experiência de aprendizagem dinâmica, como são os projetos. Uma das características dos projetos, entretanto, é que eles oferecem a possibilidade de realização de um trabalho estruturado, que inclui o planejamento preliminar (Chard, 1998; Helm e Katz, 2001; Katz e Chard, 1989). Pensando cuidadosamente sobre o conteúdo e os conceitos inerentes ao assunto estudado e sobre como o currículo e a avaliação podem ser integrados, os professores podem maximizar a experiência de aprendizagem das crianças.

Ensinar e responder

O planejamento é um tipo de "trabalho de teto", em geral feito de um modo formal antes do início dos projetos. Frequentemente, isso ocorre com uma equipe de professores. Entretanto, a formalidade da rede de planejamento antecipatório não significa que o progresso do projeto esteja predeterminado ou que a rede se tornará um esboço ou plano de ação que o professor e as crianças irão então adotar cegamente. À medida que o assunto é explorado e as crianças começam a elaborar questões para a investigação, a documentação torna-se uma peça fundamental para o projeto. A documentação do trabalho, dos pensamentos e das reações das crianças ajuda os professores a conduzir o trabalho do projeto. Uma professora poderá observar a surpresa de uma criança quando não houver menus suficientes para todos os clientes no restaurante que a turma criou, observando, assim, essa compreensão que acaba de surgir, por parte da criança, da importância da relação um para um. A professora poderá pedir à criança para calcular quantos menus a mais são necessários. Essa abordagem dinâmica e flexível do ensino, que ocorre no progresso diário de um projeto, é chamada frequentemente "ensino em pleno voo" (Helm e Katz, 2001). A professora toma muitas decisões *durante* a observação das interações das crianças em sala de aula, fazendo perguntas a elas, respondendo as suas perguntas e facilitando o trabalho que ocorre. É essa espontaneidade que preserva os elementos da autoiniciativa e do autodirecionamento nos projetos, os quais são muito benéficos para o desenvolvimento das aptidões, da resiliência e da autoconfiança das crianças.

Naturalmente, o "ensino em pleno voo" não exige um planejamento antecipado, e muitos professores fazem um excelente trabalho sem tal planejamento. Alguns observadores poderão preocupar-se com o fato de que a formalização do "trabalho de teto" em redes planejadas antecipadamente e em outros artifícios de planejamento reduz a espontaneidade ou a flexibilidade de um verdadeiro projeto. Nas escolas em que enfrentam maiores desafios, contudo, os professores querem, juntamente com os pais e os administradores, maximizar os benefícios dos projetos a fim de desenvolver o conhecimento e as habilidades exigidas. Pensando antecipadamente sobre como o currículo exigido pode ser integrado e, então, confiando na documentação para descobrir o ritmo apropriado para a integração, o professor poderá atingir muitas metas durante o projeto e continuar mantendo a espontaneidade.

Essa integração também capacita os professores a justificar a utilização de tempo tomado a um já apertado cronograma escolar para a utilização em projetos. Em vez de ter de ensinar as habilidades exigidas em experiências separadas e isoladas, o professor poderá integrá-las em um projeto, tirando proveito da utilidade de habilidades como coleta de dados, leitura e escrita. Quando os professores pensam com cuidado e antecipadamente sobre as possibilidades de integração dos padrões de ensino, da avaliação e das metas educacionais individuais, eles ficam como que prontos para, "em pleno voo", fazer perguntas, sugerir uma coleta de dados ou desafiar uma criança a solucionar um problema no momento preciso em que este parecer mais necessário e importante para ela. Isso é especialmente benéfico para as crianças que não tiveram a oportunidade de observar os usos importantes da alfabetização ou da solução de problemas matemáticos no ambiente doméstico. Uma parte importante do trabalho de teto e do ensino eficaz em pleno voo, contudo, é o uso eficaz da documentação.

OBJETIVOS DA DOCUMENTAÇÃO

Há uma forte relação entre um bom projeto e uma boa documentação, mesmo havendo muitas maneiras de registrar e de compartilhar. Alguns dos propósitos da documentação são a condução do ensino, a avaliação individual da criança, o estudo de pedagogia e a comunicação sobre o processo educacional. Nas salas de aula em que os professores estão enfrentando desafios, muitos, se não todos, desses tipos de documentação poderão ocorrer.

Condução do ensino

Devido ao fato de que os projetos progridem de acordo com os interesses e necessidades das crianças, os professores necessitam de um modo preciso para reunir informações sobre o que as crianças estão fazendo, o que estão perguntando e o que estão pensando durante o desenrolar do projeto. A documentação para a condução do ensino é contínua, e a reflexão sobre a documentação é normalmente imediata. Os professores escutam, observam e examinam o trabalho das crianças, podendo fazer anotações de suas histórias; tirar fotografias digitais; coletar e examinar cuidadosamente o que elas produziram, como desenhos e construções feitos durante o dia ou em um curto período de tempo. Essa documentação é chamada de documentação crua ou não processada e é usada imediatamente. O que a professora e seus colegas obtêm é uma noção sobre qual direção o projeto deve tomar, sobre quais materiais e recursos poderia ser útil introduzir e sobre como seria ajustar sua interação com as crianças. A documentação realizada para conduzir o ensino é parte do "trabalho de teto" do professor e faz o "ensino em pleno voo" ser produtivo e eficaz. Os professores podem, ou não, dividir essa documentação com outras pessoas, como os pais ou membros da comunidade escolar.

Avaliação da criança

A documentação pode também ser usada para avaliar o desenvolvimento do conhecimento, das habilidades e das aptidões de uma criança. Quando os professores enfrentam os desafios discutidos neste livro, a avaliação individual lhes dá segurança de que cada criança está aprendendo o que precisa para ter êxito na escola. A avaliação diz ao professor o que cada criança sabe ou não sabe e o que pode ou não pode fazer. Como indicado no Capítulo 7, o tipo mais apropriado de avaliação de crianças pequenas é a avaliação autêntica do desempenho, isto é, a avaliação baseada em atividades com que elas se ocupam diariamente (Meisels, 1993).

A avaliação autêntica do desempenho depende da qualidade da documentação, incluindo exemplos do trabalho das crianças reunidos em *portfolios*, registros em foto ou em filme e anotações dos professores. Frequentemente, os professores podem usar uma lista de verificação do desenvolvimento individual para documentar o crescimento e o desenvolvimento das habilidades durante um período de tempo. Há diferentes abordagens para a avaliação autêntica do desempenho, especialmente para os *portfolios*, que se integram bem aos projetos (Dichtelmiller et al., 1997; Gardner, 1993; Gronlund e Engel, 2001; Gullo, 1994; Meisels, 1995). O trabalho de Howard Gardner sobre as inteligências múltiplas resultou na abordagem do espectro dos projetos, na qual as atividades de avaliação são encaixadas no currículo (Gullo, 1994).

As avaliações autênticas, sistemáticas e centradas de desempenho têm sido consideradas confiáveis e válidas para os projetos. Estudos sobre o *Work Sampling System*, por exemplo, demonstraram que a utilização deste pelos professores se relaciona bem com procedimentos psicoeducacionais padronizados e administrados individualmente; que é um indicador confiável das taxas de aprendizagem da pré-escola à 3ª série; e que identifica corretamente crianças em situação de risco (Meisels et al., 2001).

Os projetos oferecem fontes variadas e ricas de documentação para a avaliação. Quando as crianças estão altamente envolvidas e motivadas, seu trabalho recebe uma carga maior de significação. Os projetos também propiciam a possibilidade de implementação de habilidades acadêmicas que as crianças estejam aprendendo em outras áreas do currículo.

Estudo de pedagogia

A documentação oferece *insight* sobre os processos de ensino e aprendizagem. Quando a documentação é reunida e estudada com o propósito de compreender esses processos, é chamada, às vezes, de documentação pedagógica (Dahlberg, Moss e Pence, 1999). A documentação pedagógica é um componente fundamental da filosofia das escolas de Reggio Emilia, onde a reflexão e a documentação em profundidade moldam sua pedagogia, e são a fonte principal de crescimento e desenvolvimento profissional (Rinaldi, 2001).

Um ótimo exemplo de documentação pedagógica nas escolas norte-americanas é o *Rearview Mirror: Reflections of a Preschool Car Project*, por Sallee Beneke (1998). Por meio dessa documentação fascinante sobre o trabalho com um carro, realizado pelas crianças em uma escola comunitária, o leitor participa das reflexões de Beneke, do quadro de funcionários da escola, dos pais e, finalmente, dos funcionários de um centro automotivo onde o projeto se desenvolveu. A documentação permite aos professores examinar as decisões pedagógicas tomadas durante o projeto e o valor das experiências de aprendizagem.

A documentação captura o que poderia, por outro lado, ter sido perdido no ritmo acelerado e exigente da sala de aula. A Figura 8.1 é uma das muitas fotos tiradas pela professora, em uma escola infantil bilíngue, quando as crianças estavam fazendo o que elas próprias haviam escolhido fazer. Quando a professora viu as fotos mais tarde, percebeu como uma criança não só havia optado por fazer números durante o horário destinado a brincar mas também como o fazia com grande entusiasmo.

FIGURA 8.1 A decisão de Bianca em passar seu tempo livre escrevendo números no quadro e o seu entusiasmo ao fazê-lo revelam uma disposição positiva para a matemática e para o cálculo.

Comunicação

A documentação também pode ser um veículo para a comunicação sobre os programas de ensino da primeira infância. Essa comunicação ocorre entre os professores, com as crianças, que falam de seus trabalhos, com os pais, com quem se fala sobre o que está acontecendo na sala de aula e sobre como seus filhos estão aprendendo, e com os membros da comunidade em geral. Quando a documentação é usada dessa forma, o professor pode chegar mais rápido ao "coração" da sala de aula, criando respeito, compreensão e sustentação pelo trabalho que está sendo desenvolvido (Helm et al., 1998). Infelizmente, poucas escolas norte-americanas contam com pessoas especializadas em documentação ou com treinamento profissional para esta tarefa. No Apêndice A, Amanda Helm apresenta-nos parte de seu conhecimento em resposta a como um professor pode selecionar a documentação. Há muitas coisas que os professores podem aprender com os profissionais da comunicação.

A DOCUMENTAÇÃO E OS DESAFIOS

A documentação pode auxiliar os professores a enfrentar os desafios apresentados neste livro. Ela permite avaliar com precisão e monitorar o desenvolvimento do conhecimento, das habilidades e das aptidões das crianças. Isso é especialmente útil para enfrentar os desafios que surgem durante a caminhada das crianças em direção à alfabetização e para desenvolver outras habilidades acadêmicas, como o aprendizado de uma segunda língua. A avaliação e o monitoramento precisos também permitem que os professores atendam as necessidades especiais das crianças e os padrões de ensino de modo adequado e eficaz.

O envolvimento e a participação dos pais são estimulados quando os professores compartilham a documentação. Isso é especialmente útil para superar os efeitos nocivos da pobreza, auxiliar quem aprende uma segunda língua e atender as necessidades especiais das crianças. Uma boa documentação demonstra o valor das experiências de aprendizagem envolventes e dos projetos culturalmente relevantes e integrados; também mostra aos pais e à comunidade como eles podem auxiliar e estimular o desenvolvimento das crianças.

A documentação pode ter um papel significativo no auxílio ao desenvolvimento da resiliência das crianças. Quando elas veem a documentação dos seus trabalhos, veem a si próprias como aprendizes; quando a documentação é compartilhada com os pais, estes percebem a resiliência e a competência de seus filhos. A documentação conscientiza as crianças de suas próprias estratégias de recuperação quando trabalham com outros, resolvem problemas e fazem coisas de forma independente.

À medida que a documentação da aprendizagem das crianças é compartilhada, a escola e a comunidade começam a ver a própria escola como instituição bem-sucedida e as crianças como alunos. Quando os quadros de aviso, os boletins informativos e as exposições focalizam o desenvolvimento do conhecimento, das habilidades e das aptidões, em vez de temas relativos a um feriado qualquer, a escola torna-se centrada na aprendizagem das crianças. O Capítulo 7 afirmou que a necessidade de estabelecer uma responsabilidade final foi a razão pela qual os padrões passaram a ser considerados. A documentação capacita o professor a dar conta de algumas das preocupações que os cidadãos, e mesmo as pessoas que não participam de maneira imediata da comunidade, podem ter em relação à eficácia do programa da escola. Quando a documentação inclui o conhecimento, as habilidades e as aptidões que estão em desenvolvimento, quem observa de fora reconhecerá que a escola está preparando cidadãos produtivos.

QUANTO SE DEVE DOCUMENTAR?

Uma das inquietações dos professores das escolas norte-americanas diz respeito à quantidade de documentação necessária para que esta seja eficaz. Os professores que enfrentam os desafios discutidos neste livro são todos muito ocupados. Eles são como que jogados em várias direções ao mesmo tempo pelas necessidades de seus alunos e das famílias destes. Não é incomum para um professor de uma dessas escolas ter de conversar com um pai sobre um programa de educação adulta antes da aula, ensinar a uma criança durante o intervalo do lanche e, depois da aula, traduzir materiais para alunos de segunda língua. Infelizmente, mesmo que desejássemos que tudo não fosse assim, muitos programas de ensino para a primeira infância, fora do âmbito das escolas experimentais, não dispõem de tempo maior para a interação e a reflexão.

É útil quando a documentação dos projetos pode ser usada para múltiplos propósitos. Quando atingir determinados padrões é a meta de uma escola, esta economizará tempo planejando antecipadamente a coleta de documentação que poderá ser utilizada para a avaliação das crianças. O processo de planejamento antecipado, apresentado no Capítulo 7, oferece uma forma de prever de que modo podem se atender, em um projeto, o currículo exigido e os padrões de ensino. Os professores podem planejar a inclusão de métodos apropriados de documentação como parte do "trabalho de teto" feito no início de um projeto. Antecipando a documentação para avaliação, os materiais e o equipamento estarão prontos e acessíveis.

O processo de documentação pode também ser priorizado de acordo com seu uso. Uma professora que estava em uma situação de ensino especialmente desafiadora foi ouvida dizendo que não poderia usar a técnica dos projetos, pois não tinha tempo a perder com "aquelas exposições". Isso indica má compreensão do papel da documentação para os projetos. Esta atividade pode ocorrer de muitas formas – desde a documentação crua, como fitas ainda não transcritas para uma outra língua e pinturas recém-realizadas pelas crianças, até a apresentação desses materiais em estado mais avançado de elaboração. Os professores economizarão tempo se abordarem o uso da documentação como um processo de destilação, como foi discutido em *Windows on Learning* (Helm et al., 1998), e se tomarem decisões sobre quanto tempo utilizar nas diferentes partes da documentação reunida. A documentação recolhida com o propósito de dar uma orientação ao ensino é usada para dar forma ao progresso do projeto. Parte dela pode conter anotações e ser incluída nos *portfolios* ou na avaliação; parte pode não conter anotações ou preparação adicional para exposição em sala de aula; parte poderá ser utilizada para exposição fora da sala de aula; uma parte muito importante dessa documentação é selecionada para ser compartilhada e discutida com os colegas em encontros de aperfeiçoamento docente; e parte poderá ser cuidadosa e profissionalmente preparada para ser exposta em locais públicos externos à escola, como, por exemplo, bibliotecas, hospitais e locais visitados pelos alunos.

Embora a documentação aumente incrivelmente o valor dos projetos, é difícil oferecer orientação suficiente aos professores para o enfrentamento dos desafios. Não há regras que possam ser aplicadas quando um professor tem de decidir se usa o seu tempo livre após a aula para transcrever uma fita de um diálogo ou para procurar um livro na biblioteca sobre um tema que poderá abrir os olhos de um determinado aluno para o valor dos livros e da leitura.

A documentação tem um poder enorme. Nós a temos visto atingir os pais e as famílias de um modo diferente de qualquer outro método de ensino. Já vimos pais irem às lágrimas quando a documentação revelou o aumento do conhecimento e das habilidades de seus filhos. Quando os administradores veem o quanto as crianças estão aprendendo e aplicando seu conhecimento, como o fez este aluno da pré-escola ao escrever os milhares (Figura 8.2), eles percebem a importância dos projetos e de outras experiências de aprendizagem envolventes. Já vimos administradores realocarem recursos e desenvolverem sistemas de apoio quando têm como base uma compreensão mais profunda do que sejam os projetos.

FIGURA 8.2 Durante a visita de campo do Projeto Garagem, Erik perguntou quanto custava um carro novo. Ele lembrou a resposta – US$ 15.000 a US$ 40.000 – e fez uma lista de preços para a construção da garagem.

Da mesma forma como não há um modo certo de trabalhar os projetos com as crianças, não há também uma única maneira para utilizar a documentação. A quantidade de documentação processada e compartilhada e o tempo usado para ela deverá ser determinado pela filosofia do programa de ensino, pela importância que o professor dará à documentação e pelo apoio administrativo dado ao processo de documentação. Trata-se de uma espécie de viagem, de um processo de descoberta.

A documentação e a avaliação podem melhorar significativamente a eficácia de um projeto nas escolas em que os professores estejam enfrentando desafios. Há muitas razões para fazer da documentação (inclusive, da avaliação) uma parte importante do processo. O propósito de um projeto não é produzir uma grande quantidade de documentação; a meta é ajudar as crianças a aprender e capacitar os professores a melhor auxiliá-las nesta caminhada.

REFERÊNCIAS BIBLIOGRÁFICAS

Beneke, S. (1998). *Rearview mirror: Reflections on a preschool car project*. Champaign, IL: ERIC Clearinghouse on Elementary and Early Childhood Education.

Chard, S. (1998). The project approach: Making curriculum come alive (BK. 1). New York: Scholastic, Inc.

Dahlberg, G., Moss, P. e Pence, A. R. (1999). Beyond quality in early childhood education and care: Postmodern perspectives. London: Taylor e Francis.

Dichtelmiller, M. L., Jablon, J. R., Dorfman, A. B., Marsden, D. B. e Meisels, S. J. (1997). *Work sampling in the classroom: A teacher's manual*. Ann Arbor, MI: Rebus Planning Associates.

Gardner, H. (1993). *Frames of the mind*. New York: Basic Books.

Gronlund, G. e Engel, B. (2001). *Focused portfolios: a complete assessment for the young child*. Saint Paul, MN: Redleaf Press.

Gullo, D. F. (1994). *Understanding assessment and evaluation in early childhood education*. New York: Teachers College Press.

Helm, J. H., Beneke, S. e Steinheimer, K. (1998). *Windows on learning: Documenting young children's work*. New York: Teachers College Press.

Helm, J. H. e Katz, L. G. (2001). *Young Investigators: The project approach in the early years*. New York: Teachers College Press.

Katz, L. G. e Chard, S. C. (1989). *Engaging children's minds: The project approach*. Greenwich, CT: Ablex.

Meisels, S. J. (1993). Remaking classroom assessment with the work sampling system. *Young children*, 48(5), 34-40.

Meisels, S. J. (1995). *Performance assessment in early childhood education: The work sampling system. Eric digest*. Urbana, IL: ERIC Clearinghouse on Elementary and Early Childhood Education.

Meisels, S. J., Bickel, D. D., Nicholson, J., Xue, Y. e Atkins-Burnett, S. (2001). Trusting teachers' judgments: A validity study of a curriculum-embedded performance assessment in kindergarten to grade 3. *American Educational Research Journal*, 38 (1), 73-95.

Rinaldi, C. (2001). Documentation and assessment: What is the relationship? In C. Giudici, C. Rinaldi e M. Krechevsky (Eds.), *Making learning visible: Children as individual and group learners* (p. 78-89). Reggio Emilia, Italy: Reggio Children.

Desafios futuros: conclusão

9

Judy Harris Helm

PRINCÍPIOS PARA A DESCOBERTA DE UM NOVO CONHECIMENTO

Na sala de espera de um hospital, eu estava folheando uma cópia da revista *Science*, uma publicação para pesquisadores, quando encontrei um editorial escrito por dois médicos, David Paydarfar e William J. Schwartz.[1] Eles falavam sobre os processos de criação de novos conhecimentos por meio "da pergunta certa, da busca do desconhecido e da realização de descobertas" e também sobre "a ampliação máxima da magnitude dessas descobertas" (Paydarfar e Schwartz, 2001, p. 13). Sua análise resultou em um "algoritmo para a descoberta" – cinco princípios para a criação de um conhecimento novo.

O que me tocou foi a semelhança entre os seus princípios, que eu cito a seguir, e as experiências que nós defendemos para as crianças quando elas participam de projetos.

> 1. Diminua o ritmo. A descoberta é facilitada se agirmos sem pressa. Nós defendemos um estado de espírito descontraído, mas atento e preparado, liberto de listas de verificação, prazos a cumprir e outras exigências do horário diário. (p. 13)

Nos projetos, os professores são estimulados a buscar, a sustentar e a ampliar o interesse das crianças durante o tempo em que elas se mantiverem razoavelmente curiosas sobre um assunto e formularem perguntas. Em vez de aprender sobre uma determinada informação por semana (em muitos casos, uma informação apresentada pelo professor) e depois passar a outro tópico, as crianças são estimuladas a produzir uma lista de questões e a buscar respostas. Os projetos evoluem à medida que as crianças progridem e suas questões se tornam mais focadas e profundas. Os projetos, em geral, duram de quatro a seis semanas, às vezes mais.

> 2. Leia, mas não demasiadamente. É importante dominar aquilo que está escrito. As obras já publicadas são o fórum do discurso científico e incorporam a experiência acumulada pela comunidade de pesquisadores. Mas a influência dos especialistas pode ser excessivamente poderosa, anulando uma ideia que está nascendo antes de que ela tome forma. (p.13).

Defendemos a ideia de que as crianças pequenas devam ler livros e escutar histórias relacionadas ao assunto que estudam para que desenvolvam um conhecimento básico e para que construam seu vocabulário; mas depois as estimulamos a se envolver

---

[1] Excertos usados com a permissão de Paydarfar, D., e Schwartz, W. J. (2001). "An algorithm for discovery". *Science 292*, 13. Impresso com a permissão da American Association for the Advancement of Science. David Paydarfar e William J. Schwartz fazem parte do Departamento de Neurologia da University of Massachusetts Medical School. Seu artigo foi adaptado das palestras realizadas na University of North Carolina e na University of California.

com experiências diretas e inéditas, como um modo de ajudá-las a aprender que podem, com frequência, encontrar respostas para suas perguntas diretamente, sem o uso de livros. Elas aprendem que o conhecimento não é somente aquilo que alguém já tenha dito ou feito; que podem construir suas próprias ideias. Saber ler e escrever torna-se, então, uma ferramenta valiosa para o pensar das crianças, para que confrontem o que pensam com o que os outros pensam e para que representem suas descobertas com palavras que elas mesmas escrevem ou ditam a alguém que escreva. Dessa forma, as crianças criam livros que representam o processo pelo qual aprendem sobre determinado assunto.

> 3. Busque a qualidade pela qualidade. O tempo utilizado no aperfeiçoamento de métodos e nos modos de apresentação é quase sempre bem recompensado. Deve-se prestar muita atenção a tais detalhes para que se evitem a rejeição ou a aceitação prematura de hipóteses. Às vezes, no processo de aperfeiçoamento de uma abordagem, fazem-se descobertas inesperadas. (p.13)

Durante um bom projeto, as crianças são estimuladas a rever o seu próprio trabalho e a avaliar seu pensamento. Incentivamos as crianças, por exemplo, a desenhar e a fazer esboços dos objetos relevantes que tenham observado. Depois as estimulamos a redesenhá-los quando tiverem aprendido mais sobre o assunto. Ao longo do projeto, o professor coleta as tentativas que as crianças fazem de desenhar ou de construir, ajudando-as a examinar a sequência produzida e a falar sobre as mudanças e os acréscimos. O professor também envolve as crianças em discussões sobre as mudanças ocorridas nos desenhos, sobre o que fizeram de diferente ou quiseram melhorar e o que ainda necessita ser aprendido. As crianças são estimuladas a se ajudarem por meio de conselhos e de sugestões sobre o que acrescentar ou sobre como encontrar maneiras de aperfeiçoar suas perguntas.

> 4. Observe as informações ainda não trabalhadas, cruas. Nada substitui essa primeira observação. Sente-se ao lado da cama e converse com seu paciente; perceba o traço do osciloscópio; molde o gesso enquanto ele ainda não estiver seco. (p. 13)

Nós incentivamos as crianças a desenvolver o hábito de coletar informações por meio de entrevistas, de pesquisas e de tabelas para registro de suas observações (mesmo as crianças de 3 anos conseguem fazer esses registros). Em outras palavras, os projetos propiciam a criação de contextos nos quais as crianças desenvolvem a aptidão de buscar informação por conta própria e, depois, registrá-la e processá-la. Por exemplo, elas descobriram quantas rodas havia em cada máquina da fazenda que visitaram contando-as e fazendo marcações nas tabelas.

> 5. Cultive boas amizades. Conversar com um amigo pode aguçar o pensamento crítico e despertar novos *insights*. (p. 13)

Os projetos são experiências colaborativas – em geral, as crianças trabalham em grupos formados de acordo com seus interesses. Elas aprendem a trabalhar juntas em busca de uma meta e a apreciar os dons singulares de cada colega da turma.

OS DESAFIOS PARA O NOSSO PAÍS

Como indicam os fatos ocorridos em 11 de setembro de 2001, prever o futuro é difícil, se não impossível. Nossa compreensão do que nosso país e nossas crianças enfrentarão no futuro é limitada. Não podemos prever que novos conhecimentos e novas descobertas serão necessários na medicina, no meio ambiente, na educação, na economia e nas relações sociais. Sabemos, contudo, que as pessoas responsáveis por essas novas descobertas estão em nossas salas de aula hoje, e que seu conhecimento, habilidades e aptidões serão, em muito, determinados pelo modo como seus professores superam os desafios com que se deparam.

Quando observamos os professores cujos projetos são apresentados neste livro – e que enfrentam os desafios do ensino de hoje –, vemos o impacto que eles causam ao desenvolvimento não só do conhecimento e das habilidades de seus alunos mas também à sua curiosidade e às suas aptidões intelectuais. Como Lilian Katz explicou no Capítulo 2, o que os professores fazem com as crianças todos os dias pode construir fundamentos sólidos para o trabalho intelectual de que nossa sociedade precisará no futuro. Os professores podem causar um impacto enorme na capacidade que as crianças terão para enfrentar os desafios futuros.

Assim como Paydarfar e Schwartz (2001, p. 13) têm a esperança de que seu "ensaio possa servir como uma inspiração para recuperar o processo de descoberta e fazer dele uma parte de nossa rotina", nós esperamos que os professores realizem bons projetos com as crianças, maximizando o impacto desses projetos pelo uso das estratégias práticas aqui sugeridas para a superação de desafios. É do máximo interesse que todas as crianças, independentemente do que esteja acontecendo a elas hoje, desenvolvam tanto o conhecimento acadêmico como as aptidões intelectuais necessárias para enfrentar os desafios do futuro.

REFERÊNCIA

Paydarfar, D. e Schwartz, W. J. (2001). Algorithm for discovery. *Science* 292 (5514), 13.

APÊNDICE A

Questões mais frequentes e conselhos práticos

Enquanto ajudávamos os professores a aprender como usar os projetos para que atendessem os desafios discutidos neste livro, nós nos deparamos com muitas perguntas. Ao mesmo tempo, descobrimos que os conselhos mais úteis e práticos para a implementação dos projetos vêm daquelas pessoas da área que está de fato realizando essa espécie de trabalho. O que se apresenta a seguir são algumas das questões mais frequentemente feitas aos professores e aos administradores que contribuíram para este livro, juntamente com informações que eles julgaram ser benéficas para outros professores que trabalham com crianças e se deparam com os desafios aqui discutidos.

Eu sei que o envolvimento dos pais ajuda a dar conta desses desafios, mas como posso fazer para que o envolvimento de fato aconteça?
Jean Lang

O envolvimento dos pais ajuda muito a dar conta dos desafios discutidos neste livro. Mas é possível que esses mesmos desafios façam o envolvimento ainda mais difícil. Levar a haver confiança pode ser algo mais desafiador quando o professor pertence a uma raça, cultura ou classe econômica e social diferente da dos pais do aluno. Os empregos dos pais talvez tomem todo o seu tempo, e aqueles que passam por dificuldades financeiras talvez não saibam que há espaço para eles nas escolas. Os pais dos alunos de segunda língua, que não são em geral falantes nativos do inglês, podem ter dificuldades em se comunicar com os professores, e os pais que pertencem a culturas minoritárias podem não se sentir à vontade no ambiente escolar. Os pais das crianças com necessidades especiais veem a escola como uma fonte de estresse. Todos esses pais têm muito a contribuir, e os professores talvez precisem fazer algum esforço para fazer uso desses recursos.

Respeite e valorize a cultura e a religião da família

Os professores devem fazer todo esforço possível para se sensibilizar em relação a outras culturas, valores e atitudes; devem estar cientes de todos os grupos culturais presentes em suas turmas e na escola; devem aprender sobre os costumes e feriados observados pelas diferentes culturas; devem utilizar uma equipe, tais como tradutores e um serviço de apoio à família, toda vez que for necessário; devem preparar traduções para os materiais escritos em inglês; e devem usar tradutores nas conferências, reuniões e visitas que fizerem durante os projetos.

Construa uma comunhão de pensamento por meio de visitas às casas dos alunos

As visitas às casas dos alunos são um bom modo de começar uma relação de trabalho com as famílias. Os professores devem ser flexíveis quanto ao horário da visita, ao local e ao dia. Algumas famílias preferem encontrar o professor em um restaurante, no local de trabalho ou na escola, e o trabalho dos pais pode impor que o encontro ocorra somente depois do horário comercial. Depois de ganhar a confiança das famílias e de criar um laço com elas, os professores poderão fazer uma visita às suas casas. Durante essa primeira visita, eu gosto de dar aos pais uma cópia de meu caderno de sala de aula, no qual estão explicados a rotina e os procedimentos adotados na escola. Essas informações ajudam as famílias a entender o sistema, e o caderno é uma fonte de informação para as famílias que hesitem em fazer perguntas pessoalmente.

As visitas às casas dos alunos são uma oportunidade excelente para a apresentar aos pais o que são os projetos; os professores podem levar consigo um folheto explicativo sobre essa abordagem e falar sobre projetos já realizados. O livro *Young investigators* (Helm e Katz, 2001) contém uma excelente explicação do que são os projetos.

Traga as famílias para a sala de aula

Os professores deveriam dizer claramente aos pais que a escola está de portas abertas para recebê-los, que os pais e as famílias dos alunos podem visitar a escola sem que haja necessidade de marcar hora. Isso aprofunda o sentimento de confiança e dá oportunidade para que as famílias possam, às vezes, dedicar um tempo de sua rotina à observação de um projeto que esteja ocorrendo. Ao final de um projeto, muitas famílias, de fato, desejam participar das atividades de culminância, em que são apresentados os trabalhos das crianças.

Comunique o que está acontecendo na sala de aula

Uma vez iniciado o ano letivo, os professores podem manter as famílias informadas por meio de boletins, de telefonemas e de fotografias. Eu uso as fotografias e citações diretas do que as crianças dizem em meus boletins, tendo também adotado uma prática chamada de Diários – isto é, boletins diários que documentam uma ou duas atividades que ocorreram em sala de aula. Uso também fotos digitais, além de cópias escaneadas dos trabalhos das crianças, para ilustrar uma atividade significativa realizada pelas minhas turmas da manhã e da tarde, duas vezes por semana. Os projetos prestam-se muito à elaboração de diários, permitindo que os professores documentem eventos significativos ao vivo.

Estimule o voluntariado

Os professores precisam comunicar aos pais as maneiras pelas quais eles podem ajudar. Se os professores os informarem de que materiais as crianças precisam, ou quais são suas necessidades, eles em geral irão envolver-se com os projetos. Todas as famílias têm recursos, habilidades e pontos fortes. É muito importante que os professores não tirem conclusões precipitadas sobre tais pontos. Os pais podem ser convidados a compartilhar seus *hobbies* com a turma, suas tradições, interesses e qualidades, algo que frequentemente leva a novos interesses e mesmo a projetos que poderão ser investigados. Os professores talvez achem mais fácil começar a convidar as famílias cujas crianças já estiveram em suas classes nos anos anteriores, e com as quais provavelmente já tenham estabelecido uma relação.

Os projetos dão muitas oportunidades para aumentar o envolvimento dos pais e para que as famílias interajam de maneira significativa com outras famílias e com a escola. Os professores que aproveitam as habilidades, os conhecimentos e os recursos das famílias acabam criando um laço mais forte entre crianças, professores, famílias e sua comunidade.

Como organizo minha turma para que os padrões sejam atendidos e para dar conta do currículo?
Jean Thieman

O currículo pode incluir tanto as atividades elaboradas pelo professor como os projetos. Quando fazemos um projeto, eu revejo as metas curriculares do município e os padrões estaduais, para que possa integrá-los. Tenho o cuidado de me certificar de que o assunto esteja de acordo com o currículo e seja amplo o suficiente para abarcar muitas das metas. Depois, eu elaboro uma rede, em que são demonstradas as possíveis direções do projeto. Acrescento as áreas a serem estudadas, as metas curriculares e os padrões estaduais que podem ser implementados – tudo em harmonia com o Work Sampling System, nossa ferramenta de avaliação.

Integração do currículo na Fase I

Durante a fase inicial do projeto, trabalho com grupos pequenos e flexíveis de crianças, oferecendo-lhes um ambiente em que possam desenvolver o direcionamento do projeto e elaborar perguntas. Durante a primeira parte de um projeto sobre água, por exemplo, descrito no Capítulo 4, as crianças investigaram, de maneira ativa, várias características da água em um local apropriado e por meio de experimentos conduzidos pelo professor sobre flutuação/afundamento, pressão da água e evaporação/condensação. Os alunos puseram em prática seu pensamento científico, observando, fazendo prognósticos ou hipóteses e comparando diferentes aspectos estudados. Como parte da experiência de evaporação/condensação, as crianças escreveram pequenos relatos em seus diários sobre o que acontecia com a água dentro de um saco plástico, incorporando, assim, ao pensamento científico metas relacionadas à escrita.

Se possível, fazemos uma visita para estimular o interesse e as questões e para incorporar as habilidades relativas à observação e ao desenvolvimento do vocabulário. No Projeto Água para o Rio, um grupo usou uma enciclopédia, livros e livretos como fonte de informação e para estudar como desenhar um peixe, apresentando depois tais informações e o desenho do peixe à turma.

Integração do Currículo na Fase II

Na fase II, os alunos pesquisam aquilo que é de seu interesse particular. Muitas das pesquisas, construções e criações ocorrem durante o período em que os alunos estão em sala de aula e quando têm a liberdade de fazer o que quiserem. Dessa forma, incorporamos o currículo exigido aos projetos, fazendo o melhor uso do tempo que as crianças passam na escola. Os alunos ajudam a planejar alguns dos locais em que ocorrerá a aprendizagem, enquanto o professor prepara outros com base na rede de planejamento inicial e de acordo com as necessidades dos alunos. Alguns locais são especialmente preparados para investigações ou para que as crianças possam escolher o que fazer. Outros são preparados para que a equipe de ensino possa fazer anotações, observações e ensinar. Com frequência, dois locais dizem respeito à linguagem e à alfabetização, tais como pesquisa em computadores, desenvolvimento de vocabulário, escrita criativa ou criação de pequenos livros. Outros locais serão dedicados à matemática, às ciências e à arte. O local em que as crianças pintam e constroem objetos permite que as metas relacionadas às belas-artes sejam integradas. As pinturas e construções realizadas pelas crianças, com frequência, refletem suas investigações. As crianças escrevem ou ditam o que querem dizer sobre suas pinturas e desenham suas construções. Em uma área dedicada à atividades silenciosas, sempre disponibilizamos livros e fitas sobre o assunto. Durante o período em que se encontram na escola, os alunos fazem suas próprias escolhas, embora o grau de escolha possa variar. Algumas crianças talvez retornem ao mesmo local durante vários dias para finalizar algum aspecto do projeto, enquanto outras ficam menos tempo na mesma área. Isso as ajuda a desenvolver sua persistência e a focalizar a consecução de uma determinada meta, sendo ambas as características metas de caráter pessoal e social.

Após o período de aula, reunimo-nos para discutir se houve algum progresso, para esclarecer ideias, para compartilhar e registrar informações e problemas e para avaliar o que foi realizado. Essas discussões permitem que reflitamos e sejamos francos em relação a nossos pontos fortes e a nossos erros, bem como permitem que usemos nosso conhecimento sobre resolução de problemas para determinarmos os próximos passos. Isso serve como um guia, estruturando nosso plano de ação e ajudando-nos a preparar o dia seguinte. O restante do dia é dedicado ao currículo regular, embora algumas das atividades que escolhamos e as leituras compartilhadas possam relacionar-se aos projetos.

Integração do Currículo na Fase III

Finalmente, determinamos como será a culminância do projeto e como compartilharemos nosso conhecimento. Isso, também, é feito durante as discussões e no período de aula. No Projeto Água para o Rio, por exemplo, a turma discutiu como poderíamos combinar nossa intenção de economizar água e de manter a água limpa com o nosso interesse por peixes. Eles concluíram que uma exposição próxima da entrada da escola seria percebida com mais facilidade. Para chamar a atenção para uma audiência mais ampla, as crianças queriam mostrar muitas de suas pinturas, as cartas sobre economia de água enviadas a outras turmas, escritos em geral e pôsteres. Os alunos selecionaram os melhores exemplos para a exposição, usando habilidades de leitura e linguagem. Um grupo pintou um cenário de um rio poluído, e outro, de um rio com água limpa. Outro grupo decidiu qual seria o título da exposição e fez as letras para ele. Finalmente, um pequeno grupo trabalhou com os professores para organizar a exposição em dois blocos: um rio limpo e equilibrado e um rio poluído e desequilibrado.

Quando discutíamos e consultávamos nossas informações, pude fazer observações, anotações e coletar amostras do trabalho de cada criança para avaliar seu desenvolvimento e progresso individualmente. Alguns dos trabalhos coletados eram espontâneos, como pinturas, escritos, interpretações dramáticas ou construções que vinham diretamente da reação das crianças às lições, investigações, leituras, discussões e visitas realizadas. Outros trabalhos podem ter como base as observações da criança ou suas reflexões sobre determinados experimentos ou sobre o desenvolvimento e a interpretação de gráficos ou mapas.

A cada ano que passa, aprendo mais com os projetos e sobre o que as crianças podem realizar com eles. Os projetos implicam tentativa e erro, bem como a prática de desenvolver estratégias e técnicas que funcionam para diferentes estilos de ensino. Cada vez mais reconheço o valor de observar os alunos e de sondar suas respostas. Observar é algo que dá as informações necessárias para tomar decisões sobre quando e como intervir para que as crianças melhor satisfaçam suas necessidades e ampliem seu pensamento em todas as áreas do currículo. Quando utilizo informações sobre os interesses das crianças, posso oferecer-lhes a prática de atividades acadêmicas significativas que elas estejam intrinsecamente motivadas a realizar. Além disso, quando dou, conscientemente, um passo para trás e não interfiro, as crianças passam a depender mais dos colegas, que atuam como professores. Finalmente, por meio dos projetos, trabalhar o currículo torna-se, para mim, algo mais satisfatório tanto pessoal como intelectualmente. Eu tento mostrar às crianças um exemplo de desenvolvimento intelectual e de entusiasmo pela aprendizagem. A chave para o sucesso é você fazer os projetos funcionarem em suas aulas.

A tecnologia ajuda os professores a enfrentar os desafios? Se ajuda, que tipo de tecnologia a escola deveria oferecer para o desenvolvimento de projetos?
Char Ward e Sharon Doubet

Uma tecnologia básica, útil aos projetos

Quando os professores realizam projetos, podem usar computadores, impressoras coloridas, câmeras digitais, filmadoras, videocassetes e monitores, *scanners*, gravadores, projetores e aparelhos de CD. Uma professora conectou um *scanner* à televisão para mostrar fotos relacionadas aos projetos. Outra professora levou sua câmera digital e sua filmadora para todas as visitas que fez com a turma, a fim de documentar a aprendizagem, avaliar o que ocorreu e permitir que as crianças revissem o que fizeram. Essas ferramentas tecnológicas estão integradas ao nosso dia a dia e são um modo de obter e compartilhar informações, de investigar e de rever as experiências realizadas pelas crianças.

Um software específico para os projetos

A tecnologia pode dar sustentação a todos os aspectos dos projetos. Um programa de organização visual, como o Kidspiration, lançado pela Inspiration Software, facilita o desenvolvimento da rede antecipatória de planejamento que o professor elabora, usando tanto palavras como imagens. O programa Kidspiration pode também ser utilizado como uma ferramenta para a criação de uma rede em que se registra o conhecimento prévio da criança em relação a determinado assunto, o que as crianças querem saber sobre esse mesmo assunto e o que querem aprender por meio do projeto. Apresentações multimídia podem ser facilmente criadas com programas como Kids Pix Studio Deluxe, desenvolvido pela Riverdeep. Outro programa, o Hyperstudio, da Knowledge Adventure, pode também ser usado para preparar uma documentação multimídia dos projetos, incluindo a narração com a voz das crianças. Toda essa tecnologia ajuda o crescimento de uma linguagem receptiva e expressiva em sala de aula.

Ganhando conhecimento na área de tecnologia

Em geral, as pessoas que trabalham com crianças pequenas devem desenvolver seu próprio conhecimento sobre a tecnologia, embora um programa, às vezes, também supra as necessidades de quem tenha interesse por tecnologia. É bom que a busca de conhecimento tecnológico seja uma atitude independente, tomada pelo professor. O que sabemos? Quais recursos estão disponíveis? Quem são os especialistas? Quando os professores começam a desenvolver suas próprias aptidões e habilidades no que diz respeito a computadores, impressoras, *scanners*, câmeras e *softwares*, eles podem começar a tomar decisões inteligentes em um campo que antes era considerado limitado.

Obtendo recursos para sustentar a tecnologia

Com frequência, os orçamentos incluem fundos para a tecnologia utilizada na educação da primeira infância*. Se isso não ocorre, é porque a administração não entende o quanto a tecnologia pode ajudar a sustentar o trabalho das crianças. Quando os professores aumentam seu conhecimento sobre tecnologia, é possível educar aqueles que tomam as decisões orçamentárias. É útil saber mostrar como se usa a tecnologia nos projetos. Às vezes, um grupo de pais ajudará na obtenção de um computador ou de uma impressora para a

---
* N. de R.T. A realidade enfocada é a dos Estados Unidos.

turma, ou o comércio local talvez disponha de impressoras, bem como de câmeras digitais, *scanners* e similares mais antigos e um pouco mais baratos.

Exemplo de integração da tecnologia em um projeto

Em um projeto sobre trens, realizado em uma turma de primeira infância, ocorreu a seguinte integração de tecnologias.

Fase I. As crianças interessaram-se pelo assunto "trens" por causa de uma história de um CD-ROM, *Just me and my mom* (Mayer, 1990). A professora usou um *software* para fazer uma rede antecipatória. A Internet foi utilizada para encontrar recursos comunicativos, *sites* para pesquisas e especialistas dispostos a visitar a turma. A professora fez, no computador, uma versão da rede, mostrando o que as crianças sabiam e aquilo que gostariam de saber. As crianças usaram outros CD-ROMs para aprender mais sobre trens.

Fase II. Uma câmera digital e uma câmera de vídeo foram utilizadas para registrar uma visita a uma estação ferroviária. Os desenhos que os alunos fizeram no local, observando os trens, foram escaneados para que fizéssemos pequenos livros da turma. Uma TV e um videocassete foram utilizados para rever a visita e para que as crianças fizessem os desenhos novamente. As crianças consultaram as fotos e o vídeo durante a construção que fizeram de um modelo de trem. Uma nova rede foi feita, contendo as informações do que elas sabiam sobre o assunto.

Fase III. Um *software* foi usado para criar uma demonstração de *slides* sobre o projeto. Um processador de textos foi usado para que as crianças criassem convites para o evento de culminância. O trabalho das crianças (produtos, observações, áudios e vídeos) foram incorporados ao *portfolio* de cada uma delas, e a professora usou um programa computadorizado para relatar aos pais qual conhecimento e quais habilidades e aptidões ocorreram durante o projeto.

O acesso à Internet ajuda na realização dos projetos? Como o professor pode usá-la para lidar com esses desafios?
Dianne Rothenberg

O acesso à Internet pode ajudar os professores a realizar projetos para dar conta dos desafios que as escolas enfrentam hoje. A Internet pode ser usada como uma ferramenta para que o professor se comunique com os outros professores sobre os projetos que realiza, como uma fonte de informação sobre como funcionam os projetos e como uma fonte de referência ou de informações adicionais sobre o assunto estudado.

Comunicação on-line

O mais importante recurso da Internet para a realização de projetos são *os outros professores que conhecem o assunto*, incluindo educadores e especialistas experimentados nessa abordagem de ensino. A comunicação *on-line* – especialmente o *e-mail* – pode facilitar a comunicação direta em um contexto informal. O acesso ao mundo *on-line* pode reduzir o isolamento de um professor que talvez seja o único em sua escola a utilizar projetos ou que os esteja usando pela primeira vez.

Embora muitas listas de discussão às vezes abordem o assunto "projetos" – como a REGGIO-L@listserv.cso.uiuc.edu ou a ECE-NET-L@listserv.cso.uiuc.edu –, somente a PROJECTS-L@listserv.cso.uiuc.edu se dedica exclusivamente ao assunto. Informações completas sobre como inscrever-se (sem custos) nesta lista estão em http://ericeece.org/listserv/project-l.html.

Os professores usam a PROJECTS-L e outras listas para:

- Provocar a participação de colegas em sessões de *brainstorming* sobre problemas encontrados durante a implementação de um projeto.
- Trocar ideias com outros professores que passem por problemas similares.

- Descobrir como as crianças com necessidades especiais podem envolver-se com os projetos.
- Discutir ideias sobre a apresentação e a documentação do trabalho das crianças.
- Buscar ajuda para encontrar recursos relacionados aos projetos.
- Compartilhar com os colegas histórias de sucesso sobre como os projetos ajudaram a dar conta dos desafios.

Participar de uma lista expande a rede de parceiros de um professor a uma comunidade internacional de aprendizes interessados, conhecedores de questões relacionadas aos projetos como um todo, ou de pontos mais específicos, tais como o atendimento das necessidades especiais das crianças ou o ensino de alunos de segunda língua. As listas de discussão oferecem um contexto tranquilo para a realização de perguntas sobre o tema projetos e para discussões sobre o progresso dos alunos. Os arquivos das discussões da PROJECT-L estão disponíveis em http://askeric.org/Virtual/Listserv_Archives/PROJECTS-L.shtml, e há a possibilidade de realizar buscas por assunto ou pelo nome da pessoa que houver contribuído para a discussão.

Os *sites* cujo tema é a implementação de projetos em sala de aula são outra fonte que os professores podem utilizar. Além de disponibilizar orientação aos professores, podem também ser uma fonte de informação a compartilhar com os pais, com a direção da escola e com a comunidade.

A instituição ERIC/EECE disponibiliza muitos *links* relacionados à utilização de projetos (consulte http://ericeece.org/project.html). O banco de dados da ERIC oferece acesso a artigos, relatos, guias e livros sobre o assunto. Para fazer buscas, o usuário deve visitar http://www.askeric.org.

Usando a rede para ajudar as crianças a ler e a escrever

As observações que as crianças fazem de como os adultos descobrem e usam os fatos e as informações podem ser bons exemplos de como os adultos dão importância a saber ler e escrever. A necessidade de informação contextualizada, tal como no processo de uma investigação, oferece aos professores uma chance para aumentar o interesse das crianças pelos textos e pelo desenvolvimento da leitura, usando como modelos enciclopédias, outros livros de referência e a Internet para resolver problemas reais.

Na maior parte das turmas da educação infantil e do ensino fundamental, as crianças são estimuladas a usar livros, enciclopédias e outras obras de referência para encontrar informações sobre os assuntos que estudam. Com cada vez mais frequência, contudo, as salas de aula, bem como as bibliotecas escolares e públicas, precisam aumentar seu acervo com materiais recém-publicados e de alta qualidade.

Os professores podem usar a Internet para encontrar informações sobre assuntos a investigar por meio de mecanismos de busca, como o Alta Vista (http://altavista.digital.com/) ou o Google (http://www.google.com). Esse processo pode começar depois da elaboração de uma rede.

Alguns *sites* contêm ferramentas de referência básica, tais como enciclopédias atualizadas, que talvez não estejam disponíveis em todas as escolas. Os *sites* a seguir disponibilizam acesso a dicionários, enciclopédias e outras fontes de referência básica.

Internet Public Library: http://www.ipl.org/ref/RR/

Encyclopedia.Com: http://www.encyclopedia.com/

Encyberpedia: The Living Encyclopedia: http://www.encyberpedia.com/eindex.htm

Além de obras de caráter geral, a Internet também dá acesso a algumas coletâneas especializadas e úteis sobre projetos. Os alunos que participam de um projeto em um lago próximo da escola podem, por exemplo, precisar de informações que os ajudem a classificar as rãs desse lago e os sons que emitem (um possível *site* é o Froggy Page – http://www.frogsonice.com/froggy). Mais informações sobre as rãs de Illinois podem ser encontradas na página Illinois Frog and Toad Facts (http://dnr.state.il.us./lands/education/frog/), mantida pelo Illinois Department of Natural Resources.

Da mesma forma, os alunos interessados em fazer um projeto dobre pássaros podem visitar o site do Texas Park and Wildlife, em que se encontra um guia infantil para observações de pássaros: http://www.tpwd.state.tx.us/adv/birding/beginbird/kidbird.htm. Depois passe para http://home.xnet.com/~ugeiser/Birds/Birding.html para aprender mais.

Além de oferecer textos, os *sites* também utilizam uma combinação de sons, de imagens gráficas, de desenhos e de animações, que atraem leitores iniciantes. Mesmo quando não é possível para as crianças utilizarem a Internet por conta própria na sala de aula, a rede pode servir como uma fonte de fotos e desenhos que as crianças podem usar para incrementar seus projetos.

Quando usamos os projetos para dar conta dos desafios, que documentação devo compartilhar com a comunidade?
Amanda Helm

A documentação dos projetos é mais frequentemente considerada como uma forma de os professores entenderem a aprendizagem das crianças e de melhorarem o ensino. Contudo, compartilhar essa informação pode ser um modo de comunicar as conquistas realizadas pelas crianças, de construir o apoio dispensado à escola e de fomentar a compreensão dos projetos. Compartilhar envolve os pais na educação de seus filhos e constrói uma imagem positiva da criança como aprendiz, o que ajuda a atender os desafios discutidos neste livro.

Há tanta coisa que pode ser compartilhada em um projeto que pode ser difícil saber por onde começar ou o que incluir. Às vezes, as crianças decidem o que vão compartilhar durante a Fase III. Em muitas situações, porém, o propósito principal do compartilhamento da documentação de um projeto é o de se comunicar de maneira significativa com o público adulto.

A documentação de um projeto é mais eficaz quando é usada para sustentar ou explicar um determinado ponto. Os professores podem usar a documentação para provar alguma coisa ou para simplesmente relatar que o projeto aconteceu. Pode, por exemplo, ser mais benéfico demonstrar como as crianças estão atendendo às metas de leitura por meio dos projetos do que simplesmente explicar o que aconteceu na Fase II. Quando decidir o que compartilhar, considere estes dois elementos fundamentais para a comunicação:

- foco bem-centrado;
- mensagem relevante.

Foco bem-centrado

Não é possível compartilhar tudo! A documentação será mais eficaz quando o professor tiver uma atitude realista sobre o que a audiência consegue entender rapidamente e com atenção mínima. Lembre-se de que as pessoas podem ver uma exposição apenas de passagem ou ler apenas as informações mais relevantes de um artigo.

Os professores talvez queiram limitar-se a um ou, no máximo, três pontos (menos para exposições, mais para documentos escritos, como os boletins). *Quase* tudo que é dito deve relacionar-se com esses pontos, preferencialmente oferecendo detalhes e exemplos que os comprovem.

Quase tudo!? Há outras mensagens que provavelmente os professores queiram comunicar, tais como as que demonstram sua credibilidade ou apreço pela audiência. Essas mensagens são uma exceção – elas podem ser comunicadas desde que não tirem o foco do ponto principal do que se apresenta. Se forem importantes, considere-as como partes integrantes, mas não de destaque, dos pontos escolhidos para a apresentação. Em uma apresentação que se faz, por exemplo, a uma empresa visitada pela turma, temos os seguintes pontos:

1. Os projetos ensinam as crianças a resolver problemas de maneira criativa.
2. Seus empregados realmente ajudaram nossas crianças a aprender. Obrigado!

O Ponto 2 não precisa estar explícito na apresentação, que estaria relacionada, principalmente, à resolução criativa de problemas, mas as fotos e outros documentos dariam ênfase ao papel desempenhado pelos empregados da empresa visitada.

Uma forma de garantir que a apresentação está focada, no máximo, em um a três pontos é escrevê-los (incluindo os que não são explícitos) em um pedaço de papel, colocando em um lugar que pode ser visto enquanto se trabalha. Os pontos principais podem ser suplementados com fotos, histórias sobre as crianças, desenhos e marcações feitas pelas crianças, etc. Desenhos do tipo Momento 1 e Momento 2 podem ser colocados lado a lado e são bastante convincentes. Menos é mais – poucas fotos ou desenhos grandes atrairão mais a atenção do que muitas fotos ou desenhos pequenos.

Mensagem relevante

Os professores devem lembrar-se de elaborar apresentações que digam o que a audiência precisa ouvir, e não o que os professores querem dizer. O que os professores dizem deve ter um impacto pessoal na audiência. Se não ficar imediatamente óbvio por que tal documentação é importante, explique. Idealmente, os pontos que os professores escolhem apresentar deverão também ajudá-los a comunicar questões importantes à audiência.

Questões a considerar quando decidir o que dizer

Quem é a audiência? São pais? Integrantes da comunidade? A direção da escola? A audiência, em geral, não será composta por outros professores e, por isso, poderá não ter os mesmos interesses que o professor que prepara a documentação.

O que a audiência está buscando? Precisa ou quer alguma coisa que está na apresentação? Estarão observando a documentação com algumas questões em mente? Se estiverem, certifique-se de responder a elas.

Os professores também devem considerar como querem que a audiência responda: "Depois de ler minha apresentação, os diretores...". Se os professores quiserem que os ouvintes respondam, devem pedir que o façam explicitamente. Para mudar o pensamento das pessoas, a documentação deve agir como um argumento de persuasão em que haja informações de apoio. A comunicação é parte de uma série ou é única? Há oportunidade para construir o conhecimento ao longo do tempo ou para repetir mensagens importantes? Se houver, seria melhor, provavelmente, apresentar pequenas unidades de informação por vez. As metas de matemática, por exemplo, poderiam ser enfatizadas em um projeto, e as metas de alfabetização em outro, em vez de tentar mostrar todos os modos por que um projeto ajuda a atender os padrões estabelecidos.

Outros fatores que os professores devem ter em mente são: aquilo que os ouvintes já sabem, o que pensam saber, como corrigir seus equívocos e qual informação será necessária. Se os professores tiverem de começar do início, pelo fato de a audiência não ter muito conhecimento sobre projetos, haverá limites ao que esperam comunicar.

Antes de planejar usar a mesma apresentação para várias audiências, considere o fato de as audiências compartilharem, ou não, as mesmas necessidades. Talvez seja melhor fazer uma apresentação que se adapte facilmente a mudanças.

Como administradora, quero ajudar meus professores a usar os projetos. Qual é meu papel para fazer os projetos ocorrerem em minha escola? Como posso apoiar os professores?
Cathy Wiggers e Maxine Wortham

Integrar o currículo e dar oportunidades para a resolução de problemas e para que os alunos se envolvam com a aprendizagem por meio de projetos é algo que exige tempo, planejamento e preparação. O administrador atua como um visionário, líder instrucional e provedor de recursos na implementação de projetos.

Por serem os mantenedores da visão e da missão da escola, é essencial que os administradores comuniquem ativamente o apoio que dispensam aos projetos. O líder administrativo é o modelo que apresenta comportamentos que reforçam os valores da escola. Se os professores perceberem que há uma falta de apoio administrativo, não se sentirão estimulados a implementar os projetos. Se os pais ou a direção da escola ou os integrantes da comunidade perceberem indiferença de parte dos administradores, isso alimentará as dúvidas sobre a validade das abordagens envolventes, que diferem das atividades tradicionais. Comunicar o apoio é especialmente importante se apenas alguns poucos professores estiverem usando os projetos.

Crie uma imagem de uma escola em que os projetos são utilizados

O administrador desempenha um papel fundamental no ato de comunicar às audiências da escola e da comunidade que os projetos são válidos e importantes. Ao desempenhar esse papel, os administradores devem ter os seguintes pontos em mente:

1. Disponibilize, para as apresentações dos projetos, áreas centrais e visíveis da escola, onde as crianças possam compartilhar sua aprendizagem com os outros, por meio de desenhos, de fotografias, de murais e de representações tridimensionais.
2. Estimule os professores a comunicarem seu conhecimento e suas experiências à comunidade. Algumas possibilidades para isso são as conferências de educação locais, estaduais e nacionais. Os museus, bancos e outras empresas podem também exibir os trabalhos das crianças durante um tempo. O local em que as crianças estudam também pode ser um bom lugar para a exposição de trabalhos. Dedicar uma noite do ano à apresentação dos trabalhos é uma boa oportunidade para que outras escolas da região venham fazer uma visita e para que também exibam seus trabalhos e troquem-se ideias.
3. Estimule os pais a estarem presentes na escola e nas salas de aula, como observadores e voluntários.
4. Faça boletins mensais sobre os projetos para aumentar a comunicação entre os empregados e a direção. Os professores indicam o assunto abordado, a fase em que se encontra o projeto, as atividades em que a turma está envolvida e as informações referentes às visitas realizadas. Essa espécie de comunicação mantém os administradores informados sobre o progresso dos projetos, sobre a necessidade de apoio extra e sobre a oportunidade de o professor ou administrador relatar o que vem ocorrendo, se assim for necessário.
5. Visite as salas de aula para ver o progresso dos projetos em que as crianças trabalham e para ouvi-las falar de seus trabalhos. Para perceber como as crianças aprendem, deixe-as demonstrar o que estão fazendo e pensando.

Ajude os professores a aprender a utilizar os projetos

Aprender a fazer projetos com crianças pequenas é um desafio. Para ter sucesso, os professores precisam do apoio dos administradores. Os diretores podem ajudar os professores a aprender sobre os projetos das seguintes maneiras:

- Planeje um tempo de formação para que todos os professores e administradores familiarizem-se com os projetos. A formação pode ocorrer de várias maneiras. Contudo, são necessários aproximadamente dois ou três dias de formação para que as pessoas se sintam confiantes o bastante para começarem seu primeiro projeto. Dois dias inteiros de formação e um dia de complemento realizado um mês depois é o ideal para ajudar professores a começar. Se não for possível usar esse esquema, cinco noites durante um período de dois meses podem ser uma boa alternativa; é recomendável realizar um acompanhamento.
- Disponibilize tempo para que os projetos sejam elaborados por meio do planejamento de equipe, fazendo, assim, com que o currículo esteja bem presente. Dedique um tempo para que os professores compareçam durante uma ou duas reuniões completas por semana para desenvolverem projetos e planejarem o currículo.
- Reconheça que a comunicação é fundamental para termos um ambiente colaborativo na escola. Grupos que realizam projetos podem encontrar-se pela manhã, durante o café, ou durante o almoço de sexta-feira. Os grupos podem reunir-se no intervalo de poucas semanas para falarem sobre os projetos. discussões informais permitem que o progresso seja compartilhado ou que a resolução de problemas ocorra. Os professores podem ajudar-se mutuamente para determinar qual o melhor local para uma dada experiência, onde encontrar um especialista para visitar a turma e como apoiar as crianças de maneira a ajudá-las a realizar seus trabalhos. É importante que o diretor participe desses grupos como um ouvinte solidário e como alguém que resolve problemas.

Disponibilize recursos e seja flexível

Os administradores devem dar apoio a uma espécie de sala de aula que resolve problemas, permitindo que o professor altere o ambiente e disponibilize materiais adequados para o envolvimento de um estudo feito em profundidade. Os professores devem abdicar de algum controle sobre as atividades de sala de aula e aprender a ser flexíveis – ajustando os planos de aula para que estejam de acordo com as áreas de interesse das crianças e mudando rapidamente os planos das atividades para que elas possam implementar seus próprios planos e ideias. Com frequência, os professores precisam mudar os planos em um ou dois dias. Para que atinjam esse nível de flexibilidade, os professores precisam receber o apoio de um sistema escolar flexível, que inclui estas características:

- Os aprendizes em sala de aula, tanto os professores como os alunos, devem ter autonomia para trabalhar juntos por meio de projetos e assuntos que empolguem e desafiem as crianças de maneira adequada. Pode ser difícil, se não impossível, para os professores obedecerem a um currículo controlado rigidamente e, ao mesmo tempo, dar conta do rumo dado às investigações de um projeto pelas crianças. Pelo menos parte do dia escolar deve estar disponível para os professores estruturarem suas turmas conforme o que é apropriado.
- Permita que haja flexibilidade no horário para a realização de um estudo em profundidade sobre o assunto escolhido. São necessárias longas sequências de trabalho ininterrupto para que as áreas de conteúdo sejam integradas aos projetos com base no interesse das crianças. Às vezes, o horário precisa ser alterado para acomodar um interesse que se destaca, as necessidades das crianças e o seu progresso nos projetos.
- Disponibilize sistemas que permitam aos professores obter recursos financeiros e de materiais conforme o projeto progri-

de. Os professores conseguirão ajudar as crianças a levar em frente seus projetos com muitos materiais doados e fáceis de encontrar. Para as ocasiões em que alguma coisa realmente precisa ser comprada com os fundos do orçamento da turma ou da escola, é útil que os professores consigam aprovação para fazê-lo em tempo hábil. Esse processo pode ser acelerado pelo reembolso que se faz ao professor que compra o que é necessário com dinheiro do próprio bolso ou pela abertura de uma conta em uma loja que disponha dos materiais necessários.

- Faça as visitas de campo serem planejadas e se realizarem em momentos importantes das investigações, pois assim a aprendizagem e o progresso acontecerão mais facilmente. Para o aluno aprender a ser incentivado, o momento em que se realiza a visita é de fundamental importância. É importante que as visitas sejam aprovadas em poucos dias e que os professores visitem o local previamente, para elaborar a logística do trabalho de grupo e para preparar os especialistas para desempenharem seu papel de ensinar e compartilhar o que sabem com as crianças. É melhor que as visitas ocorram quando forem necessárias, sem obrigatoriedade de realizar uma visita a cada mês ou trimestre.

Como posso ajudar os professores em treinamento a aprender sobre o projetos, a fim de que sejam capazes de usá-los para dar conta dos desafios com que se deparam quando começam a lecionar?
Sallee Beneke

Os professores em treinamento de hoje provavelmente encontrarão muitos desafios em suas salas de aula. Não há um modo específico de treiná-los para os projetos ou de garantir que estejam equipados para implementar tal abordagem em ambientes diferentes, ou seja, urbanos, rurais, de turno integral ou meio turno em creches, pré-escolas, inclusivos ou linguisticamente diversos. As primeiras experiências podem ser mais facilmente apresentadas aos alunos das escolas onde os projetos já são utilizados. Os educadores podem também inserir atividades relacionadas a projetos em cursos já existentes ou elaborar um novo curso que faça uso dessa abordagem.

Atividades acrescentadas a cursos já existentes

Especialistas convidados. Sempre que for possível, é proveitoso dar aos alunos a oportunidade de ouvir professores que já utilizam os projetos, que podem ser convidados para visitar, compartilhar exemplos de suas experiências e responder a perguntas. Conversas com esses professores pela Internet, gravações de vídeo com eles ou relatos escritos ajudam os alunos a perceber o potencial dos projetos para crianças de diversas origens e com necessidades distintas.

Roteiros. Um recurso muito útil para ensinar os alunos a pensar e entender a natureza flexível e emergente dos projetos é a apresentação de roteiros dos projetos em andamento escritos pelo educador. Esses roteiros provavelmente ajudarão os alunos a reconhecer a necessidade de competência intercultural. Tais roteiros são especialmente eficazes quando incluem obstáculos criados pelos desafios de incluir crianças com necessidades especiais, de implementar padrões enquanto se ensina de maneira sensível às crianças, de incorporar habilidades linguísticas e de alfabetização, de envolver as crianças que vivem em situação de risco e de envolver os pais nas atividades de sala de aula. As discussões que surgem de tais roteiros ajudam os futuros professores a reconhecer seus próprios preconceitos, a identificar as áreas em que precisam de aperfeiçoamento profissional e a incentivar sua confiança de que os projetos podem ser utilizados de maneira eficaz em uma gama de situações de sala de aula.

Aprender com o trabalho dos outros. Durante os cursos, os alunos podem receber oportunidades de conhecer os projetos de outros professores. Ao conhecer projetos reais, os alunos aprendem a identificar os eventos que, em geral, ocorrem durante cada uma das três fases de um projeto e a reconhecer os modos como os professores apoiam as crianças em suas investigações. Os projetos podem ser vistos no site da ERIC-EECE (http://ericeece.org/project.html). Resumos de uma página dos projetos estão também disponíveis *on-line* no *Project Approach Catalog 1 & 2* (http://ericeece.org). Os alunos podem observar mais profundamente os projetos por meio do Projeto Caminhão de Bombeiros, documentado no livro *Young Investigators* (Helm e Katz, 2001); do Projeto Correio, que está no livro *Windows on Learning* (Helm, Beneke e Steinheimer, 1998); e do Projeto Carro, no livro *Rearview Mirror: Reflections on a Preschool Car Project* (Beneke, 1998).

Cursos focalizados em projetos

Acrescentar ao currículo infantil um curso que faça uso de projetos pode apresentar aos professores em formação a teoria e a prática dos projetos e de sua documentação. Durante o curso, pequenos grupos de professores em formação podem realizar projetos em profundidade e depois preparar um painel para documentar a história do projeto e o crescimento de seu entendimento do valor dessa abordagem no ensino. Essa experiência ajuda a formar noções do que constitui um projeto e a desenvolver a apreciação do trabalho em equipe e da colaboração. Muitos alunos, isto é, professores em formação, possuem opiniões preconcebidas sobre a palavra *projeto*. Eles, em geral, pensam que o projeto é uma tarefa definida. Realizar seus próprios projetos ajuda os professores a construir um novo significado para a palavra *projeto* e a elaborar uma compreensão de como o currículo pode estar presente naquilo que é de interesse das crianças.

REFERÊNCIAS

Beneke, S. (1998). *Rearview mirror: Reflections on a preschool car project* (ED 424 977). Champaign, IL: ERIC Clearinghouse on Elementary and Early Childhood Education.

Helm, J. H., Beneke, S. e Steinhemer, K. (1998). *Windows on learning: Documenting young children's work*. New York: Teachers College Press.

Helm, J. H. e Katz, L. G. (2001). *Young Investigators: The Project Approach in the Early Years*. New York: Teachers College Press.

Mayer, Mercer. (1990). *Just me and my mom* [software]. Roxbury, CT: Big Tuna Media.

APÊNDICE B

Recursos recomendados

APRENDENDO A USAR OS PROJETOS

Estes livros fornecem informações sobre o processo de implementação de projetos e sobre como usá-los em sala de aula.

Katz, Lilian, G. e Helm, Judy Harris. (2001). *Young Investigators: The Project Approach in the Early Years*. Early Childhood Education Series. Disponível na Teachers College Press, P.O. Box 20, Williston, VT 05495-0020. 145 p.

Katz e Harris elaboraram um guia passo a passo para realizar projetos com crianças que ainda não sabem ler ou escrever. Cada fase é explicada detalhadamente, com conselhos práticos de professores que usam projetos em sala de aula com crianças de 1 ano até crianças que já estejam na 1ª série. Um diário de planejamento ao final do livro auxilia os professores que não conhecem a aplicação dos projetos, com listas de verificação e questões para reflexão. O diário também organiza a documentação para professores mais experientes. O Projeto Caminhão de Bombeiros, que ocorreu em uma turma de pré-escola com crianças com necessidades especiais, é explicado detalhadamente. Um vídeo, *A Children's Journey: The Fire Truck Project*, permite que se vejam as crianças e seu envolvimento com os projetos e que se ouça uma professora explicando o processo. O vídeo está também disponível na Teachers College Press.

Katz, Lilian G. e Chard, Sylvia C. (2000). *Engaging Children's minds: The Project Approach* (2nd ed.). Disponível na Ablex Publishing Corp., P. O. Box 811, Stanford, CT 06904-0811. 215 p.

Esta última edição da explicação clássica da utilização de projetos em sala de aula apresenta a base teórica dessa abordagem e sugere maneiras de aplicá-la em turmas do ensino fundamental. Cada fase de um projeto é discutida, com exemplos.

Chard, Sylvia C. (1998). *Project Approach: Developing the Basic Framework, Practical Guide 1* and *Project Approach: Developing Curriculum with Children, Practical Guide 2*. Disponível na Scholastic, Inc., 555 Broadway, New York, NY 10012. 64 p.

Estes guias são especialmente úteis para os professores que trabalham com crianças que já tenham idade suficiente para, independentemente, usar a leitura e a escrita como ferramentas de aprendizagem. Muitas ideias de sala de aula são apresentadas para sustentar e integrar as atividades curriculares aos projetos. As três fases do trabalho com projetos são inteiramente explicadas, e os papéis do aluno e do professor são discutidos.

Early Childhood Research and Practice. Lilian G. Katz, Editor; Dianne Rothenberg, Associate Editor; an Internet journal on the development, care, and education of young children localizado em http://ecrp.uiuc.edu/.

Esta revista científica eletrônica é publicada no outono e na primavera, apresentando regularmente trabalhos sobre projetos. Os artigos incluem um grande número de fotografias, de trabalhos de crianças e de alguns vídeos, disponíveis para *download* e para uso em treinamento. Alguns dos projetos discutidos nas edições passadas foram: The Combine Project: An Experience in Dual-Language Classroom, Spring 2001; Purposeful Learning: A Study of Water, Fall 2001; e The Hairy Head Project, Fall 2000.

ESTUDANDO OS PROJETOS DE OUTROS PROFESSORES

Uma das melhores maneiras de aprender como fazer projetos é, como ouvinte, participar dos projetos de outras turmas, que podem servir como fontes para projetos e estudos futuros.

Beneke, Sallee. (1998). *Rearview Mirror: Reflections on a Preschool Car Project.* Disponível na ERIC Clearinghouse on Elementary and Early Childhood Education. University of Illinois at Urbana-Champaign, Children's Research Center, 51 Gerty Drive, Champaign, IL 61820-7469. 91p.

Este livro documenta o trabalho de uma professora da pré-escola e dos professores que a auxiliam, professores em formação, e de alunos muito jovens quando trabalhavam em um laboratório automotivo situado em uma faculdade próxima da escola. A reflexão sobre a tomada de decisões no processo dos projetos faz com que este livro seja especialmente útil para os professores que estejam aprendendo a seguir o rumo traçado pelas crianças nos projetos.

Chard, Sylvia. (2000). *The Project Approach: Taking a Closer Look.* [CD-ROM]. Pode ser encomendado em Sylvia.Chard@ualberta.ca.

Sete projetos ilustrados por várias centenas de fotografias de projetos e amostras dos trabalhos das crianças são apresentados neste CD, que também traz um modelo estrutural para o planejamento, a implementação e a avaliação dos projetos.

Helm, Judy Harris (Ed.). (2000). *The Project Approach Catalogs.* Disponível na ERIC Clearinghouse on Elementary and Early Childhood Education. University of Illinois at Urbana-Champaign, Children's Research Center, 51 Gerty Drive, Champaign, IL 61820-7469. 143 p.

Os três catálogos – *Project Catalog,* 1996; *Project Catalog 2,* 1998; e *Project Catalog 3,* 2000 – foram escritos para acompanhar eventos ocorridos nas conferências anuais da NAEYC. Os catálogos oferecem conselhos valiosos de profissionais sobre como fazer projetos e fazer buscas sobre pesquisas relacionadas aos projetos, além de explicações de cada projeto em exposição no evento anual. Trata-se de uma boa maneira de aprender sobre vários assuntos e sobre como eles podem evoluir nas turmas de crianças de 1 ano até a 3ª série do ensino fundamental. Os *Project Catalog 1 e 2* estão esgotados, mas podem ser acessados *on-line* em http://ericeece.org. O *Project Catalog 3* pode ser encomendado à ERIC Clearinghouse.

DOCUMENTAÇÃO

A documentação de um projeto oferece informações de que o professor necessita para tomar decisões importantes durante a realização de seu trabalho, as provas da aprendizagem realizada pela criança e a avaliação do próprio projeto.

Helm, Judy Harris; Beneke, Sallee; e Steinheimer, Kathy. (1998). *Windows on learning: Documenting young children's work.* New York: Teachers College Press. Early Childhood Education Series. Disponível na Teachers College Press, P. O. Box 20, Williston, VT 05495-0200. 203 p.

Este livro apresenta um modelo para a avaliação e a documentação autênticas em turmas que vão da pré-escola à 3ª série do ensino fundamental, oferecendo também uma estrutura para pensar sobre o que documentar e como coletar o que se coleta, aprendendo e compartilhando. A documentação completa do Projeto Correio é compartilhada juntamente com técnicas de documentação utilizadas. Um vídeo, também disponível na Teachers College Press, *Windows on learning: A Framework for Decision-Making,* apresenta o processo de documentação ocorrido no Valeska Hinton Early Childhood Education Center.

UTILIZANDO OS RECURSOS DA INTERNET

Os recursos da Internet, incluindo as listas de discussão, são discutidos no Apêndice A.

Site: *The Project Approach, Popular Topic* http://ericeece.org/project.html.

Este *site* disponibiliza *links* para muitos materiais sobre projetos, incluindo a página de Sylvia Chard, o site da ERIC/EECE e publicações, tais como os *Project Catalogs*, as listas de discussão e artigos científicos sobre projetos.

Índice

Os números em negrito representam figuras e quadros.

Alfabetização, 14-16, 22, 35, 45-46, 49, 51, 59, 83-84, 95, 65, 121, 134, 144-145, 147, 157, 161. *Vide também* Projeto Água para o Rio
e situação socioeconômica, 28-29, 31-33, 39-41
Ambiente das crianças, 42-44, 102-103
Aprendizagem iniciada por conta própria, 14-42, 47-48, 52-53, 57-58, 144-145
Aprendizes de segunda língua, 14-17, 22, 42, 59, 101-103, 121, 147, 155-156, 161. *Vide também* educação bilíngue; inglês como segunda língua; Projeto Restaurante Mexicano; e aprendizes de segunda língua
Aprendizes falantes de inglês, 101
Apresentações, 102-105, 111-115, 116-117
Aptidões intelectuais, 35, 40-44, 46, 49, 52-53, 83-84, 85, 92-93, 144-145, 152-153
Aptidões reflexivas, 34
Áreas da aprendizagem, 126-128, 132, 135-137
Atividade de culminância, 28-29, **f2.1**, 34, 42, 67-69, 74, 76-79, 97-98, 109-110, 118, 137, **q7.2**, 158-160
Autoconfiança, 40-41, 118, 144-145
Autoeficácia, 19
Autoestima, 19, 40-41, 46
Avaliação, 122, 127-128, 133, 135-136, 143-146, 148-149

Beneke, Sallee, 143, 146
Berg, Stacy, 64
Biblioteca da turma, 61-62
Bloom, Lois, 39

Bright Beginnings, 90-91
Brincadeiras ricas em linguagem, 65-67, 75-78, 106-107
Brochuras feitas pelas crianças, 64

Cagle, Judy, 63-64
Carle, Eric, 40-41
Condição socioeconômica, 28-29, 31-33, 39-41, 56.
Vide também alfabetização pobreza
Construções, 45-46, 51-56, 64, 67, 75-79, 83-84, **q5.1**, **q5.4**, **q5.5**, 94-96, 105, 115-117, 126, 129, 133, 136-137, **q7.2**, 141, 144-145, 157-160
Crianças em situação de risco, 17-18, 40-41, 65-66, 86, 90-91, 165-166. *Vide também* pobreza
Crider-Olcott, Beth, 143
Cuidado dispensado às crianças (creches), 17-18, 28-29, 81-82, 146
Cultura das crianças, 42-44, 47-48, 59, 101-103, 108, 118, 121, 155-156
Currículo, 13, 31, 36, **f2.2**, 43-45, 70-71, 87-88, 90-91, 102-103, 121, 122-124, 126-131, 133, 135-136, 144-146, 148-149, 157-158, 164, 167
e desafios, 16, 19-22, 81

Definição do projeto, 28-29, 167
Dellitt, Jaynene, 70-71
Desafios, 14-19, 23, 27, 36, 121, 144-149, 152-156, 161, 165-167. *Vide também* alfabetização; pobreza; aprendizes de segunda língua; padrões
Desenhos, 49, 51, 65-67, 73, 87-88, **q5.4**, 95, 99, 111-115, 126, 129, 132-133, 135, **q7.2**, 141, 144-145, 152-153, 159-160, 162-163
Desenvolvimento das habilidades cognitivas, 27,34, 85-86, **q5.2**
Desenvolvimento de habilidades de liderança, 45, 76
Desenvolvimento do vocabulário, 45, 60-62, 65-66, 68-73, 76, 83-85, **q5.1**, **q5.3**. 92-93, 95, 97-98, 106-108, 151, 157
Desenvolvimento emocional, 27, 42, 47-48, 56, 86-88, **q5.3**, 136
Desenvolvimento linguístico, 83-85, **q5.1** *Vide também* alfabetização; desenvolvimento do vocabulário
Discussões em pequenos grupos, 83-85, 92-94
Documentação, 23, 42-44, 47-48, 56, 79, 95, 97-98, 116-117, 123-128, 130-131, 134, 143-149, 159-164

E a alfabetização, 32-33, 60-79
estratégias práticas, 60-71
E administradores de escola, 90-91, 130-131, 144-145, 148-149, 159-160, 164-166
E aprendizes de segunda língua, 101-119
estratégias práticas, 102-111
E o currículo, 16, 19-22
E os projetos, 14-16, 22-23
E padrões, 121-141
estratégias práticas, 122-131
E pobreza, 39-58
estratégias práticas, 40-48
Eager to learn (National Academy of Sciences), 31
Educação bilíngue, 16-19, 101-103, 105-107, 109-111
Educação na primeira infância
E seus desafios, 14-15, 19

Elaboração da, 27-29
E os projetos, 22-23, 27-29
E-mail, 64, 159-160
Empresa Emery Air Charter, 51
Ensino em pleno voo, 144-145
Ensino individualizado, 127-128, 132, 135
Envolvimento da comunidade, 40-41, 102-103, 119, 136, 141, 146-147, 161-164
Envolvimento dos pais, 22, 40-42, 45, 47-48, 51-54, 57-60, 63, 70-71, 81, 90-93, 102-103, 108-110, 118, 130-131, 137, 144-149, 155-157, 159-161, 164-166
Esquivel, Berta, 111
Eureka College, 92-93, 96

Fairview Early Childhood Center, 47-48
Fala, desenvolvimento da, 83-85, **q5.1**
Fase I, 28-29, **f2.1**, 34, 45, 83-84, 126, 157, 159-160
Fase II, 134-137
Fase II, 28-29, **f2.1**, 32-34, 67, 85, 159-160, 162-163
Fase III, 137
Fase III, 77-79
Flori, Veronica, 130-131, 133-136
FLYKIDS, 56
Fonética, 35, 60
Fotografias de visitas de campo realizadas, 54, 60-62, 65, 73, **q5.3**, 94, 96, 115, 116-117, 125, 134, 136, 144-145, 158-160
Frieman, Deb, 47-48, 50

Granados, Lupe, 130-131
Griffin, Ellen, 90-91

Habilidades auditivas, desenvolvimento das, 68-69, 73-74, 83-84, 86, 158
Habilidades comunicativas, 45, 67, 79, **q5.1**
Habilidades de escrita, desenvolvimento das, 46, 63-67, 72-74, 77-79, 83-85, 87-88, **q5.4,** 94-99, 102-103, 111, 114-115, 118, 122, 129, 133, 136, 144-145, 158
Habilidades Linguísticas, desenvolvimento das 34, 61-62, 73
Habilidades matemáticas, 40-41, 118, 136, **q7.2,** 144-145
Habilidades motoras finas, 87-88, **q5.4,** 92-93, 95-96

Habilidades sociais, desenvolvimento das, 27, 34, 36, 43-45, 47-49, 56, 86-88, **q5.3**, 136
Head Start, 23, 90-91
Helm, Judy, 22, 27, 123-124, 144-145, 155-156, 167
Hi, Pizza Man! (Walter), 134, **q7.2**
Hyperstudio, 158

IDEA. *Vide* Individuals with Disabilities Education Act
Illinois Early Learning Standards (Padrões de ensino para a educação infantil do Estado de Illinois), 47-48, 90-91, 122-124, 126, 130-131, 134, 136, 141
Illinois Project Group, 130-131
Illinois Valley Center, 123-124
Imagem própria, 40-41, 57-58
Individuals with Disabilities Education Act (Lei educacional para os indivíduos com deficiência), 16, 81-82
Inglês como segunda língua, 13, 16, 101-103, 105-107, 109-111
Instrução formal, 31-33, 43-45
Interpretação de papéis, 102-103, 105-107, 111, 115, 116-117, 119
Interpretação dramática, 51, 56, 65-69, 104-107, 111, 115-117, 126, 129, 133-136, 158
IVCC Early Childhood Education Center, 130-131

Johnson, Kendrya', 70-71

Katz, Lilian, 20-21, 22, 123-124, 144-145, 155-156, 167
Kids Pix Studio Deluxe, 159
Kidspiration, 158

Lei da educação para deficientes, 81
Linguagem nativa, 102-103, 108, 115, 118
Livros feitos pelas crianças, 60-63, 77-78, 85, 97-98, 106-107

Materiais de referência, 46, 63-66, 73, 75, 77-79, 92-94, 106-107, 157, 161
McCulloh, Bob, 47-48, 50
Mentores (instrutores), 45, 49-50, 63, 67, 74, 76-79, 82, 89, 130-131
Modelo (servir como), 102-103, 105-107, 111, 115, 116-117, 119
Motivação durante os projetos, 127-129, 134-136

Mural de palavras, 65-66, 77-78, 83-84, **q5.1**, 87-88, 95-98, 106-107

Na educação da primeira infância, 22-23, 27-29
NAEYC, *Vide* National Association for the Education of Young Children
National Assessment Governing Board, 14-16
National Association for the Education of Young Children (NAEYC), 13-16, 61-62, 122
National Council of Teachers of Mathematics, 122
National Education Goals Panel, 122
Necessidades especiais, crianças com, 13-19, 22, 47-48, 81-82, 121, 147, 155-156, 159-161, 165-166. *Vide também* Projeto Pássaro; projetos

Padrões, 13-16, 22, 47-48, **f3.2,** 79, 121-126, 134, 143, 147-149, 157-158, 165-166. *Vide também* Projeto Pizza; projetos
Padrões da aprendizagem na primeira infância, 130-131
Para o estabelecimento de bons fundamentos na educação, 27-36
Paydarfar, David, 151-153
Pedagogia, 146
Pizzaria Bianchi, 133-135, 137, **q7.2**
Planejando, 143-145
Plano de Educação Individual, 13, 81-93, **q5.1, q5.2, q5.3, q5.4, q5.5,** 95-96
Pobreza, 14-15, 17-19, 22, 121, 147. *Vide também* Projeto Avião; projetos
Poder de recuperação, 19-21, 40-42, 45-46, 144-145, 147
Prática adequada de desenvolvimento (Bredekamp), 121
Prática adequada de desenvolvimento nos programas infantis de ensino (Bredekamp & Copple), 121
Pré-escola, 17, 22, 28-29, 31-33, 81-82, 121, 161
Programas bilíngues, 16, 20-21, 101-103, 108-111, 146
Projeto Água para o Rio, 70-79, 157-158
Fase I, 70-73
Fase II, 73-78
Projeto Avião, 40-56
Fase I, 47-51

Fase II, 51-56
Fase III, 56
Projeto Batata, 87-88
Projeto Biblioteca, 129
Projeto Campo Aberto, 127-128
Projeto Centro de Saúde, 61-63, 68-69
Projeto Colheitadeira, 104-108
Projeto Corpo de Bombeiros, 105-108, 167
Projeto Correio, 61-62
Projeto Fazenda, 60-62, 64-67, 82
Projeto Instrumentos Musicais, 126
Projeto Jardim, 106-108
Projeto Loja de Bicicletas, 32-34, **q2.1**
Projeto Luz, 67
Projeto Minimercado, 13, 67
Projeto Ovelha, 42-45
Projeto Padaria, 60, 67
Projeto Pássaro, 86-88, 90-99
  Fase I, 92-94
  Fase II, 94-98
  Fase III, 97-98
Projeto Pizza, 123-124, **f7.1, f7.2, f7.3,** 134-141
  Fase I, 132-134
Projeto Playground, 87-88
Projeto Restaurante Mexicano, 46, 104, 106-119
  Fase I, 111
  Fase II, 111-117
  Fase III, 116-118
Projeto Veterinária, 86
Projeto Zoológico, 65-67
Projetos. *Vide também* envolvimento da comunidade; construções; atividade de culminância; documentação; visitas de especialistas; visitas de campo; envolvimento dos pais; Fase I; Fase II; Fase III; Rede de planejamento; questões; desenhos; mural de palavras

e os desafios, 14-16, 22-23. *Vide também* alfabetização; pobreza; aprendizes de segunda língua; padrões
e as crianças com necessidades especiais, 81-99, estratégias práticas, 82-91
e o currículo, 13, 16, 22, 36

Questões, 42-44, 49, **f3.4,** 51, 60, 63-64, 67-71, 73, 79, 83-84, **q5.3,** 92-94, 96, 102-103, 105-108, 111-115, 116-117, 133, **q7.2,** 151-17

Rearview Mirror (Beneke), 146, 167
Rede de planejamento, 47-49, **f3.2, f3.4,** 60, 72, **f4.7,** 83-84, 106-108, 111, 123-124, **f7.1, f7.2,** 125-126, **f7.3, q7.1, q7.6,** 132, 134, 141, 143-145, 148-149, 157-161
Reggio Emilia, 22, 143, 146
Relatório Escolar do Estado de Illinois, 90-91
Resolução de problemas, 45, 47-49, 56, 85-88, **q5.3,** 92-94, 96, 115, 126-128, 136-137, **q7.2,** 144-145, 147, 158
Responsabilidade final, 23, 121, 147
Restaurante La Mexicana, 111-119
Rio Illinois, 70-73
Riollano, Kaleena, 130-131

Salazar, Teresa, 111
Schwartz, William J., 151-153
Scranton, Pam, 64
Seleção do assunto, 28-29, **f2.1,** 32-34, 36, 40-44, 47-48, 70-71, 92-93, 111, 119, 126, 132, 137, **q7.2,** 157
Star Teachers of Children in Poverty (Haberman), 17-18
Storm, The (Cowley), 72

Tecnologia, 158-160
Televisão, 17-18
Trabalho de teto, 143-145, 148-149
Treinamento de colegas. Vide *Mentores*
Treinamento para os, 164-167

U.S. Census Bureau, 39
Umbrella (Cowley), 72

Valeska Hinton Early Childhood Education Center, 60, 70-71, 143
Vídeos das visitas realizadas, 51-53, 61-62, 65-66, 105, 136, 158-160
Visitas de campo, 28-29, 42-46, 51-54, 61-62, 68-69, 73, **q5.2,** 86, **q5.3,** 87-88, 104-105, 108-115, 119, 125-126, 134-136, **q7.2,** 157-160, 164-30
Visitas de especialistas, 32-33, **2.1,** 51, 68-69, 73, **q5.1,** 94, 96, 104-105, 159-160, 165-166
Vollmer, Mary Ann, 130-131

West Liberty Elementary School, 102-103, 111
What's it Like to be a Fish? (Pfeffer, Keller, & Keller), 72
Wilson, Rebecca, 20-21, 143
Windows on learning (Helm), 148-149, 167
Work Sampling Assessment System (Sistema de avaliação por amostra de trabalhos), 47-48, 79, 86, 90-91, 95, 122, 127-128, 130-131, 146, 157
Worsley, Marilyn, 123-124

Young Investigators (Helm e Katz), 22, 123-124, 144-145, 155-156, 167

Zecca, Kathie, 130-131